AF398119

MÉMOIRES HISTORIQUES

sur

l'origine, les mœurs, les souffrances et

la conversion au protestantisme

des

VAUDOIS DU DAUPHINÉ

PAR E. ARNAUD PASTEUR

PRÉSIDENT DU CONSISTOIRE DE CREST

Officier de l'Instruction publique

CREST EN DAUPHINÉ

Chez l'auteur, place du Marché, 8

1896

MÉMOIRES HISTORIQUES

SUR LES

VAUDOIS DU DAUPHINÉ

MÉMOIRES HISTORIQUES

sur

l'origine, les mœurs, les souffrances et

la conversion au protestantisme

des

VAUDOIS DU DAUPHINÉ

PAR E. ARNAUD PASTEUR 

PRÉSIDENT DU CONSISTOIRE DE CREST

Officier de l'Instruction publique

CREST EN DAUPHINÉ

Chez l'auteur, place du Marché, 8

1896

Tiré à cent exemplaires

AVANT PROPOS

Les quatre MÉMOIRES HISTORIQUES, que nous avons réunis dans ce volume, ont déjà paru:

Le premier, sur l'Origine des Vaudois du Dauphiné, dans le *Bulletin de la société d'études des Hautes-Alpes*, Gap, 1895;

Le deuxième, sur leurs Mœurs, dans le *Bulletin de la société d'histoire vaudoise*, Torre Pellice, 1896;

Le troisième, sur leurs Persécutions, dans le même *Bulletin*, 1895;

Le quatrième, sur leur Conversion au protestantisme, dans la *Revue de théologie et des questions religieuses*, Montauban, 1895. La Pièce justificative de ce dernier Mémoire est inédite et traduite en français pour la première fois.

Ces quatre Mémoires comprennent l'histoire complète des Vaudois du Dauphiné depuis leur origine jusqu'à la Réformation inclusivement.

Pour leur intelligence, il importe de rappeler que la province du Dauphiné, avant le traité d'Utrecht de 1713, s'étendait au delà des Alpes et comprenait le cours supérieur de la Doire jusqu'à Chaumont et celui du Cluson jusqu'à Méan. Les vallées formées par ces deux rivières, affluents du Pô, portaient, la première, le nom d'ESCARTON ou arrondissement d'OULX, la seconde, celui de PRAGELA et de VALCLUSON. A l'ancien Dauphiné ressortissait également la vallée de CHATEAU-DAUPHIN, formée par l'extrémité du cours supérieur de la Varaita, qui se jette de même dans le Pô.

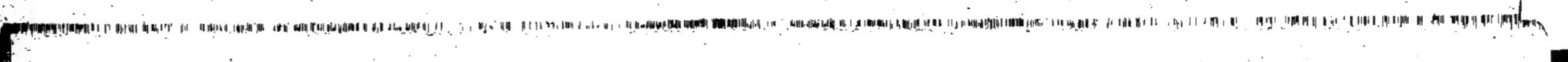

OUVRAGES DU MÊME AUTEUR SUR LE DAUPHINÉ

1. Histoire des protestants du Dauphiné aux XVIe, XVIIe et XVIIIe siècles, avec une carte de l'ancien Dauphiné; Paris, 1875-1876, 3 vol. in-8 *(épuisé; seconde édition en préparation).*

2. Statistique des églises et des pasteurs du Dauphiné aux XVIe et XVIIe siècles; Valence, 1874, in-8.

3. Émigrés protestants dauphinois secourus par la bourse française de Genève de 1680 à 1710; Grenoble, 1885, in-8.

4. Notice historique et bibliographique sur les controverses religieuses en Dauphiné pendant la période de l'édit de Nantes; Grenoble, 1872, in-8.

5. Supplément à la Notice historique et bibliographique sur les controverses religieuses en Dauphiné pendant la période de l'édit de Nantes; Grenoble, 1886, in-8.

6. Supplément aux Synodes du Désert, de M. Edmond HUGUES, renfermant vingt et un Synodes ou Colloques inédits du Désert de Dauphiné; Paris, 1892. in-4.

7. Le plus ancien document synodal connu de l'époque du Désert ou Actes du premier synode du Dauphiné du XVIIIe siècle, publié pour la première fois à l'occasion de l'anniversaire de la révocation de l'édit de Nantes; Paris, 1885, in-8.

8. Bibliographie huguenote du Dauphiné pendant les trois derniers siècles, Grenoble; 1894, in-8.

9. Guillaume Rabot de Salène, humaniste ignoré du XVIe siècle. Etude historique; Paris, 1890, in-8.

10. Histoire des Églises réformées de la vallée de Bourdeaux en Dauphiné; Paris, 1876, in-8.

11. Histoire des protestants de Crest en Dauphiné pendant les trois derniers siècles; Paris, 1893, in-8.

12. Histoire et description de la tour de Crest en Dauphiné; Paris, 1886, in-8.

13. Histoire de l'Académie protestante de Die en Dauphiné au XVIIe siècle; Paris, 1872, in-8.

14. Notice historique et bibliographique sur les imprimeurs de l'Académie protestante de Die en Dauphiné au XVIe siècle; Grenoble 1870, in-8.

15. Supplément à la Notice historique et bibliographique sur les imprimeurs de l'Académie protestante de Die en Dauphiné au XVIIe siècle; Grenoble, 1886, in-8.

16. Notice sur David de Rodon, professeur de philosophie à Die, Orange, Nîmes et Genève; Nîmes 1872, in-8.

ESSAI HISTORIQUE ET CRITIQUE

SUR

L'ORIGINE DES VAUDOIS

DES ALPES DAUPHINOISES

I. — *Précurseurs des Vaudois en Dauphiné*.

A l'époque où les *Pauvres de Lyon* ou Vaudois émigrèrent dans les Alpes dauphinoises, vers 1184 ou 1185, sous la conduite, suivant plusieurs historiens, de leur maître spirituel, le célèbre marchand de Lyon, Pierre Valdo, et y importèrent leur opposition à la hiérarchie catholique, ils avaient été déjà devancés dans cette contrée par les *Cathares*, appelés plus tard Albigeois, puis par les *Pétro-brussiens* et les *Henriciens*, dont ils continuèrent l'hostilité en lui imprimant un caractère de force et de fixité qu'elle n'avait pas eu jusque là.

Pour ce qui est des premiers, on signale leur présence aux abords de la vallée piémontaise de Luserne et de la vallée dauphinoise de Pragela dès l'an 1028[1].

D'autre part, un auteur, qui est resté inconnu[2], écrivait en 1144 au pape Lucius II, qu'il y avait dans le Dauphiné une communauté qui, dit-il, « a sa hiérarchie, ses néophytes, ses prêtres et ses évêques, comme nous en avons ; elle soutient que les péchés ne sont pas remis par la seule aspersion d'eau au baptême ; que l'Eucharistie et l'imposition des mains, administrées par notre clergé, ne produisent aucun effet. Chaque partie de la France, conclut-il, est souillée par le poison qui sort de cette contrée ».

Quant aux Pétrobrussiens, ils surgirent au plus fort de

---

[1] Comba, *Histoire des Vaudois d'Italie*, p. 119.

[2] Dans Martène et Durand, *Veter. scriptor. et monum. amplis. collectio*, t. I.

8

la lutte de l'Eglise catholique contre les Cathares dans le premier quart du XIIe siècle. Ils tiraient leur nom de Pierre de Bruis, ancien prêtre et disciple, dit-on, du fameux Abailard. Le curé Albert[1] le fait naître dans la Vallouise qui débouche dans la Haute Durance, de même que le manuscrit de Dominique Rochas[2] et M. Aristide Albert[3], mais Guy Allard[4], qui a fait d'immenses recherches sur l'histoire et la topographie du Dauphiné, le dit originaire de Bruis, communauté du canton de Rosans (Hautes Alpes), et cette opinion parait plus vraisemblable, si l'on considère qu'au moyen-âge le nom de lieu remplaçait souvent le nom de famille qui n'existait pas. On a peu de détails sur la vie de Pierre de Bruis. On sait seulement qu'il prêcha ses doctrines antihiérarchiques, plutôt qu'antidoctrinales, durant vingt ans, dans le Diois, le Gapençais et l'Embrunais, quartiers du Dauphiné, puis en Provence et en Languedoc, et qu'enfin il fut brûlé à Saint-Gilles en 1124 ou 1126 pour y avoir abattu une croix, symbole dont il était l'adversaire acharné.

Les prélats du Dauphiné et de la Provence poursuivirent avec une grande vigueur les disciples qu'il avait faits dans ces deux provinces et en diminuèrent considérablement le nombre, du moins en apparence. Il est vraisemblable qu'ils y furent tout particulièrement incités par le pape Callixte II, qui traversa le Dauphiné, en mars 1120, pour se rendre à Rome par l'antique voie romaine, qui partait de Valence et passait par Crest, Die, Luc, Veynes, Gap, Embrun, Briançon et le Mont-Genèvre. Pierre le Vénérable, abbé de Cluny, qui traversa également le Dauphiné, probablement en revenant du concile de Pise de 1134, constata cette diminution du nombre des Pétrobrussiens

---

[1] *Hist. géogr. etc. du diocèse d'Embrun*, t. I, p. 56.

[2] Biblioth. de Grenoble et de Carpentras.

[3] *Les Vaudois de la Vallouise*, p. 4. — Pierre le vénérable, abbé de Cluny, le dit né dans les « Alpes gelidas et perpetuis nivibus opertos scopulos » ; mais ces expressions, en bonne critique, ne désignent pas plus la Vallouise que tout autre vallée des Alpes.

[4] *Diction. hist.*, etc., t. I, p. 294.

et s'en réjouit dans une lettre qu'il adressa à Guillaume II, archevêque d'Embrun, à Ulric, évêque de Die, et à Guillaume, évêque de Gap. « Je rends grâce à Dieu, leur dit-il, qui n'a pas permis que votre effort fût tout à fait inutile et vain ; mais qui, comme l'expérience nous enseigne, a presque totalement anéanti, à l'aide de vos sueurs, les adversaires de la foi chrétienne, et tout à la fois les ennemis du salut des hommes. J'ai dit presque totalement anéanti, parce que dernièrement, faisant chemin par vos diocèses, tout ainsi que j'ai trouvé que les maximes erronées avaient été bannies de vos provinces avec leurs auteurs ; aussi ai-je rencontré quelques reliquats en plusieurs, non tant défenseurs que siffleurs et secrets chuchoteurs. J'ai remarqué que la tête du serpent, auparavant brisée, se tenait encore contre le talon de son vainqueur, et qu'il vomissait de son gosier des venins déchargés avec plusieurs sifflades[1] ». Dans le reste de la lettre, l'abbé de Cluny exhorte les mêmes prélats à ne point se relâcher de peur de se laisser vaincre par l'ennemi vaincu.

Du vivant même de Pierre de Bruis s'éleva un autre opposant, tour à tour nommé Henri de Lausanne et Henri l'Italien, suivant qu'on le croyait originaire de l'un ou l'autre de ces deux pays, ou plutôt parce qu'il avait prêché ici et là. Il était entré fort jeune dans l'abbaye de Cluny, mais porté vers l'action plutôt que vers la méditation et l'étude, il quitta ce monastère et, après avoir lu avec soin le Nouveau Testament, il partit pour évangéliser le monde. Suivant Pierre le Vénérable, il était « l'héritier de l'hérésie de Pierre de Bruis », et « bien loin d'amender sa doctrine diabolique, il la renforça encore[2] ».

Il débuta par Lausanne, dont il fut expulsé, puis se rendit au Mans en 1116, qu'il quitta de la même manière, quoiqu'il eût le peuple pour lui, et vint en Provence. C'est vraisemblablement à cette époque qu'il visita les montagnes du Dauphiné, où il rencontra des disciples de Pierre de Bruis, qu'il encouragea dans leur opposition à l'église

[1] Fornier, *Hist. des Alpes Maritimes*, etc.; t. I p. 681.
[2] *Max. bibl. Patrum*, t. xxii, fol. 1034.

catholique. L'archevêque d'Arles donna l'ordre de l'arrêter et l'emmena à Pise, où il le fit condamner comme hérétique par le concile tenu dans cette ville en 1131. « Mis ensuite en liberté, dit Chastel[1], il se rendit en Languedoc, dans les environs d'Albi et de Toulouse, déjà si fort travaillés dans un sens hostile au clergé. Ce fut contre les Henriciens, autant que contre les Cathares, que Saint Bernard y vint prêcher, en 1147, sur l'invitation du pape Eugène III. Il ne réussit pas mieux auprès des uns qu'auprès des autres ; mais les évêques parvinrent de nouveau à s'emparer d'Henri, le remirent entre les mains de Samson, archevêque de Reims, qui, dit-on, le fit condamner en 1148 dans un concile de cette ville et enfermer le reste de ses jours dans un cachot. Henri laissa surtout à Toulouse un certain nombre de disciples, connus sous le nom d'*Henriciens* et dont l'opposition fortifia celle des Cathares ».

Le savant Dœllinger[2] soutient que les Pétrobrussiens et les Henriciens appartenaient à la secte des Cathares ». Il est vrai, sans doute, que les disciples de Pierre de Bruis et d'Henri de Lausanne avaient des points communs avec ces derniers, mais on peut en dire autant de toutes les sectes du moyen-âge. Il est vrai encore que le synode de Toulouse de 1119 les condamna comme Cathares ; que la Chronique d'Albérich appelle « hérésie des Poplicains, c'est-à-dire des Cathares du nord de la France, la doctrine d'Henri de Lausanne, et que Saint Bernard ne distingue pas les Henriciens des Cathares ; mais nul n'ignore que les sectes du moyen-âge ont été souvent prises les unes pour les autres et enveloppées dans une même condamnation. Il est vrai enfin qu'en 1236 les consuls d'Arles jurent à leur archevêque de détruire les hérétiques Henriciens et Vaudois, sans nommer les Cathares, mais l'argument tiré du silence n'est pas péremptoire et n'a que la valeur d'un *à priori*.

[1] *Hist. du Christian.*, t. III, p. 476.

[2] *Beitrœge zur Sektengeschichte des Mittelalters*; Munich, 1890, t. I, p. 83.

Ces trois sectes, les Cathares, les Pétrobrussiens et les Henriciens, coexistaient-elles dans les Alpes dauphinoises lorsque les Pauvres de Lyon ou Vaudois s'établirent dans leurs vallées à la fin du XIIe siècle ? S'étaient-elles supplantées successivement ou confondues? C'est ce que les documents historiques ne permettent pas de décider. La seconde hypothèse parait toutefois la plus vraisemblable, si l'exemple des Vaudois eux-mêmes peut être regardé comme concluant ; car, en peu de temps, comme on le verra plus loin, et même tout de suite, ils réunirent sous leur drapeau tous les anticatholiques des Alpes. Ce qui favorise encore cette manière de voir, c'est que dans le Languedoc, les Pétrobrussiens et les Henriciens furent à leur tour absorbés par les Cathares Une dernière preuve enfin, c'est que le canon 18 du concile de Reims, tenu le 22 mars 1148, et le canon 4 du concile de Tours de l'année 1153, ne distinguent pas ces trois sectes les unes des autres, parce qu'à ce moment elles étaient sans doute fondues ensemble : ils se bornent à mentionner des hérétiques qui se trouvent dans les contrées de Gascogne et de Provence. Le Dauphiné, il est vrai, n'est pas nommé, mais cette province avait des rapports si fréquents et si faciles avec la Provence par la vallée de la Durance, qui prend sa source dans les Alpes, qu'il était rare qu'un fait de quelque importance qui se passait dans une province n'eût pas sa répercussion dans l'autre.

Mais il est temps de nous occuper directement des Pauvres de Lyon ou Vaudois et de raconter tout d'abord d'une manière succincte l'histoire de leur célèbre fondateur, Pierre Valdo.

II. — *Pierre Valdo, ses disciples et leur émigration dans les Alpes Dauphinoises.*

1. Une remarque préliminaire sur le nom de *Valdo* est indispensable.

Au moment où vivait le personnage de ce nom, c'était encore l'usage de ne porter qu'un seul nom, celui de baptême. Les noms de famille, comme nous l'avons dit plus haut, n'existaient pas. Seulement, pour distinguer les individus des uns des autres, on ajoutait au nom de baptême une désignation particulière, comme le nom du domicile ou de la profession. Cela étant, il est plus que vraisemblable que les historiens locaux[1] sont dans le vrai quand les uns appellent le marchand de Lyon Pierre de Vaud et que les autres le disent originaire de Vaux ou Vaulx, village dauphinois à proximité de Lyon, non loin de la rive gauche du Rhône, aujourd'hui Vaulx en Velin. Les noms latins de Valdus, Valdius, Valdesius, Valdensis, etc., qu'on trouve accolé à son nom, quand il commença de devenir célèbre, seraient de la sorte des adjectifs qualificatifs marquant son lieu de naissance. Or, que le mot Vaulx puisse se traduire en latin par Valdensis, c'est ce qui ressort de ce que le pays de Vaud en Suisse porte au moyen-âge le nom de *Comitatus* ou *Pagus Valdensis*[2].

Des auteurs du moyen-âge et même des documents Vaudois de la même époque affirment également que Valdo était un nom de lieu.

Le *Rescript* des frères de Lombardie, de l'an 1218 environ (ou 1230), appelle notre réformateur « Petrus à Valle[3] ».

On lit dans des titres du moyen-âge : « Petrus de Valdo[4] ».

Un manuscrit vaudois de 1404 de la bibliothèque de Cambridge, n° A, qu'on possédait en latin à la bibliothèque de Strasbourg avant son incendie par les Allemands en 1870, dit que Pierre était « appelé Valdis du nom d'une certaine contrée ».

[1] Albert, *Histoire... du diocèse d'Embrun*, t. I, p. 57 ; Guy Allard, *Diction... du Dauphiné*, t. II, p. 736 ; Chorier, *Hist. générale de Dauphiné*, t. II, p. 69.

[2] *Mém. et docum. publiés par la Soc. de la Suisse romande*, t. VI et VII.

[3] *Rescriptum hæresiarcharum Lombardiæ ad Pauperes de Lugduno qui sunt in Alamannia*, dans Preger, *Beitræge zur Sektengesch. des Waldesier*, p. 56-63, et dans Dœllinger, *Beitræge zur Sektengesch. Mittelalter*, t. II p. 42 et suiv.

[4] Guy Allard, *Dictionnaire*, etc., t. II, p. 737.

Un autre manuscrit latin du couvent de Neubourg, près de Vienne (Autriche), porte, ces mots : « Pierre, appelé Valdis, à cause d'une certaine contrée d'où il sortit[1] ».

Pierre de Pilichdorf[2], qui vivait vers 1444, dit qu' « au temps du pape Innocent II (1130-1142), il y eut dans la ville de Walden, située sur les frontières de France, un riche citoyen... Pierre Waldensis ». Ailleurs : « Un certain Pierre, du lieu de Valdis surgit ».

Enfin une lettre des Vaudois de Cabrières[3], dans le comtat Venaissin, de l'an 1530, appelle Pierre Valdo « Pierre de Vaulde ».

Nous croyons que ces divers témoignages sont suffisants pour permettre d'affirmer que le vrai nom du célèbre marchand de Lyon est Pierre de Vaulx, c'est-à-dire Pierre natif du lieu de Vaulx ; mais comme cette appellation n'a pas été consacrée par l'usage, nous gardons dans tout ce qui suit le nom ordinaire.

2. Pierre Valdo[4] s'établit à Lyon comme marchand ou apprenti-marchand vers 1155, selon toute probabilité[5]. La Chronique de Laon dit qu' « il y amassa beaucoup d'argent par une inique usure ». Il possédait des champs, des vignes, des prairies, des canaux, des fours, des moulins, des forêts et habitait une rue voisine de l'église de Saint

---

[1] *Bullet. de la Soc. d'hist. Vaudoise*, n° 8, mars 1891, p. 101.

[2] *Contra hæret. Waldensium*, dans *Max. bibl. veter. patrum*, t. xxv, p. 278.

[3] Herminjard, *Correspondance des Réformateurs*, t. vii, p. 466.

[4] Les sources diverses de la biographie de Pierre Valdo sont: Mapes, la Chronique de Laon, Etienne de Bourbon, Alain, Raynerus, l'Anonyme de Passau ou Pseudo-Raynerus, Moneta, le Pseudo-Pierre de Pilichdorf, Yvonetus, tous auteurs dont nous aurons l'occasion de citer les écrits dans les pages suivantes. On doit y joindre aussi B. Tron, *Pierre Valdo et les Pauvres de Lyon*, Pignerol, 1879, in-12.

[5] Il avait deux filles toutes jeunes en 1173 (*duabus parvulis filiabus*). A supposer qu'elles eussent alors 5 ans et que leur père se fût marié à 30, après avoir réalisé une certaine fortune, ce dernier serait né en 1138. On peut admettre, d'autre part, qu'il vint à Lyon à l'âge ou les jeunes gens commencent, comme on dit, leur tour de France, c'est-à-dire à 17 ans : ce qui nous reporterait bien à l'année 1155, pour l'arrivée de Valdo à Lyon.

Nizier, qu'on appela *rue maudite* après l'expulsion de Valdo et de ses sectateurs, et qui porte aujourd'hui le nom de Vandran, d'une famille puissante qui y demeurait au XIVe siècle[1]. Un jour sa conscience parla, car, jusque là, comme il le dit lui-même, « il était toujours plus préoccupé de l'argent que de Dieu et servait plus la créature que le créateur ». Il vit mourir subitement à ses côtés, comme plus tard Luther, un ami[2] et en fut vivement impressionné. Un autre jour, c'était un dimanche de l'année 1173[3], il entendit sur la place publique un ménestrel qui récitait la complainte de Saint Alexis[4]. Ce personnage, né à Rome vers l'an 350 et fils de l'un des plus illustres sénateurs de la ville, abandonna, le jour même où il venait de se marier, sa femme, ses parents et ses biens, fit vœu de pauvreté, entreprit un pèlerinage en Orient, puis revint, exténué de fatigue et couvert de haillons, à Rome, où il expira sous l'escalier de l'un de ses parents, qui ne le reconnut qu'après sa mort. Pierre Valdo, tout ému, pria le ménestrel de venir dans sa mai-

---

[1] Péricaud, *Not. et docum. pour servir à l'hist. de la ville de Lyon*, année 1160. Paradin (*Mémoires de l'hist. de Lyon*, Lyon, 1573, p. 127), dit que le nom de *Vandran*, qu'il écrit *Vendrant*, existait déjà avant Valdo. En 1746 la rue en question portait aussi le nom de *Rue des Fripiers* (*Almanach astron. et hist. de la ville de Lyon*, 1746, p. vi), et aboutissait d'un côté à la rue du Bois et de l'autre à la rue de la Poulaillerie-Saint-Nizier.

[2] Raynerus dit que l'accident arriva sur le seuil même de la maison de Valdo ; suivant d'autres, dans l'assemblée ordinaire des marchands de la ville.

[3] Cette date est plus vraisemblable que celle de 1160 donnée par Paradin (*Mémoires*, etc.), Perrin (*Hist. des Vaudois*, p. 64) et Guy Allard (*La vie de Jean Rabot*, dans les *Delphinalia* de Gariel, p. 32), et que celle de 1152 fournie par Crespin (*Hist. des Martyrs*, édit. de 1619, fol. 21). — Quant à ce qu'avance Fornier (*Histoire*, etc., t. 1, p. 722), qu'il a découvert dans les montagnes de l'Embrunais « l'origine et la maudite naissance de l'hérésie de Valdo », laquelle remonterait à 1160, c'est inadmissible. Ce jésuite, savant, mais doué d'un sens historique et critique médiocre, a confondu les Pétrobrussiens et les Henriciens avec les Vaudois.

[4] Sur cette complainte d'Alexis, voy. Renouard (*Lexiq. roman*, vol. 1, p. 375), et sur Saint Alexis le *Dictionnaire* de Moréri.

son et lui fit chanter de nouveau la lugubre complainte. De plus en plus troublé dans sa conscience, il consulta un maître en théologie, qui discourut longuement avec lui et qui, pressé par son interlocuteur anxieux de lui dire quel était le moyen le plus sûr pour aller au ciel, répondit par cette parole de Jésus-Christ au jeune homme de l'Évangile : « Si tu veux être parfait, va, vends tes biens et les donne aux pauvres, et tu auras un trésor dans le ciel ; puis viens et suis moi », (Matt. xix, 21)[1]. Dès lors son parti fut pris. Il laissa à sa femme tous ses biens immobiliers, puis, d'une partie de son argent, fit une dot à ses deux filles encore enfants, qu'il plaça, à l'insu de leur mère, en qui il n'avait sans doute qu'une médiocre confiance, dans l'abbaye de Fontevrault en Poitou, fondée en 1100 par le célèbre Robert d'Arbrissel de la règle de Saint Benoit.

Du reste de son argent Valdo répara ses injustices passées, paya ses dettes et secourut les pauvres. Il commença par leur faire des distributions de pain, de viande et d'autres aliments pendant quelques mois ; puis, vers la mi-août, fête de l'Assomption de la Vierge, il donna aux affamés des rues tout l'argent qu'il avait encore. Et comme la foule croyait qu'il avait perdu le sens, il lui dit : « Mes amis, mes chers concitoyens, je ne suis point hors de sens, comme vous le pensez ; ce que je fais, c'est que je prends ma revanche sur l'ennemi qui m'a courbé sous son joug. L'argent avait dans mon cœur plus de place que Dieu et j'ai servi le créateur avec moins d'affection que la créature. Plusieurs, je le sais, me trouveront tort de me produire ainsi en public, mais je le fais pour moi-même et pour vous : pour moi, afin que ceux-là me déclarent insensé qui me verront désormais m'attacher encore à

---

[1] Le Pseudo-Pierre de Pilichdorf confirme sur ce point la Chronique de Laon, qui nous sert surtout de guide ; et ces deux témoignages suffisent pour réfuter l'opinion de Belvédère, qui ne vivait qu'en 1636, et qui prétend que Valdo emprunta aux Cathares son principe de pauvreté volontaire (*Relatione all'eminente congregat. de propag. fidei luoghi valli di Piemonte*, etc., Torino, s. d. (1636), in-18.

l'argent ; pour vous, afin que vous appreniez à mettre en Dieu votre confiance ».

Le lendemain, 16 août, Valdo prit sa nourriture chez un de ses amis, mais sa femme s'en étant plainte à l'archevêque Guichard (ou Guibert), celui-ci ordonna à l'ami de le ramener chez cette dernière.

Le pieux marchand se mit à lire la Bible, qui n'existait alors qu'en latin ; mais comme ses connaissances n'étaient pas suffisantes pour qu'il pût s'en servir fructueusement, il s'entendit, pour traduire le saint volume en langue vulgaire, avec deux jeunes ecclésiastiques, nommés Bernard Ydros et Etienne d'Anse[1]. Le premier, qui devint plus tard un personnage riche et honoré dans Lyon, écrivait sous la dictée du second, qui était instruit et jouit plus tard d'un bénéfice dans la principale église de Lyon. L'inquisiteur Etienne de Bourbon (ou de Belleville)[2], qui avait beaucoup connu ce dernier, ajoute qu'il se laissa tomber du haut du belvédère d'une maison qu'il faisait construire et mourut de sa chute.

Nos deux ecclésiastiques composèrent aussi un recueil de sentences en langue vulgaire extraites de la Bible et des Pères de l'Eglise[3]. Muni de ce précieux volume, qu'il lut et relut, Valdo ouvrit sa maison aux pauvres et leur en fit la lecture en leur recommandant de renoncer aux biens de la terre comme lui pour ne plus dépendre que de Dieu. Mais là ne se borna pas son ministère. Il parcourut les divers quartiers de Lyon en prêchant l'Evangile, dont il savait par cœur un grand nombre de passages. Bien des personnes changèrent de vie et, après un temps d'épreuve et d'instruction suffisant, s'en allèrent à leur tour, tant

[1] C'est-à-dire natif d'Anse, bourg du Lyonnais.

[2] Ce dernier lieu était sa patrie. Il naquit entre 1190 et 1195, et mourut vers 1261.

[3] « Les livres de Valdo » que Gilles (*Hist. ecclés. des églis. vaudoises*, éd. de 1881, t. II, p. 7), et antérieurement à lui Matthias Flaccius Illyricus (*Catal. testium veritatis* ; Bâle, 1556, p. 534), disent avoir eu entre les mains, sont peut-être ces sentences.

hommes que femmes, dans les places, dans les maisons et dans les ateliers, prêchant l'Évangile et insistant surtout sur ces paroles de Jésus-Christ : « Heureux les pauvres en esprit, car le roy aume des cieux est à eux », (Matt. v, 3). De là le nom de *Pauvres de Lyon* qui leur fut généralement donné, tandis qu'eux-mêmes s'appelaient les *Pauvres de Christ* ou les *Frères*.

Joignant la pratique à la théorie, les disciples de Valdo imitèrent, en effet, sa pauvreté volontaire. Ils distribuèrent tous leurs biens aux nécessiteux, de sorte que, « quand ils avaient besoin de vêtements, dit Paradin[1], ils entraient ès boutiques des marchands et prenaient des draps ce qu'ils voulaient ; ainsi faisaient-ils des vivres et autres choses nécessaires, et n'osait-on leur résister parce qu'ils étaient en trop grand nombre ». On peut croire que la sympathie ou la pitié entrait également pour une large part dans la condescendance des marchands.

On appela aussi par dérision *Insabbatés* les disciples de Valdo à cause de certains souliers, dont le dessus était coupé comme des sandales, et qu'ils portaient pour imiter les apôtres ; puis *Léonistes*, de Léona, nom que portait la ville de Lyon au XIIe siècle[2]. Ils portaient aussi des capes semblables à celle des moines, tout en conservant une longue chevelure à l'instar des laïques. Quant au nom de Vaudois, ils le repoussèrent pendant plusieurs siècles. Dans leur poëme de *La noble leçon*, vers 369 et suivants, on lit ceci (nous traduisons) :

« Que s'il y a quelque homme qui veuille aimer Dieu et craindre Jésus-Christ ; — qui ne veuille ni maudire, ni jurer, ni mentir ; — ni commettre adultère, ni tuer, ni prendre ce qui est à autrui ; — ni se venger de ses ennemis ; — ils disent qu'il est Vaudois (*Vaudès*) et digne d'être puni ».

Dans une lettre apologétique que les Vaudois des Alpes adressèrent en faveur de leurs frères de Bohème au roi

---

[1] *Mémoires*, etc., p. 127.

[2] Colonia, *Hist. littér. de la ville de Lyon*; Lyon, 1729-1730 ; t. II, p. 24.

Vladislas VI, dit le Clément, qui régna sur la Bohême et la Hongrie de 1490 à 1516, ils se nomment « le petit troupeau des chrétiens faussement appelés, par un faux nom, Pauvres ou Vaudois[1] ». Dans une autre lettre, que les Vaudois de Provence écrivirent aux réformateurs d'Allemagne en juillet 1535, ils disent qu'ils ont été « appelés autrefois Vaudois par envie »[2]. On lit enfin ces mots dans un écrit du cordelier Samuel Cassini : « Tu dis que tu n'es pas Vaudois, mais seulement de l'église de Christ »[3].

Mais reprenons le fil de notre récit.

L'archevêque Guichard, qui supporta assez longtemps Pierre Valdo, absorbé qu'il était par sa lutte avec Guigues III, comte de Forez, qui revendiquait la suzeraineté de la ville de Lyon, finit par s'alarmer des prédications du novateur, le cita à comparaître devant son tribunal, lui et ses adhérents, et leur défendit à tous de prêcher et d'expliquer les Ecritures. Le pieux réformateur ayant répondu comme autrefois Pierre aux membres du Sanhédrin : « Jugez s'il est juste devant Dieu de vous obéir plutôt qu'à Dieu », (Act. IV, 9), l'archevêque n'insista pas pour l'heure et le laissa en repos. C'était en 1177.

Deux ans après, le troisième concile général de Latran s'étant assemblé à Rome le 5 mars 1179, Pierre Valdo, qui ne songeait nullement à rompre avec l'Église et se croyait dans ses vraies traditions, décida de s'y rendre[4] avec plusieurs de ses disciples, peut-être avec Vivet et Jean de Lyon[5], dont parlent les pièces du temps, pour présenter

[1] Perrin, *Histoire*, etc., p. 58 et 224.

[2] Dans *Zeitschrift für die histor. Theologie*, 1852, p. 250 et 251. — Fragment dans Herminjard, *Correspondance*, etc., t. III, p. 328.

[3] *Vittoria triomphale*, etc.; Coni, 1610.

[4] Le voyage de Valdo à Rome est confirmé par ces paroles de Moneta : « Pourquoi donc est-il venu vers le Pape ? » (*Contra Valdenses*, éd. Richini ; Rome, 1743, l. v, c. I, p. 402).

[5] Ce dernier se jeta plus tard tête baissée dans le Catharisme et même le Manichéisme pur, comme on le sait par l'ouvrage qu'il publia et qu'on ne connaît guère que par ce qu'en dit la *Max. bibl. veter patrum*, XXV.

au pape Alexandre III et aux membres de la vénérable
assemblée un volume écrit en langue vulgaire, contenant
les Psaumes et divers livres de l'Ancien et du Nouveau
Testament. La Chronique de Laon dit que « le pape
embrassa Valdo (*Valdesius*), approuva le vœu de pauvreté volontaire qu'il avait fait, mais lui défendit, tant à
lui qu'à ses compagnons, de remplir l'office de la prédication, à moins que les prêtres ne le lui demandassent »[1].
Un cardinal, touché de la candeur de ses discours et de
ses mœurs pures, plaida sa cause, et lui-même s'engagea à
conserver la doctrine des quatre docteurs latins, Ambroise,
Augustin, Grégoire et Jérôme.

Walter Mapes, qui assistait au IIIe concile de Latran,
raconte ainsi la comparution de Valdo et de l'un de ses
compagnons : « Nous vîmes au concile romain, célébré
sous Alexandre IIIe, des hommes Vaudois, grossiers et
illétrés, qui tiraient leur nom de leur chef Valdo, qui avait
été citoyen de Lyon sur le Rhône et qui avait présenté
au Seigneur pape un livre écrit dans la langue gauloise,
dans lequel était contenu le texte de la glose du Psautier
et de plusieurs livres de l'une et l'autre Loi. Ces gens
demandaient instamment qu'on leur confirmât le droit de
prêcher : ils s'en estimaient dignes. Au fait il n'étaient
que des sots... On m'amena donc pour disputer avec moi
touchant la foi les deux Vaudois réputés parmi les principaux de la secte. Ils n'étaient pas sans prétention, car ils
pensaient me réduire au silence... Le pontife m'ordonna
de les interroger... Je leur proposai les choses les plus
élémentaires... Croyez-vous en Dieu le Père ? Nous y
croyons. En son fils ? Nous y croyons. Et au Saint-Esprit ?
Pareillement. En la mère de Christ ? Oui. Alors tous les
membres de la commission partirent d'un grand éclat de
rire. Nos gens se retirèrent tous confus ». Les Vaudois

[1] Moneta (*Idem*) dit au contraire que le pape l'investit de « l'office de
la prédication » : ce qui est invraisemblable, tout comme ce qu'affirme
une Chronique romane de Cambridge que Valdo prêcha à Rome et y fit
quelques disciples.

auraient dû dire en effet : nous croyons *à* la mère de Christ et non *en*.

Le concile, qui condamna dans son XIVe canon les Cathares, les Patarins et les Publicains, répandus en Gascogne et dans l'Albigeois, dans le territoire de Toulouse et ailleurs, ne prononça aucune sentence contre Valdo et ses adhérents, qu'il ne croyait pas hérétiques ou tout au moins bien redoutables à cause de leur ignorance. Il se borna à leur interdire la prédication[1].

De retour à Lyon, ces derniers ne gardèrent pas longtemps le silence. Dès l'année suivante (1180), l'archevêque Jean de Bellesmes[2], qui venait de succéder à Guichard, dut leur enjoindre de cesser leurs discours, « parce que disait-il, la prédication de la Parole de Dieu ne convient point à des gens grossiers et illétrés ». Les Vaudois n'ayant point obtempéré à cette défense, l'archevêque les excommunia, mais Pierre Valdo disait qu'en réalité il n'y a que Dieu qui puisse excommunier ; que celui qui est impur ne peut purifier, que celui qui est lié ne peut délier, et que celui qui est coupable ne peut sauver... L'Église, ajoutait-il, la véritable Église de Jésus-Christ, c'est nous qui la formons, nous qui voulons obéir au Seigneur en suivant les paroles mêmes de l'Évangile et l'exemple des apôtres ».

« L'archevêque, raconte Perrin[3], se mit en devoir de le faire appréhender, mais il n'en put venir à bout, d'autant que Valdo, étant fort approuvé et chéri de plusieurs, il subsistait dans Lyon à couvert sous la faveur de ses amis l'espace de trois ans ». Le pape Lucius III, informé de ce qui se passait, « anathématisa Valdo et ses adhérents, continue Perrin, et commanda au dit archevêque de procéder contre eux par censure ecclésiastique, voire jusqu'à entière extirpation ». C'est au concile de Vérone, tenu en 1184, sous les auspices de l'empereur d'Allemagne Frédé-

---

[1] Basnage (*Histoire de l'Église*, p. 1435), se trompe donc quand il avance que le troisième concile de Latran de 1179 condamna les Vaudois.

[2] Ou de Bellesmains.

[3] *Histoire*, etc., p. 4.

ric Ier, que le pape fulmina cette sentence. « Nous déclarons dit-il, que les Cathares, les Patarins et ceux qui s'appellent les Pauvres de Lyon, les Passageni, les Joséphites, les Arnoldistes, demeurent sous l'éternel anathème. Et parce que quelques-uns, sous une apparence de piété, mais en ayant renié la force, comme dit l'apôtre, s'arrogent l'autorité de prêcher, au lieu que le même apôtre dit : Comment prêcheront-ils s'ils ne sont pas envoyés ? nous renfermons sous la même sentence d'éternel anathème tous ceux qui, en ayant reçu la défense ou n'étant pas envoyés, prétendent pourtant prêcher publiquement ou en particulier, sans l'autorisation du siège apostolique ou des évêques de leurs diocèses respectifs ; comme aussi tous ceux qui ne craignent pas de maintenir ou d'enseigner, sur le sacrement du corps et du sang de notre Seigneur Jésus-Christ, le baptême, la rémission des péchés, le mariage ou aucun autre sacrement de l'Église, des opinions différentes de ce que la sainte Église de Rome, prêche et observe... Nous décrétons par ces présentes, que quiconque sera notoirement convaincu de ces erreurs, s'il est clerc..., sera immédiatement privé de toutes prérogatives d'ordres ecclésiastiques, et qu'étant ainsi dépouillé de tout office et bénéfice. il sera livré au pouvoir séculier pour être puni selon le démérite... ; s'il est laïque..., nous ordonnons qu'il soit livré à la sentence du juge séculier, pour recevoir la punition convenable, selon la qualité de l'offense... Nous ordonnons ultérieurement que tous comtes, barons, gouverneurs et consuls des cités et autres endroits, en suite de l'avis des archevêques et évêques respectifs, promettront sur serment que, dans ces articles et toutes les fois qu'ils en seront requis, ils assisteront puissamment et efficacement l'Église contre les hérétiques et leurs complices, et s'efforceront fidèlement, selon leur office et pouvoir, d'exécuter les statuts ecclésiastiques et impériaux concernant les matières ci-mentionnées. Si quelques-uns d'entre-eux refusent d'observer ceci, ils seront privés de leurs honneurs et charges, et déclarés incapables d'en recevoir d'autres ; de plus, ils seront enveloppés dans la sentence d'excommunication et leurs biens confisqués à l'usage de l'Église ; et si quelque cité refuse d'accorder obéissance à ces constitutions, décrétales..., nous ordonnons qu'elle soit exclue de tout commerce avec les autres cités et privée de la dignité épiscopale....[1] »

Pierre Valdo, ne se sentant plus en sûreté à Lyon après la promulgation de cette terrible sentence, s'expatria avec ses adhérents. L'inquisiteur Albert de Cattanée[2] dit que les Vaudois ne purent être complètement exterminés à Lyon. Claude de Rubys[3] affirme au contraire qu'il ne demeura dans la ville « aucune relique de cette abomination », mais son dire ne paraît pas s'accorder avec la commission que le consulat de Lyon, dans sa séance du 29 décembre 1455, donna à l'évêque de Viviers, qui se rendait à Rome, de supplier le pape « de faire abolir les malédictions que l'on dit qui se donnent le jeudi ou vendredi-saint contre les Pauvres de Lyon »[4].

Après son départ, Pierre Valdo continua sa mission en divers lieux. Il vécut encore longtemps et mourut en 1217, on ne sait au juste dans quel pays. On croit pourtant que c'est en Bohême. « Quelques uns ont écrit, dit Perrin[5], que Valdo, au sortir de Lyon, se jeta dans le Dauphiné et de là qu'ayant dressé quelques églises, et posé le fondement de celles qui y ont été conservées miraculeusement jusqu'à présent, il s'achemina en Languedoc, et que là il laissa des barbes (pasteurs) notables, qui y dressèrent les églises, lesquelles depuis ont tant coûté au pape et à son

---

[1] *Lucü decret. contra hæret.* dans Mansi, *Sanctor. concilior. nova et amplissima collectio* ; Florence et Venise, 1759-1798, t. xxiv. — Chorier (*Histoire*, etc., t. ii, p. 70), dit que les Vaudois furent condamnés dans « un concile tenu l'an 1176 entre Albi et Toulouse » ; à Lombez, mais il confond ici les Cathares avec les Vaudois, la vraie date est 1165.

[2] *De ortu et delatione Valdensium*, mns. cité par Perrin (*Histoire*, etc., p. 5), mais imprimé depuis dans Léger, *Histoire*, etc., 2e partie, p. 21 et suiv., et dans Guil. de Saligny, *Hist. de Charles VIII*, recueillie par Godefroy ; Paris, 1684, in fol.

[3] *Hist. universelle de la ville de Lyon* ; Lyon, 1604, p. 269.

[4] Péricaud, *Notes et documents*, etc., année 1160 (circa).

[5] *Histoire*, etc., p. 223.

clergé à détruire, et que là il s'en alla en Picardie, d'où, chassé, il s'achemina en Allemagne et d'Allemagne qu'il se retira en Bohème, où il y en a qui tiennent qu'il y finit ses jours ». C'est aussi le sentiment de l'historien de Thou[1]. Perrin[2] ajoute que, lorsque Valdo se rendit en Allemagne, il s'échappa « des mains des évêques de Mayence et de Strasbourg », qui l'avaient fait emprisonner ou seulement rechercher.

Gilles[3] dit qu'on estimait que les Lyonnais persécutés avant de fuir leur ville natale, « avaient envoyé reconnaître et s'assurer à l'avance des lieux où ils pourraient retirer leurs ménages ».

Quoiqu'il en soit, le gros de l'émigration se porta en Dauphiné, mais quand l'inquisiteur Albert de Cattanée[4] avance que les Pauvres de Lyon, qui se retirèrent « ès diocèses d'Embrun, et de Turin, entre les Alpes, et ès cavernes de montagnes, en des lieux de difficile accès », étaient « plus de cinquante mille », il commet une grande exagération, car la ville de Lyon, à la fin du XIIe siècle, ne comptait pas plus de 50.000 habitants[5]. C'est plutôt 5.000 qu'il faut dire.

Tous les Pauvres de Lyon ne s'éloignèrent pas autant de leur ville natale et plusieurs s'établirent dans les environs. C'est ce que nous apprend le barbe Martin, qui déclare, dans une déposition de l'an 1492[6], qu'il y avait des Vaudois dans le Beaujolais, l'Autunois, le Bourbonnais, le Forez, l'Auvergne, la Marche, le Limousin, le Bordelais, le Vivarais, le Velay, la Bresse, la Franche-Comté et le Valentinois. C'est dans la montagne du Mont

[1] *Histoire universelle*, traduction française, édit de Bâle, 1742, t. I, p. 533.

[2] *Histoire*, etc , p. 13.

[3] *Histoire*, t. I, p. 11.

[4] *Origo Waldensium*, traduit par Léger, *Hist. génér. des égl. évangél. des Vallées de Piémont ou Vaudoises*, 2e part., p. 21 et 22.

[5] Lettre de M. Henry Morin-Pons du 23 mai 1894.

[6] Allix, *Some remarks upon the ecclesiastical history of the ancient churches of Piémont*; London, 1690, in-4o, p. 307-317.

Dore en Auvergne qu'on en trouvait le plus. « Là, dit Martin, la secte s'est considérablement augmentée à cause de la mauvaise vie que mènent les ecclésiastiques. » Près des villes de Beaujeu et de Villefranche, il y avait aussi beaucoup d'« associés de la secte ».

Pour en revenir aux Vaudois, qui émigrèrent dans les Alpes Dauphinoises, il faut rappeler le fait, déjà mentionné, c'est qu'ils y trouvèrent des peuplades, qui avaient adhéré au mouvement anticatholique des Cathares, des Pétrobrussiens et des Henriciens ; que ces peuplades les reçurent avec joie, embrassèrent leurs sentiments, portèrent leur nom et se fondirent rapidement avec eux pour ne former qu'une seule secte. Nous revenons plus loin sur ce fait important.

Cette particularité fait en quelque sorte pressentir l'opinion à laquelle nous nous arrêterons au sujet de l'origine des Vaudois du Dauphiné, mais comme la question a été et est encore controversée, il est nécessaire que nous la traitions avec l'ampleur nécessaire. On voudra bien toutefois se souvenir que, dans tout ce qui suit, il ne s'agit que des Vaudois qui s'établirent dans les Alpes Dauphinoises et dont l'origine seule est contestée. Pour ceux qui émigrèrent ailleurs, la question d'origine ne peut même pas se poser, puisqu'il est constant qu'ils étaient tous des disciples de Pierre Valdo.

III. — *Origine des Vaudois du Dauphiné.*

Ceux qui connaissent l'histoire des Vaudois, même superficiellement, savent que les membres de cette secte ont eu pendant de longs siècles (car c'est le faible des églises, aussi bien que celui des villes de se donner une grande antiquité)[1], la conviction qu'ils remontaient très haut dans l'histoire, soit au temps du célèbre Claude, évêque de Turin, qui vivait au IXe siècle et s'éloignait sur plusieurs points des sentiments de son église ; soit à

[1] La réflexion est de Basnage, *Hist. de l'Eglise*; Rotterdam, 1690, p. 1434.

l'époque du pape Sylvestre, qui occupa le siège de Rome de l'an 314 à l'an 335 et sous lequel l'église commença de déchoir de sa pureté primitive ; soit même jusqu'aux temps apostoliques. Notre siècle critique, qui ne se contente pas de traditions et de légendes, a étudié avec le plus grand soin les divers textes des auteurs du moyen-âge qui peuvent éclairer le problème et en est arrivé à la conclusion que les Vaudois descendent exclusivement de Valdo. Nous croyons que cette conclusion n'est pas légitime de tous points, car, ainsi qu'on le verra plus loin, s'il est incontestable que les Vaudois, considérés comme secte religieuse déterminée portant ce nom, sont issus de Pierre Valdo et presque aussi certain qu'ils tirent leur nom de lui, il est également incontestable que, comme peuple anticatholique, ils sont en grande partie antérieurs au célèbre marchand de Lyon.

1. Nous écartons tout d'abord un certain nombre de textes qui, suivant les partisans de l'antiquité reculée des Vaudois Alpestres, les feraient remonter, non pas au siècle de Valdo, c'est-à-dire au XII⁰, mais au XI⁰.

Ainsi, on dit que le moine Radulphe de Munster, qui a écrit entre 1106 et 1136 la Chronique du monastère de Saint-Tron en Belgique, parle d'une contrée infectée par l'hérésie qu'il doit traverser au passage des Alpes pour se rendre à Rome[1]. Mais la citation n'est pas exacte. Radulphe est au contraire arrivé à Rome dévalisé par les voleurs. Après y avoir passé quelques jours, il ne sait quel parti prendre pour la suite de son voyage, parce qu'on lui a dit que la contrée qu'il doit traverser « est souillée par une hérésie invétérée touchant le corps et le sang du Seigneur ». Mais cette contrée n'est nullement donnée par Radulphe comme alpestre et l'hérésie signalée était professée par les Cathares qui, à cette époque, étaient répandus dans une grande partie de l'Italie septentrionale. Les Vaudois primitifs croyaient au contraire à la transubstantiation.

[1] Dacherius, *Spicilegium seu collectio veter. aliq. scriptorum*; Paris, 1655-1657, t. vii, p, 493.

On cite la bulle du pape Victor II, de l'an 1056, invitant l'archevêque d'Embrun, Viniman, « à prendre des mesures contre l'hérésie », et le prévenant que son diocèse « en était merveilleusement corrompu ». Mais la bulle pontificale parle, non d'hérétiques proprement dits, mais d'apostats, d'hommes sans règles et sans religion, de pasteurs mercenaires, infectés de l'hérésie simoniaque et séditieux, qui se sont emparés de l'église d'Embrun et l'ont opprimée : causes diverses qui l'ont « merveilleusement gâtée, corrompue et renversée[1] ».

On s'appuie encore sur ce que le moine Pierre de Damien[2], qui devint évêque d'Ostie et cardinal en 1057, écrivit à la duchesse Adélaïde de Suse que le clergé de ses états « n'observait pas les commandements de l'Église ». Mais il ne s'agit, dans le texte, que de la loi du célibat repoussée par le clergé des états de cette duchesse. Damien traite ce dernier d'incontinent à cause de son opposition à cette loi. C'est un reproche semblable qu'il adresse à Cunibert, évêque de Turin[3].

On allègue[4] enfin la bulle d'un autre pape, Urbain II, qui, en 1096 ou 1091, aurait signalé la vallée Jarentonne ou Vallouise comme infectée d'hérésie, mais cette bulle, examinée avec soin, ne parle ni d'hérésie ni d'hérétiques : elle se borne seulement à mentionner parmi les possessions des moines, l'*ecclesiam vallis jorrentonnæ cum capellis, decimis et omnibus pertinentis suis*[5].

2. Passons maintenant aux auteurs qui affirment que les Vaudois tirent leur nom et leur doctrine de Pierre Valdo.

Walter Mapes, nommé plus haut, franciscain anglais contemporain de Valdo, déclare que les Vaudois sont ainsi appelés : « de Valdo, leur chef, qui avait été citoyen de Lyon sur le Rhône[6] » ; — Richard de Cluny, également

---

[1] Voyez Fornier, *Histoire*, etc., t. i, p. 652.

[2] *Opera* ; Paris, 1743, l. vii, p. 16.

[3] *Idem*, l. vii, p. 3.

[4] Albert, *Histoire*, etc., t. i, p. 56.

[5] *Aristide Albert*, Les Vaudois de la Vallouise; Grenoble, 1891, p. 2.

[6] *De Nugis Curialium*, éd. Th. Wright, Cambden Society, 1850, p. 64' Dict. I, c. xxxi.

contemporain de Valdo, « d'un certain citoyen de Lyon, nommé Valdesius[1] »; — Alain, commencement du XIIIe siècle, « du nom de leur chef qui s'appelait Valdus[2] »; — Pierre de Vaux-Cernay, même date, « du nom d'un certain Valdius de Lyon[3] »; — Etienne de Bourbon, inquisiteur des environs de Lyon, même date, « du premier auteur de cette hérésie, qui fut appelé Valdensis[4] ».

La même opinion est soutenue par Jean de Salisbury fin du XIIe siècle[5]; par le moine David d'Augsbourg[6]; par l'inquisiteur anonyme de Passau ou Pseudo-Rainerus[7], et par Albert de Cattanée[8], qui persécuta les Vaudois à la fin du XVe siècle.

3. Quelques-uns de ces auteurs et d'autres précisent la date de l'apparition de Pierre Valdo et de sa secte. Richard de Cluny[9], dit : « L'an du seigneur 1170, ou environ, commença la secte et hérésie de ceux qu'on appelle Vaudois »; — Etienne de Bourbon[10]: « Cette secte commença environ l'an 1180 (ou 1170 suivant un autre texte), de l'incarnation du Seigneur sous Jean, dit Belles Mains, archevêque de Lyon »; — Bernard de Fontcaud[11], fin du XIIe siècle : « Le pape Lucius III (1181-1185), d'illustre mémoire, étant chef de la Sainte Eglise romaine, de nouveaux hérétiques, les

---

[1] Muratori, *Rerum italicar, scriptor.*; Milan, 1723, t. III, 1re part., p. 447.

[2] *Summa quadripartita adv. hœr. Waldenses* ; Anvers, 1654, p. 159 et suiv.

[3] Duchesne, *Histor. francor. scriptor.*; Paris, 1649, t. V, fol. 554.

[4] *Anecdoctes historiques*; Paris, 1877, p. 290.

[5] Dans *Graviss. quœstio de Christ. eccl. succes. et statu* ; Londres, 1613, p. 12.

[6] *Tract. de hœr. pauper. de Lugd.*, dans Martène et Durand, *Thes. nov. anecd.*; Paris, 1717, t. V, fol. 1777.

[7] *Contra Waldens. hœret.*, dans *Max. bibl. veter. patrum*, t. XXV, p. 264.

[8] Dans Léger, *Histoire*, etc., 2e part., p. 21, et Allix, *Some Remarks*, etc., p. 207.

[9] *Id. Id.*

[10] *Id.*, p. 293.

[11] *Ad Waldens. sectam*, dans *Max. bibl. veter. patrum*, t. XXIV, p. 1585.

Vaudois, levèrent soudain la tête »; — la Chronique de
Laon[1], commencement du XIIIe siècle : « Pendant la même
année de l'incarnation 1173, il y eut à Lyon, en Gaule, un
certain citoyen, nommé Waldesius, qui... commença à
recruter des compagnons »;—Moneta[2], inquisiteur de Crémone (milieu du XIIIe siècle): « Il n'y a pas longtemps que
[les Vaudois] commencèrent d'exister, puisque, comme la
chose est manifeste, leur fondateur fut Valdesius, citoyen
de Lyon, qui inaugura cette voie il n'y a pas plus de 80
ans »; — Pierre de Pilichdorf, XIVe siècle; « Huit cents
ans environ après le pape Sylvestre, au temps du pape
Innocent II (1130-1142), il y eut dans la ville de Walden,
située sur la frontière de France, un riche citoyen...
Pierre Valdensis[3].

4. Les adversaires de l'antiquité des Vaudois ne sont
pas les seuls à affirmer qu'ils tirent leur nom et leur doctrine de Valdo. D'anciens auteurs Vaudois et des auteurs
protestants des XVIe et XVIIe siècles l'affirment également.

Dans un *Rescript* des frères de Lombardie, de 1218,
que nous avons cité plus haut, les Vaudois sont appelés
« Compagnons Valdésiens », et Valdo donné comme leur
fondateur.

Un manuscrit vaudois de la bibliothèque de Cambridge,
n° A, également cité plus haut, affirme la même chose.

Le barbe George Morel[4], dans sa lettre à Œcolampade
de l'an 1530, dit que le peuple Vaudois est dans les épines
« depuis plus de quatre cents », ce qui nous reporte à
l'époque ou Valdo et ses disciples émigrèrent de Lyon dans
les Alpes Dauphinoises. Il est vrai qu'il ajoute ces mots:
« Et même depuis le temps des apôtres, comme les nôtres
le racontent fréquemment, »; et que plus loin, il dit :

---

[1] Dom Bouquet, *Rec. des histor. des Gaules*; Paris,1783, t. XIII, p. 680
et suiv.

[2] *Advers. Cathar. et Waldens.*; Rome, 1743, l.v, c. 1, 4.

[3] *Contra hæresin Waldensium tractatus.* (Max. bibl. veter. patr.,
t. XXV. p. 278).

[4] Scultetus, *Annal. Evangel. passim per Europam*; Heidelberg,
1618 ; decas secunda, p. 295 et 306.

« Depuis le temps des apôtres, nous avons toujours eu le même sentiment touchant la foi ». Mais puisque Morel indique, en premier lieu, la date de 400 ans comme date initiale des persécutions dirigées contre les Vaudois (et l'on sait qu'ils furent persécutés dès leurs débuts), on peut croire qu'elle avait une certaine valeur à ses yeux, et que la seconde opinion qu'il rapporte était plutôt celle du peuple que la sienne.

On peut faire la même remarque sur le témoignage d'Olivétan qui, après avoir dit dans la préface de sa traduction de la Bible, parue en 1535. Le peuple Vaudois « depuis que jadis il en fut doué et enrichi (savoir du trésor de l'Evangile) par les apôtres ou ambassadeurs de Christ, en a toujours eu l'entière jouissance et fruition », ajoute : « Le pauvre peuple, qui te fait ce présent (savoir la Bible), fut banni et chassé de ta compagnie plus de trois cents ans passés et épars aux quatre parties de la Gaule », ce qui fait allusion à la dispersion des Pauvres de Lyon dans le dernier quart du XIIe siècle.

On lit aussi dans une lettre des Vaudois de Cabrières dans le comtat Venaissin du 3 février 1533[1] : « Prenons Dieu en témoin que n'avons opinion ni secte particulières et que ne croyons ni avons cru à Pierre de Vaulde, ni à Luther, ni autre quelqu'il soit, sinon qu'il ait annoncé la Parole de Dieu et non la sienne, moyennant que nous l'avons su connaître ».

L'historien protestant, Jean de Hainault[2], milieu du XVIe siècle, ne fait pas remonter les Vaudois au delà du pape Alexandre III, qui occupa le siège de Rome de 1159 à 1181. « Ainsi, dit-il, l'appellation des Pauvres de Lyon commença. On les nomma aussi Vaudois, Lyonistes, Insabatti ».

Jean Baleus[3], qui vivait à la même époque, dit de même : « Le Seigneur suscita de ce temps là (savoir sous le pape

[1] Herminjard, *Correspondance*, etc., t. vii, p. 467.
[2] *Estat de l'Église*; Strasbourg, 1565, p. 306.
[3] *Les vies des évesques et papes de Rome*, Genève, 1566, p. 356.

Alexandre III), les Pauvres de Lyon contre l'arrogance et la tyrannie du pape ».

Lydius[1], qui écrivait au commencement du siècle suivant, dit de son côté : « Les églises vaudoises sont beaucoup plus anciennes que les nôtres (savoir celles de Bohême), elles ont reçu leur nom de Waldesius, citoyen lyonnais, comme ils le déclarent ».

L'historien vaudois Gilles[2] est des plus explicites. « Ce fut, dis-je, durant ce temps misérable pour l'Église (fin du XIIe siècle), que Dieu suscita Pierre Valdo et autres siens serviteurs, tant à Lyon qu'ailleurs, pour, en sortant euxmêmes du bourbier des superstitions, en retirer aussi tant d'autres bonnes âmes fidèles et languissantes après la pâture divine. Comme ils firent, en effet, avec merveilleuse assistance et bénédiction de Dieu. Et pour ce, Pierre Valdo s'employa entre tous les autres de son temps en cette sainte œuvre, et des premiers d'une affection singulière ; pour ce on donna le nom de Vaudois à ceux qui de ce temps-là secouèrent le joug des superstitions et spécialement à ceux qui l'avaient fait à son exemple et par ses instructions selon la Parole de Dieu ».

Perrin[3], qui a écrit avant Gilles, dit : « Ils (savoir les inquisiteurs) les ont donc appelés premièrement Vaudois de Valdo, citoyen de Lyon ».

Enfin l'auteur inconnu de la Chronique des Vaudois soutient le même sentiment.

5. Il semble que l'origine des Vaudois et de leur nom est tranchée par ces textes d'une façon très nette, mais il en est quelques autres qui l'obscurcissent.

Ainsi Bernard de Fontcaud, déjà cité, dit que les nouveaux hérétiques qui surgirent sous Lucius III, pape de 1181 à 1185, « furent appelés Valdenses d'une vallée sombre (Vallisdensa), parce qu'ils sont enveloppés de ténèbres profondes et épaisses ». D'après MM. Schmidt[4],

---

[1] *Waldensis*; Rotterdam, 1616, t. ii, p. 117.
[2] *Histoire*, etc., t. i, p. 5.
[3] *Histoire*, etc., p. 8.
[4] *Histoire des Albigeois*, etc., t. ii, p. 289.

Cunitz[1] et Comba[2], nous n'aurions ici qu'une étymologie arbitraire et un jeu de mots: Bernard ayant regardé le nom *Valdensis* comme formé de la réunion des mots *Vallis* et *densa*. Nous en convenons aisément, mais il n'en demeure pas moins vrai que si Bernard de Fontcaud, sur un point d'histoire aussi sérieux, avait su où cru que *Valdensis* dérivait de *Valdo*, il l'aurait certainement dit.

Ébrard de Béthune[3], qui vivait à la même époque que Bernard de Fontcaud, c'est-à-dire était comme lui contemporain de Valdo, dit de certains hérétiques, qui ne peuvent être que les Vaudois, qu'ils « s'appellent *Vallenses*, parce qu'ils habitent dans une vallée de larmes, tournant en dérision les apôtres ». Cette citation, qui a également un sens allégorique, est moins probante que la première, parce qu'il ressort de l'écrit même d'Ébrard que les Vaudois de son temps, comme le fait remarquer l'évêque Charvaz[4], en parlant de vallée, entendaient parler du monde, qu'ils regardaient comme une vallée de larmes et ne songeaient nullement aux *Vaux* et aux *Vallées Vaudoises* considérées comme expression géographique.

Mais voici une citation plus explicite : Un manuscrit du XIV° siècle[5] déclare que les Vaudois, « tirent leur nom d'un grand maître ou d'une vallée, parce que, comme quelques-uns le disent, ils sont sortis d'une vallée ».

Ces trois témoignages anciens ne peuvent toutefois contrebalancer ceux que nous venons de rapporter plus haut et qui sont autrement plus nombreux et plus décisifs. C'est pourquoi on peut affirmer que les Vaudois tirent

[1] *Les Vaudois du Moyen-âge* dans *Revue de théol. de Strasbourg*, 1852, p. 88.

[2] *Histoire*, etc., p. 29, note.

[3] *Liber antihœresis*, dans *Max. bibl. veter. patrum*, t. xxiv, p. 1585-1586.

[4] *Recherches histor. sur la véritable origine des Vaudois*; Paris 1836, p. 135.

[5] Schmidt, *Aktenstucke*, dans *Hist. Zeitschrift*, 1852, p. 239. — Bèze (*Les vrais pourtraicts*, etc.; Genève, 1566, p. 356), a adopté cette étymologie qui fait dériver *Vaudois* de *Vallée*, ainsi que Léger, Brez, Muston, Peyran, etc.

leur nom de Valdo, comme les Luthériens et les Calvinis-
tes tirent le leur de Luther et de Calvin, et les Chrétiens
de Christ.

6. Voici pourtant quelques autres témoignages qui
atténuent la force des premiers sur la question de l'origine
des Vaudois.

Étienne de Bourbon, que nous avons déjà cité, distingue
nettement les Pauvres de Lyon des anticatholiques primitifs des contrées alpestres, lorsqu'il dit des premiers
qu' « ils se mêlèrent à d'autres hérétiques dans le territoire de Provence et de Lombardie ».

Les Vaudois de Lombardie, dans une *Lettre* latine
de 1368, disent que Pierre de Val (*Valle*) passait « non
pour le premier fondateur de leur ordre, mais pour son
réformateur » (Comba, *Histoire*, etc., p. 20).

D'autre part, comme on l'a dit précédemment, on trouve
des Cathares dans les vallées alpestres du Dauphiné en
l'an 1028 et en l'an 1144 et, un peu avant la seconde date,
des Pétrobrussiens et des Henriciens.

Enfin Gilles[1] déclare que Valdo et ses disciples s'établirent dans les vallées des Alpes « pour y avoir reconnu
les originaires et circonvoisins non éloignés de leurs
sentiments et connaissance quant à la religion ».

7. On voit par là que la question de l'origine des Vaudois n'est pas aussi simple qu'on pourrait le croire au
premier abord et que, lorsque M. Montet[2] affirme qu' « il
faudrait être profondément sceptique » pour repousser
l'idée qui fait descendre les Vaudois de Valdo, il ne tient
pas compte de tous les textes que nous venons de citer, et
que, quand il déclare, d'autre part, que « les travaux
remarquables[3] qui ont été publiés depuis trente ans sur
l'histoire des Vaudois, ont fixé d'une manière définitive
les origines de ce mouvement religieux, en le rapportant

---

[1] *Histoire*, etc., t. i, p. 11.

[2] *Hist. littéraire des Vaudois du Piémont*, p. 34 et 27.

[3] Dieckoff, *Die Wald. in Mittelalter*, 1853; Herzog, *Die Roman.
Waldenses*, 1853; Preger, *Beitræge zur Geschichte des Waldesier*, etc., etc.

au lyonnais Waldez», il avance une propositon qui est susceptible de tempéraments. Il résulte, en effet, des divers témoignages que nous avons rapportés jusqu'ici :

a) Que Valdo et ses disciples trouvèrent dans les Alpes des populations qui avaient subi successivement l'influence des Cathares, de Pierre de Bruis et de Henri de Lausanne, c'est-à-dire de populations qui étaient anticatholiques depuis près de 200 ans ;

b) Que ces populations professaient des idées religieuses ou tout au moins des tendances qui se rapprochaient de celles des Pauvres de Lyon ;

c) Que si, selon la plupart des auteurs du temps, les disciples du célèbre marchand de Lyon tirent leur nom de lui, selon quelques autres, ils furent appelés Vaudois (*Valdenses* ou *Vallenses*) des vallées qu'ils habitaient et qui ne peuvent être que les vallées des Alpes ;

d) Que les disciples de Valdo se mêlèrent aux habitants anticatholiques des Alpes et leur imprimèrent le cachet particulier de leurs idées, de leur vie religieuse et de leur discipline;

e) Que les auteurs qui prétendent que les Vaudois des Alpes sont issus des Pauvres de Lyon ont à la fois tort et raison : raison, parce que les premiers, quand ils n'étaient encore que des anticatholiques sans nom propre spécial, empruntèrent aux seconds leurs doctrines particulières ; — tort, parce que les Pauvres de Lyon, s'étant fondus avec les populations qui les avaient devancés dans leur opposition au catholicisme et n'ayant plus formé avec elles à dater de ce moment, qu'un seul peuple, le peuple Vaudois et la secte Vaudoise, on ne peut dire que ce peuple et cette secte soient issus exclusivement de Valdo, d'autant mieux (ce qui est très important), que les anticatholiques autochthones furent de beaucoup plus nombreux que les anticatholiques immigrés ;

f) Enfin, que les auteurs qui avancent que les Vaudois sont antérieurs à Valdo ne sont qu'à moitié dans le vrai, puisque c'est de lui qu'ils ont tiré en dernière analyse leur physionomie religieuse et presque sûrement leur nom ; et

que les Pauvres de Lyon, qui n'émigrèrent pas dans les
Alpes, notamment ceux qui furent condamnés à Narbonne,
en 1190, par l'archevêque de cette ville sous le nom de
Vaudois, n'avaient d'ancêtres d'aucune sorte, ni alpins ni
autres, et commencèrent avec Valdo ; d'où il suit que les
Vaudois émigrés dans le Dauphiné, par leur alliance avec
les anticatholiques des hautes vallées où ils s'établirent,
ont seuls le droit de revendiquer des ancêtres ou précur-
seurs immédiats, si on les considère, non pas comme secte,
mais comme peuple.

En résumé, on peut dire que les Vaudois postérieurs
des Alpes sont le résultat du mélange ou de la fusion des
adhérents de Pierre Valdo et des restes des Cathares, des
Pétrobrussiens et des Henriciens de la même contrée ; et
que, s'ils sont les disciples des Pauvres de Lyon par
rapport aux idées, à la vie religieuse et à la discipline,
ils ne sont, en tant que peuple anticatholique, qu'en partie
leurs descendants ; de sorte que l'opinion que rapportent
les Vaudois de Lombardie, dans leur *Lettre* de l'an
1368, citée plus haut, renferme, selon nous, la solution
du problème, savoir que Valdo fut, non pas le premier
fondateur de l'ordre des Vaudois, mais son *réformateur* ;
et cette opinion est corroborée par l'autorité de Gilles, le
plus consciencieux des historiens Vaudois, qui affirme,
comme on l'a vu plus haut, que Valdo et ses disciples
reconnurent dans les Alpes des hommes « non éloignés de
leurs sentiments et connaissance quant à la religion ». Or,
ces hommes étaient dans les Alpes depuis environ 200 ans ;
ce qui constitue déjà pour les Vaudois du Dauphiné, une
lignée d'ancêtres assez ancienne.

Cette solution se recommande encore par la considération historique suivante :

C'est dans le dernier quart du XIIIe siècle qu'apparais-
sent les premières traces de la prétention des Vaudois à
remonter directement aux apôtres. Le moine David
d'Augsbourg, qui vivait à cette époque, dit d'eux : « Ils se
disent les successeurs des apôtres et en possession de

l'autorité apostolique et des clés pour lier et délier[1] ». Or, si les Vaudois d'alors n'avaient pas eu d'autres ancêtres que les Pauvres de Lyon, il serait impossible que leurs héritiers, — qui vivaient dans le dernier quart du XIII° siècle, c'est-à-dire cent ans à peine après l'émigration de Pierre Valdo et de ses adhérents, et à une époque où plusieurs des personnes, qui avaient connu ces derniers, existaient encore,—eussent osé affirmer qu'ils remontaient jusqu'aux apôtres ; tandis que si, comme nous croyons l'avoir établi, les vallées des Alpes dauphinoises renfermaient des peuplades anticatholiques dès le premier quart du XI° siècle, c'est-à-dire 250 ans environ ou huit générations au minimum avant les affirmations vaudoises rapportées par David d'Augsbourg, on comprend l'exagération de langage et la vanité naïve d'hommes simples, privés de culture et de moyens de publicité, On comprend aussi, comme le fait remarquer avec raison Chastel[2], « qu'en l'absence de toute critique historique, un peuple, persécuté pour de prétendues nouveautés sacrilèges, ait cru pouvoir sincèrement présenter, comme lui ayant été transmises depuis les apôtres, des doctrines chez lui assez anciennes (puisqu'elles dataient de 250 ans), pour qu'il en eût oublié l'origine ».

Nous voyons donc dans ce fait une preuve de plus de la thèse que nous avons soutenue jusqu'ici, c'est que, si les Vaudois du Dauphiné, considérés comme idées, vie religieuse et organisation ecclésiastique, et également comme secte et comme nom, sont issus de Valdo, comme peuple anticatholique ils lui sont antérieurs, puisqu'ils sont le résultat de la fusion des Pauvres de Lyon avec les peuplades des Alpes réfractaires au joug de Rome depuis deux siècles environ.

---

[1] *Tract. des hœres. Pauper. de Lugduno*, dans Martène et Durand, Idem, t. v, p. 1777 et suiv.

[2] *Histoire*, etc., t. iii, p. 485.

IV. — Examen de l'argument tiré de l'antiquité des livres Vaudois en faveur de l'antériorité de la secte à Valdo.

Nonobstant les considérations qui précèdent, plusieurs auteurs ayant donné comme une preuve péremptoire de l'antériorité des Vaudois à Valdo, la haute antiquité que semblent révéler la *date*, la *langue* et le *contenu* des écrits qu'ils ont laissés, il importe d'examiner à part la valeur de cette triple preuve.

1. — Plusieurs de ces écrits portent, en effet, des dates très reculées, telles que 1100, 1120 et 1126, mais celles-ci ont été ajoutées ou modifiées par des copistes postérieurs. Le fait est patent pour *La Noble leçon*, le poëme Vaudois le plus célèbre, car si les manuscrits de cet ouvrage, qui sont à Genève et à Dublin, portent la date de 1100 (*mil e cent ancz*), le manuscrit C de la bibliothèque de Cambridge, plus ancien, pense-t-on, que les deux précédents, porte celle 1400 (*mil e cccc ans*), et dans le manuscrit B de la même bibliothèque, également plus ancien que ceux de Genève et de Dublin, le chiffre 4 a été gratté (*mil e .... cents an*). « L'éraflure du parchemin, dit M. Montet[1], laisse encore apercevoir la forme du chiffre 4 telle qu'elle se rencontre dans le reste du manuscrit. On a cherché à nier cette dernière circonstance, mais la forme de l'éraflure n'échappera certainement pas à ceux qui se sont livrés à l'étude de la paléographie ou qui ont quelque habitude de la lecture des manuscrits ».

On s'est fondé, il est vrai, sur les exigences de la prosodie pour déclarer inauthentique la leçon *mil et 4 cents ans*, qui donne, en effet, quatorze pieds au vers qui la contient[2], au lieu de douze qu'il devrait avoir et qu'il a avec la leçon *mil et cent ancz*[3], mais, comme dans les divers manuscrits de *La Noble leçon* les fautes contre la prosodie abondent, l'objection n'a pas une grande valeur.

---

[1] *La Noble leçon* ; Paris, 1888, p. 7.

[2] Ben ha mil e cccc. anz compli entierament.

[3] Ben han mil et cent ancz compli entierament.

Le savant docteur W. Fœrster[1] assure que le manuscrit C de Cambridge, que l'on considère généralement comme le plus ancien, le plus complet et celui qui offre les meilleures leçons en maints endroits, reproduit au contraire le texte le plus moderne ; que les manuscrits de Genève et de Dublin lui sont préférables, et que la leçon *mil e cccc anz* du manuscrit de Cambridge est la correction d'un copiste préoccupé de faire correspondre la date à laquelle fait allusion le poëme à l'époque où il écrivait ; mais, sans faire remarquer qu'il est difficile, même à des paléographes habiles, de déterminer d'après l'écriture et autres signes, l'âge exact des manuscrits Vaudois, nous dirons que ces derniers portant des dates diverses, il est tout aussi malaisé de décider quelle est la bonne ; que même, s'il fallait nécessairement prendre un parti, ce serait la date la plus récente qui devrait être préférée, à cause de la tendance bien connue des Vaudois et plus tard des protestants, qui considéraient ceux-ci comme leurs ancêtres, de chercher un peu partout des preuves de la haute antiquité de l'église vaudoise : tendance qui s'est particulièrement accusée dans l'acte du copiste peu scrupuleux, qui a transformé, par le grattage, 1400 en 1100 ; et cela suffit certainement pour montrer l'invraisemblance de l'hypothèse du docteur W. Fœrster, expliquant cette interpolation par le désir du copiste d'identifier la date de *La Noble leçon* avec celle de l'époque où il tenait la plume. On conviendra aisément que le Vaudois ou le protestant, qui a commis cette fraude pieuse, aurait agi à l'encontre des plus chers intérêts de son église, s'il s'était laissé guider par un si futile motif, car c'était, comme on dit vulgairement, donner à ses adversaires un bâton pour se faire battre.

Cette mutilation, du reste, n'est pas la seule qu'ont subie les écrits Vaudois. Dans le manuscrit vaudois coté A de la bibliothèque de Cambridge, il est raconté que deux

[1] Gœttingische Gelherte Anzeigen, nᵒˢ 20 et 21, du 1ᵉʳ et 10 octobre 1888.

cents ans après Valdo eut lieu une persécution qui durait encore au moment où l'auteur écrivait. « Cette déclaration, fait remarquer M. Montet, fixait par conséquent l'âge de ces écrits à la fin du XIVᵉ siècle. Cela ne convenait point à l'apologiste égaré qui, au XVIᵉ siècle, a cherché à tromper l'opinion sur l'antiquité des ouvrages Vaudois. Il a gratté le mot *dui* (deux)..., mais les traces du mot effacé sont demeurées visibles ; on lit dans le texte latin parallèle du manuscrit de Strasbourg les chiffres romains cc »[1].

2. — Quant à la langue des écrits Vaudois, on a beaucoup discuté en ce siècle sur son caractère, mais l'opinion des linguistes semble tout à fait fixée à cette heure et la grande majorité d'entre eux la considère comme un idiome provençal. C'était déjà l'opinion d'un annaliste du XVIᵉ siècle, Jean Crespin, l'homme de son temps qui avait les relations les plus étendues et qui était toujours bien informé. Il est surprenant qu'aucun auteur de notre époque n'y ait prêté attention. Peut-être la discussion sur le caractère de la langue Vaudoise en eût-elle été abrégée. « L'on trouve encore aujourd'hui, dit-il en parlant des Vaudois alpestres, de leurs livres écrits sur parchemin en l'ancienne langue provençale et du Languedoc »[2]. Perrin, de Lyon, pasteur dauphinois du XVIIᵉ siècle, dit aussi en parlant des livres Vaudois qu'ils « sont écrits en langue vaudoise, laquelle est en partie provençale, en partie piémontaise »[3]. Le jésuite Fornier, qui habitait le Dauphiné dans le même siècle que Perrin, disait également : « Cè langage qu'il (Perrin) appelle Vaudois est un vieil provençal, comme il s'en voit quantité dans les archives d'Ambrun de même style »[4]. Champollion-Figeac ajoute : « Il ne faut pas oublier que, dans des temps peu reculés, le Piémont n'eût d'autre

[1] *La noble leçon*, idem.
[2] *Histoire des Martyrs*, éd. de 1619, fol. 23.
[3] *Histoire*, etc., p. 60.
[4] *Histoire*, etc., t. II, p. 200.

langue que celle de la France méridionale , de l'Italie et de l'Espagne , c'est-à-dire le roman »[1]. Enfin Raynouard dit que l'idiome des poésies vaudoises est identique à la langue romane des Troubadours.

Le docteur vaudois Alexis Muston[2], mort pasteur à Bourdeaux (Drôme), prétend au contraire que le dialecte des écrits vaudois est *sui generis*, c'est-à-dire original ; qu'il s'est formé sur le versant italien des Alpes, qu'il « n'était pas la langue vulgaire de la France », c'est-à-dire le même que les dialectes de la Provence et du Dauphiné[3], et qu'il « se rapproche bien plus de la langue du VIII\u1d49 siècle que de celle du XII\u1d49 » ; mais aucun linguiste n'a voulu souscrire à cette opinion et, comme nous l'avons dit, les savants de ce siècle sont unanimes à reconnaître que l'ancien idiome vaudois est dérivé du provençal, c'est-à-dire de la langue d'oc. Bossuet[4], qui le premier, croyons-nous, a révoqué en doute ou plutôt nié la haute antiquité des écrits vaudois, avait fait aussi remarquer que leur « langage est très moderne, fort peu différent du provençal », et que « non seulement le langage de Villehardouin, qui a écrit cent ans après Pierre de Bruis, mais encore celui des auteurs qui ont suivi Villehardouin, est plus ancien et plus obscur que celui que l'on veut dater de l'an 1120 ». C'est aussi le sentiment du savant jésuite Colonia[5], qui, étant né à Aix en Provence, devait s'y connaître. Il dit que le langage des écrits vaudois « paraît plus moderne que celui qu'on parlait dans le temps de Valdo et qu'il paraît même plus régulier et plus formé que le style original de Villehardouin et que celui même de Joinville, qui n'écrivit que plus d'un siècle après ».

[1] *Nouvelles recherches sur les patois ou idiomes vulgaires de la France*, Paris, 1809, p. 24, note.

[2] *L'Israël des Alpes*, t. IV, p. 84-93 et 101 ; *Aperçu de l'antiquité des Vaudois des Alpes* ; Pignerol, 1884, in-12.

[3] Muston ajoute « et du Lyonnais », et il a raison sur ce point particulier.

[4] *Histoire des variations*, etc. ; Paris, 1770, t. XI, n° CXXVI, pp. 358, 359.

[5] *Histoire littéraire de la ville de Lyon*, chap. II.

Le docteur W. Foerster[1] reconnaît aussi que la langue des écrits vaudois est un dialecte provençal, lequel est, avec les dialectes des deux versants des Alpes Cottiennes, dans un rapport analogue à celui que soutient toute langue écrite avec le dialecte primitif dont elle émane. Le même savant ajoute, il est vrai, que cette langue est un vrai langage littéraire, soumis à des règles fixes et à une orthographe uniforme, et que, pour cette raison, il a dû être enseigné dans le foyer littéraire et primitif des Vaudois alpestres ; mais cette appréciation ne favorise pas la thèse du docteur Muston, car, de ce que les Vaudois des Alpes ont imprimé au dialecte provençal le cachet de leur caractère particulier et l'ont perfectionné, on ne peut en inférer qu'ils l'aient créé et que ce dialecte modifié soit une langue originale.

3. — Pour ce qui est du contenu des écrits Vaudois, il n'est pas favorable à leur antériorité à Valdo. Il suppose un développement religieux tel que le peuple, au sein duquel il s'est produit, aurait laissé des traces dans l'histoire. Or, il n'est parlé pour la première fois des Vaudois que dans le dernier quart du XIIe siècle, comme on l'a vu plus haut, et un auteur de cette époque (on l'a vu aussi), les appelle de « nouveaux hérétiques ».

Quant aux auteurs modernes qui attribuent quelques-uns des écrits vaudois, ou même tous, aux Pétrobrussiens et aux Henriciens du commencement du XIIe siècle, ils ne sauraient être dans le vrai, car, ainsi qu'on l'a fait aussi observer, la douceur et l'onction qui caractérisent les meilleurs traités vaudois, la foi calme et sereine qu'ils respirent, contrastent trop avec le caractère agressif et véhément de Pierre de Bruis et de ses adhérents pour qu'on puisse dire que ceux-ci leur ont donné le jour.

Ces écrits, d'autre part, ne renferment point de ces allusions mordantes aux vices du clergé catholique, non plus que cette satyre licencieuse que l'on rencontre dans les livres des Troubadours, de la même époque. Quelques

Ouvrage cité.

livres même, comme *La Noble leçon* contiennent des traces des doctrines catholiques. Ce poëme parle de Sainte-Marie, de Notre-Dame, et enseigne que le repentir, la confession, la pénitence, le jeûne, l'aumône, la prière, sont les moyens par lesquels « l'âme trouve son salut » : ce qui suppose une époque où les luttes violentes des sectes contre l'Eglise catholique avaient cessé et nous reporte à une époque postérieure au XIIe siècle. Il y a plus, le même poëme (vers 373) parle du sobriquet de Vaudois (*Vaudès*), qu'on donnait au moyen-âge aux hommes pieux et honnêtes. Or, comme nous l'avons dit, ce nom est inconnu avant l'an 1190.

D'autres écrits ont été composés de toute évidence bien plus tard que Valdo. Ainsi dans le livre de *l'Antechrist*, qui est daté de 1120, les citations de la Bible portent l'indication des chapitres et des versets, qui n'ont été introduits dans le saint volume que par Hugues de Saint Cher entre 1240 et 1250. Dans *l'Abrégé du traité du Purgatoire*, dont on fixe aussi la date à 1120, se trouve une citation du *Milleloquium* de Saint-Augustin, compilation faite dans le dernier quart du XIIIe siècle. On possède également une *Confession de foi* vaudoise, que l'on dit encore de 1120, qui contient un canon ou liste des livres bibliques, qui ne fut arrêté que beaucoup plus tard, en 1530, après la consultation faite par les Vaudois auprès des réformateurs de la Suisse et de l'Allemagne. La doctrine des deux sacrements du Baptême et de la Sainte-Cène, qu'elle renferme également, fut fixée seulement au Concile ou Synode d'Angrogne en Piémont en 1532. Les Vaudois primitifs étaient catholiques de doctrine.

Les défenseurs de la haute antiquité des livres vaudois disent, il est vrai, que ceux-ci ont été copiés et recopiés bien des fois et que diverses gloses y ont été introduites par les copistes. C'est indéniable, mais alors qui peut déterminer ce qui appartient au texte primitif et ce qui y a été ajouté après coup ? Il ne reste plus que le secours des critères internes, qui, dans des questions de ce genre, est bien aléatoire.

L'argument tiré de la soi-disante antiquité reculée des livres vaudois en faveur de l'antériorité absolue de la secte à Valdo ne repose donc sur aucun fondement solide.

V. — *Doctrine des Vaudois primitifs.*

Cet *Essai* ne serait pas complet si nous ne disions quelques mots de la doctrine des Vaudois primitifs.

L'opposition que ces derniers firent au début à l'église catholique fut avant tout morale et antihiérarchique. Les Pauvres de Lyon n'avaient nullement l'intention de se séparer de la communion de Rome et de répudier les dogmes traditionnels de l'Eglise. Valdo eut seulement la prétention de réaliser l'apostolat et la vie apostolique par l'exécution des ordres que Jésus-Christ avait donnés à ses disciples, notamment celui de la pauvreté (Matth. x). S'ils avaient traduit certaines portions de la Bible et s'en nourrissaient quotidiennement, c'était uniquement pour s'édifier et faire des progrès dans la vie chrétienne et non point pour combattre et contrôler les doctrines de l'Eglise. C'est ce qui ressort du témoignage des auteurs contemporains.

Ainsi Bernard de Fontcaud raconte que, dans la dispute qui eut lieu vers 1190 à Narbonne et à laquelle il assista, en présence de Raimond de Daventrie, « homme illustre par sa naissance, mais encore par sa vie sainte », il fut reconnu que les Vaudois refusaient d'obéir aux ecclésiastiques à cause de leur indignité, revendiquaient le droit de prêcher, hommes et femmes, sans la permission de ces derniers et, malgré leurs défenses, abandonnaient les églises pour prier entre eux dans leurs maisons et rejetaient les prières pour les morts[1].

Alain[2], vers 1210, constate les mêmes tendances chez les Vaudois et ajoute qu'ils refusaient aux prélats le pouvoir de consacrer et celui de lier et de délier, se confessaient à des laïques et proscrivaient le serment et la peine de mort.

---

[1] *Advers. Val. sect.*, dans *Max. bibl. veter. Patrum*, t. XXIV, p. 1195.

[2] *Summa quadripartita adv. hær. Waldenses*, p. 175 et suiv.

Pierre de Vaux-Cernay[1], vers le même temps, dit que l'erreur principale des Vaudois « consistait en quatre chefs : en ce qu'ils portaient des sandales à la manière des apôtres ; en ce qu'ils disaient qu'il n'était permis de jurer pour quel sujet que ce fût et qu'il n'était non plus permis de faire mourir des hommes ; enfin en ce qu'ils disaient que chacun d'eux, pourvu qu'il eût des sandales, pouvait consacrer le corps et le sang du Seigneur ». Le même historien ajoute que les Vaudois enseignaient que « les prêtres catholiques n'étaient pas de véritables et légitimes successeurs des disciples de Jésus-Christ, parce qu'ils possédaient du bien en propre ».

Conrad de Lichtenaw, abbé d'Ursperg[2], au XIIIe siècle, raconte que les Vaudois, qu'il vit à Rome en 1212, avilissaient l'Eglise et le sacerdoce dans leurs prédications et assemblées secrètes.

Le concile de Tarragone[3], tenu en 1242, désigne les Insabbatés (ou Vaudois) comme des gens « qui défendaient de jurer et d'obéir aux puissances ecclésiastiques et séculières, et encore de punir les malfaiteurs et autres gens semblables ».

Moneta, vers le même temps, écrit ceci[4] : « La foi, comme les Vaudois disent eux-mêmes, est une dans l'église romaine et dans la congrégation des Vaudois, quoique les œuvres soient différentes ».

Yvonetus, vers 1283, rapporte que les Vaudois disaient que « le pape, nos évêques et nos clercs, qui possèdent les richesses du siècle et n'imitent pas la sainteté des apôtres, ne sont ni les chefs de l'Eglise ni dignes que Christ leur confie son Eglise, sa chère épouse ; qu'ils la prostituent par leur mauvais exemple et leurs mauvaises œuvres, plutôt que de la présenter à Christ comme une vierge

---

[1] Dans Duchesne, *Histor. francor. scriptor.*, t. v, p. 557 et 819.

[2] *Chronicon*, année 1212.

[3] *Concil. part.*, t. xi, p. 503, année 1242.

[4] *Advers. Cathar. et Vald.*: Rome, 1743.

chaste en la gardant dans cette pureté qu'elle a reçue de lui, et qu'ainsi il ne faut pas lui obéir[1] ».

L'opposition des Vaudois à l'église catholique, qui fut d'abord morale et antihiérarchique, comme on vient de le voir, devint aussi par la suite une opposition doctrinale. Ils délaissèrent quelques sacrements, surtout les Pauvres de Lombardie et d'Allemagne. Ils commencèrent par celui du mariage, puis par ceux de la confirmation et de l'extrême-onction, qu'ils finirent par rejeter dans quelques parties de l'Allemagne. Ils gardèrent ceux du baptême, de l'ordination, de la confession auriculaire et de l'eucharistie, mais les modifièrent plus ou moins dans la pratique.

Si, au lieu de cet *Essai*, nous écrivions une histoire générale des Vaudois, nous aurions à suivre, à travers les âges, les diverses modifications qu'ils firent subir à leurs doctrines, mais ce que nous avons dit suffit à notre but, et nous renvoyons, pour le reste, à la savante histoire de M. Comba[2].

E. ARNAUD.

[1] *Tractatus de Paup. de Lugd.* dans Martène et Durand, *Thes. nov. anecdotorum*, t. v.

[2] *Hist. des Vaudois d'Italie*; Paris et Turin, 1887, p. 321-334.

ADDITION

Page 116, ligne 2, après notamment ceux qui furent condamnés à Narbonne en 1190, *ajoutez en note*: « Nous ferons remarquer incidemment que cette condamnation des Vaudois, prouve, d'une façon indirecte, que ce nom ne leur fut pas donné à cause des vallées, où une grande partie d'entre eux s'établirent en 1184 ou 1185, car ceux qui furent anathématisés à Narbonne, en 1190, venaient directement de Lyon et non des Alpes. Il est dès lors naturel qu'en Languedoc on leur ait donné le nom de leur chef, d'autant mieux que, suivant les historiens, comme on l'a vu plus haut, le célèbre marchand de Lyon, après avoir fondé des communautés dans les Alpes, « s'achemina en Languedoc ». A supposer même, du reste, que l'appellation de Vaudois dérivât du mot vallée et eût pris naissance en Dauphiné, ce n'est pas en cinq ou six ans qu'elle aurait pu, à cause des difficultés et des lenteurs de communication de l'époque, passer de la frontière d'Italie au cœur même du Languedoc. Il y a là, ce semble, une impossibilité géographique et historique.

LES MŒURS DES VAUDOIS

DÉFENDUES CONTRE

LEURS ADVERSAIRES D'AUTREFOIS ET D'AUJOURD'HUI [1]

Les adversaires primitifs des Vaudois, tout en combattant leurs doctrines et en les faisant brûler comme hérétiques, rendirent hommage à la pureté de leurs mœurs publiques et privées. Tels furent Rainerius, vers l'an 1250 ; l'inquisiteur Etienne de Bourbon, vers le même temps ; David d'Augsbourg, à la fin du XIII e siècle ; l'inquisiteur anonyme de Passau ou Pseudo-Rainerius, au XIVe siècle ; le moine anglais Radulphus Cogeshalensis, le moine dominicain Jacobus Lielenstenius.

Les adversaires subséquents firent de même, comme Adam II Fumée, maitre des requêtes du roi Louis XII ; Parvi, docteur de Sorbonne, confesseur du même roi, au XVe siècle ; Guillaume de Bellay, sieur de Langey, lieutenant-général pour le roi François Ier en Piémont ; Samuel Cassini, religieux franciscain ; Claude de Seyssel, archevêque de Turin ; l'annaliste Guillaume Paradin, l'archidoyen du marquisat de Saluces, les historiens d'Avity, le Thou, Bernard de Girard, sieur du Haillan, au XVIe siècle ; le littérateur André Jean Valentin ; l'historien jésuite Columbi, et le grand Bossuet, au XVIIe siècle, et, dans ce siècle, le célèbre historien Cantù.

D'autre part, le moine carmélite Gui Terreni, de Perpignan, au XIIIe siècle et Jacques de Ribéria, inquisiteur de Gascogne, vers le même temps, rendent hommage aux connaissances religieuses remarquables des Vaudois, pendant que l'inquisiteur Etienne de Bourbon, Rainerius, Ribéria et Valentin déjà nommés et Yvonetus les présentent comme des lecteurs assidus de la Bible : double témoignage qui ne peut convenir qu'à des hommes honnêtes et religieux.

L'historien lyonnais Claude de Rubys, le prieur Rorengo, le marquis de Pianesse, l'inquisiteur Albert de Cattanée, le jésuite

(1) Cet article est extrait du « Bulletin de la Société d'Histoire Vaudoise », N. 13.me, Torre Pellice, 1896, (Imp. Alpina).

Fornier, le curé Albert, et, dans ce siècle, G. Amati et le procureur Pagano de Cozenza en Italie, ont, il est vrai, chargé les Vaudois de crimes abominables; mais leurs affirmations intéressées ne sauraient prévaloir contre «cette nuée de témoins» que nous venons de nommer.

Si nous écrivions un travail étendu sur les mœurs des Vaudois, nous pourrions rapporter les paroles textuelles de ces nombreux témoins, mais ce serait une œuvre inutile, attendu que les historiens des Vaudois l'ont déjà faite avec un grand soin. Voyez *Perrin*, Histoire des Vaudois, 1ère partie, pag. 38-44; *Léger*, Histoire générale des églises évangéliques des Vallées du Piémont ou Vaudoises, p. 485-527; *Monastier*, Histoire de l'église Vaudoise, t. I, p. 127-136; *Muston*, Histoire des Vaudois des Vallées du Piémont et de leurs colonies, pag. 485-527; *Comba*, Histoire des Vaudois d'Italie, p. 339-342.

Notre ambition est plus bornée et nous nous arrêtons à un seul point.

Un obscur abbé dauphinois du XVIIe siècle, Gabriel Martin, et quelques publicistes modernes d'Italie, se sont fait une arme contre la moralité des Vaudois des aveux que quelques-uns de leurs martyrs ont faits touchant certaines pratiques immorales qui auraient accompagné la célébration de leur culte public. On comprend la force de l'argument, s'il est fondé. Ce ne sont plus, dit-on, les adversaires religieux des Vaudois qui les accusent: ce sont eux-mêmes qui se condamnent, en confessant leurs turpitudes publiques; et l'on cite à l'appui de cette thèse les divers interrogatoires, auxquels furent soumis les martyrs Vaudois et qui sont parvenus jusqu'à nous. En voici les titres:

Procès contre les Vaudois de la Lombardie supérieure, en latin, année 1387 (dans l'*Archivio storico italiano*, 3e série, Florence, 1865).

Copie des procès de la Sainte Inquisition contre les suspects des Pauvres de Lyon ou Vaudois de la Châtelanie de Valcluson, de la Châtelanie de Mentoulles et de la judicature de Briançon, en latin, année 1487 et 1488 (aux *Archives départementales de l'Isère*).

Sixième cahier des déclarations des Vaudois, en latin, année 1487 et 1488 (aux mêmes *Archives*).

Fragments de procès intentés aux Vaudois, année 1488, en français (dans *Inscription en faux de Gabriel Martin, abbé de Clausonne, contre le livre intitulé: De la puissance du Pape, etc. par le sieur Marc Vulson;* Grenoble, 1640, p. 219-231. — Ces trois derniers documents se rapportent à la persécution d'Albert de Cattanée.

Procès du barbe Martin de 1492 (dans P. Allix, *Some Remarks upon the Ecclesiastical History of the Ancient Churches of Piedmont;* Londres, 1690, p. 305-312.

Reprenons ces documents les uns après les autres.

Les procès de 1387, publiés par l'*Archivio storico italiano,* ont été examinés avec soin par la *Rivista Cristiana* de l'année 1875 (pag. 169-217), et il en résulte que les témoignages des accusés se contredisent et proviennent plus d'une fois d'hommes suspects, sans conscience, effrayés par la torture ou séduits par l'espoir d'échapper au supplice. Tel est spécialement le cas de Galosna et de Bosch. « Le premier, dit M. Comba, (1) rétracte son dire, le second se contredit de deux façons: d'abord dans sa déposition même, ensuite en affirmant que les hérétiques dont il parle n'ont jamais touché de femme et que la femme n'a jamais touché d'homme ni autre personne quelconque ».

Le procès du barbe Martin de 1492, tel que les inquisiteurs nous l'ont transmis, renferme aussi des contradictions et même des absurdités. On fait répéter à ce ministre le propos si connu que les Vaudois, leurs réunions réligieuses nocturnes terminées, éteignaient la lumière et se livraient à des actes monstrueux d'immoralité. Mais est-il admissible que les barbes et leurs disciples, qui ne cessaient de stigmatiser la corruption de l'église romaine et qui expliquaient surtout par ce grave motif l'opposition qu'ils lui faisaient, eussent fait pis qu'elle? Que penser ensuite de l'affirmation grotesque que l'on met sur les lèvres du même barbe : *Si, in dictâ synagogâ, generatur filius, ille filius erit in futurum aptior ad exercendum officium Barbarum prædicationum et confessionum quam aliquis alius, quia genitus est in dictâ synagogâ.* Ici le ridicule le dispute à l'odieux et suffit pour montrer l'inanité de la prétendue déposition de Martin. « Non, s'écrie M. Comba (2), il n'y a plus de doute: ces propos infamants sont le fruit d'un clergé aux abois, qui se venge à sa manière contre ceux qui n'ont pas mis à nu la corruption des prêtres pour en rire, comme tant d'autres, mais pour lui opposer une vie pure ».

Pour ce qui est des deux registres de 1487 et de 1488 des Ar-

---

(1) *Hist. des Vaudois d'Italie,* p. 341, note 1.

(2) *Idem,* p. 354.

chives du département de l'Isère, M. Jules Chevalier (1), qui les a collationnés avec soin et en donne de longs extraits en attendant leur publication intégrale, dit ceci : « Sur les trois cents Vaudois inculpés, une soixantaine seulement, hommes et femmes, sont interrogés touchant les mœurs: quelques-uns déclarent qu'ils ne savent rien et que les barbes ne leur ont jamais donné à cet égard que d'excellents avis; d'autres disent qu'ils ont entendu parler de la synagogue ou assemblée nocturne, mais qu'ils ignorent absolument ce qui s'y passe; il en est enfin un certain nombre, une vingtaine à peu près, qui font des aveux plus ou moins complets. Ceux-ci disent que la doctrine de la secte enseigne que la luxure n'est pas une faute, *dummodò non agitur mater, neque filius suus, neque frater cum sorore suâ.* Les mariages entre parents ne sont pas prohibés. *Potunt sine peccato Waldenses solutè consuescere cum muliebribus sectæ omnibus, simul ac nubiles sint (attamen aliqui hanc libertatem illis tantùm non matrimonio junctis concedunt), hoc est mandato parere: Crescite et multiplicamini.* »

En présence de ces étranges dépositions, qu'on pourrait avec raison repousser *a priori* comme non concordantes entre elles, il n'y a que trois solutions possibles: ou les Vaudois du Dauphiné avaient singulièrement dégénéré à la fin du XVᵉ siècle et après, ou l'inquisiteur Albert de Cattanée a falsifié les dépositions des inculpés, ou les aveux de ces derniers sont inspirés par la crainte du supplice et n'ont aucun fondement (2).

La première supposition doit être écartée, car, avant le XVᵉ siècle et depuis, des auteurs catholiques en grand nombre et non suspects, dont nous avons donné les noms plus haut, rendent un éclatant témoignage, non seulement à l'honnêteté des Vaudois, mais encore à leur piété.

La deuxième supposition est admissible. Perrin (3), en effet, sans accuser personnellement l'inquisiteur Albert de Cattanée, déclare qu'il a eu la preuve en main qu'un autre inquisiteur qui lui succéda, nommé François Plovier, falsifia, en 1489, les dépositions qu'il recueillait sur les mœurs des Vaudois. Or, bien que cet auteur se soit trompé plusieurs fois, on n'a pas de raisons

---

(1) *Mémoire historique sur les hérésies au Dauphiné;* Valence, 1890, in 4⁰.

(2) Il y a une quatrième supposition, c'est que certains Vaudois ont été achetés à prix d'argent pour accuser leurs coreligionnaires. Perrin *(Histoire des Vaudois,* 1.re part., p. 125, 126) en cite un exemple.

(3) *Histoire,* 1.re part., p. 130-132.

sufflsantes pour affirmer qu'il a rendu un faux témoignage dans cette circonstance, d'autant mieux que l'honnête Crespin affirme avant lui le même fait. « Ce moine, dit-il, et ses exécuteurs falsifièrent calomnieusement les procès des exécutés à mort, leur attribuant des paroles, blasphèmes et confessions si abominables que rien plus. » (1)

Ce n'est pas, du reste, une opinion qui soit particulière à ces deux historiens. On trouve déjà dans les manuscrits vaudois, qui relatent les poursuites des inquisiteurs à cette époque et qui sont déposés à la bibliothèque de l'Université de Cambridge (2) et dans celle de la Trinité de Dublin (3), des annotations anciennes ainsi conçues: « Aux responses desquels ont esté adjoutées des calomnies sur le faict de paillardise et d'idolâtrie, comme appert par le *sumptum* des dites responses ». « Et se voit comme on recevait en bref les responses, et puis on les estendoit à plaisir. »

Marc Vulson (4), conseiller à la Chambre de l'édit de Grenoble, confirme les déclarations précédentes. « J'ai rière moi, dit-il, un procès fait à Pierre de Jacob en l'an 1492 qui, entre autres, tomba entre mes mains, lorsque la ville d'Embrun fut prise par le Seigneur des Diguières en l'année 1586; aux réponses duquel un Nicolas Paris, qui était sous les commissaires, a ajouté plusieurs choses et les a étendues à son plaisir, faisant dire au dit de Jacob des choses contraires et absurdes, *etiam de impudicitiâ nocturnâ dictâ*. Ce qui est vérifié par le plumetis au premier *Sumptum* écrit de sa main, auquel n'y a rien de tout cela, comme j'ai fait voir à plusieurs catholiques romains et l'ai joint et attaché aux dites réponses étendues. Il est vrai que le dit Paris, par la requête qui fut présentée au roi Louis douzième en l'année 1493 par les habitants de Freissinières et Vallouise, est qualifié leur ennemi mortel, convaincu de fausseté et usurpateur de leurs biens, lesquels il fut condamné vider par arrêt du grand conseil de Sa Majesté du 27 de Mars 1502; et il lui était fort aisé de faire telles additions et faussetés, parce qu'en ce temps là, ni les parties, ni les juges, ni les témoins, ne signaient point, mais le greffier seul. Aussi ès autres procès, ès quels le dit Paris n'a point servi de greffier, il

---

(1) *Histoire des Martyrs*, édit. de 1619, fol. 601.

(2) Man. 113.

(3) Man. Vaud., Vol. VIII (classe C, tab. 4, N° 18 et table 1, N° 6).

(4) *De la puissance du Pape: et des libertez de l'église gallicane;* Genève, 1635, p. 207. — Perrin *(Histoire des Vaudois,* p. 127) confirme le récit de Vulson.

n'y a rien de tel, quoique aucuns des prévenus aient abjuré leur religion et déclaré tout au long ce qu'ils avaient cru, dit et fait. »

Ces falsifications, dont parle Vulson, n'avaient en elles-mêmes rien d'invraisemblable si l'on considère les dessous de l'âme humaine. Tout homme, non aveuglé par la passion religieuse, conviendra, en effet, que les inquisiteurs ont accompli à toutes les époques une œuvre aussi répugnante que barbare en faisant brûler de pauvres gens, dont tout le tort était de penser en religion autrement que l'église romaine et en punissant de mort de simples crimes d'opinion. De nos jours, où le principe de la tolérance a fait de grands progrès, cette idée révolte, non seulement le sens religieux, mais encore le sens moral. Il faut pourtant croire que les inquisiteurs, chargés d'instruire les procès des Vaudois, bien qu'ils pussent abriter leur œuvre sanguinaire sous les ordres venus de Rome, avaient quelques regrets de ce qu'ils faisaient, de sorte que, pour justifier la sévérité de leurs sentences et soulager d'une certaine façon leur conscience, ils se laissaient aller à charger les Vaudois des crimes les plus odieux ou à accueillir avec une légèreté très reprehensible les dépositions les plus invraisemblables (1).

La troisième supposition qui explique par la crainte de la torture et de la mort les aveux étranges des Vaudois, est également vraisemblable, car la peur est la mère de toutes les lâchetés. M. Jules Chevalier (2) essaie d'affaiblir la portée de cette considération en disant que « c'est spontanément, sans subir aucune violence, que les Vaudois arrêtés sous Albert de Cattanée exposaient les doctrines et les pratiques de la secte. » Mais si les Vaudois, mis en état d'arrestation comme hérétiques, ne furent pas tous torturés dans les procédures auxquelles l'inquisiteur les soumit, ils savaient pertinemment qu'ils n'échapperaient pas au supplice du feu s'ils ne répondaient pas comme leur persécuteur le voulait. La crainte d'une mort affreuse leur faisait donc con-

---

(1) A la fin d'un siècle plein de lumières, s'il en fut, ne voit-on pas encore un laïque catholique, à qui son éducation et sa position sociale devraient donner des idées équitables et sensées, chercher à rendre suspects les Protestants français à leurs concitoyens en leur attribuant des tendances subversives, en les comparant aux anarchistes, collectivistes, marxistes et socialistes, et en prétendant que leur secte développe des principes dangereux pour la sûreté de l'Etat!! (*H. de Terrebasse*, Les Maisons de propagation de la foi; Lyon, Brun, 1890, in 16, p. 8 et 21).

(2) *Mémoire*, cité, p. 68.

fesser des crimes imaginaires, tout comme elle leur faisait promettre de se convertir. Les inquisiteurs eux-mêmes en étaient convaincus, car on lit ce singulier aveu dans un *Manuel* qui leur est destiné: «On ne pourrait jamais brûler grand nombre de ces hérétiques si on les laissait évader sous ces belles promesses [de se convertir], qui, ne leur étant arrachées que par la frayeur du supplice, ne sont jamais bien observées » (1).

M. de Barante, l'estimable historien catholique des ducs de Bourgogne (2), cite un exemple sans réplique. Il s'agit des Vaudois d'Arras, contre lesquels l'inquisiteur Pierre Le Bressart, de l'ordre des Jacobins, avait procédé. Le jour du prononcé de son jugement, l'inquisiteur, dit cet historien, « commença par faire un long discours pour expliquer ce que c'était que la *Vauderie*. Lorsqu'on voulait s'y rendre, disait-il, on frottait un bâton avec un onguent composé avec les cendres d'un crapaud à qui l'on avait fait manger une hostie consacrée et avec de la poussière d'os humains détrempée dans le sang d'un petit enfant. Puis l'on montait à califourchon sur ce bâton et l'on était aussitôt transporté par les airs au lieu où s'assemblaient les Vaudois. Là se trouvait le diable sous la forme d'un singe, d'un bouc, ou d'un chien, quelquefois même d'un homme. Les Vaudois lui faisaient hommage et l'adoraient avec les cérémonies les plus vilaines et les plus sales qu'on pût imaginer. A son commandement ils foulaient aux pieds le crucifix et crachaient dessus. Ils bravaient aussi le ciel *corporis invericundis statibus et impudentibus*. C'était, racontait l'inquisiteur, Jean Labitte, peintre, qui était maître des cérémonies dans cette assemblée et enseignait aux nouveaux venus. Des tables étaient servies, les Vaudois mangeaient et buvaient, *denique lucernam exstinguebant et in rebus mille abominandis immergebant inter se, cumque Diabolo, qui nunc hominem nunc feminam effingebat imitando.* Tout cela était si horrible que l'inquisiteur assurait même qu'il ne pouvait pas le publier en entier... Quand l'inquisiteur eut fini, il demanda aux accusés si tout cela n'était pas vrai. Ils répondirent que oui... Ils furent tous condamnés à être brûlés... Lorsque ces malheureuses femmes entendirent qu'elles allaient être brulées, elles commencèrent à pousser des cris. S'adressant à maître Flamand, l'un des commissaires, elles disaient: « Ah! faux traître, tu nous

<hr>

(1) Léger, *Histoire*, 2.e part., p. 6.
(2) Paris, 1826, t. VIII, p. 150-159.

8

a déçues ; tu nous disais d'avouer ce qu'on nous demandait et que
nous n'aurions d'autre pénitence que d'aller en pélerinage à cinq
ou six lieues. Tu le sais bien, méchant, qui nous a trahis. » Puis
elles racontèrent que c'était à force de tortures et de promesses
qu'on leur avait fait confesser toute cette *Vauderie*, mais qu'il
n'en était rien ! Jean Labitte en disait autant et même avec plus
de circonstances. Cela ne servit en rien à ces malheureuses...
Ils furent tous brûlés » (1).

On trouve dans l'histoire de nombreux faits de ce genre à l'é-
poque où la torture existait comme moyen d'information pour
la justice. Ainsi, les cinquante quatre templiers qui furent brûlés hors de la porte Saint Antoine à Paris le 12 mai 1310 sous
le roi Philippe le Bel, qui convoitait leurs immenses richesses,
s'étaient accusés des crimes les plus infâmes. Ils n'en protestè-
rent pas moins de leur innocence sur le bûcher. Quatre ans après,
le 18 mars 1314, Jacques de Molay, le grand maître de leur ordre et Geoffroy de Charnay, le maître de Normandie, après qu'on
leur eut lu la sentence qui les condamnait au dernier supplice,
jurèrent que toutes les accusations dont on les chargeait étaient
fausses ; que s'ils avaient déposé contre leur ordre, ç'avait été
à la sollicitation du pape et du roi, et qu'ils étaient prêts à
sceller la vérité de leur sang. Aussi périrent-ils en héros et tout
le monde fut convaincu qu'ils mouraient innocents (2).

Est-ce à dire qu'aucun libertin, absolument aucun, ne s'était
glissé parmi les Vaudois? Le prétendre, ce ne serait pas connaître la nature humaine ; mais la secte entière ne saurait être
responsable de la faute de quelques-uns. Que faudrait-il penser
de la Papauté si on ne lui appliquait pas ce principe, car nul
n'ignore que les souverains Pontifes de Rome comptent dans leur
sein des hommes fort méprisables? M. Jules Chevalier (3), qui le
sait, rapporte gravement le témoignage d'un jeune débauché vaudois, nommé Jaques Bosc, de Mentoulles, qui prétendait que ce
qui l'avait attiré dans la secte, c'était la facilité avec laquelle il
pouvait y assouvir ses passions. Faire fond sur un pareil témoignage, à supposer qu'il ait été rendu, pour décrier tout un parti,
c'est assurément manquer d'impartialité ou tout au moins de
sens historique. Ce procédé est d'autant plus singulier de la part

---

(1) A Arras le 9 Mai 1458.

(2) Voy. l'article si décisif de Ch. V. Langlois : *Le procès des Templiers* (Revue des
deux Mondes, 15 janvier 1891, p. 382-421).

(3) *Mémoire* cité, p. 71 et 72.

du savant abbé, qu'il convient lui-même (1) que Pierre Valdo, le fondateur de la secte des Vaudois, « ne se proposait qu'un but, entraîner ses auditeurs à la pratique de la perfection chrétienne ».

Le même auteur qui, dans son *Mémoire historique sur les hérésies en Dauphiné*, que nous avons cité plusieurs fois, se borne à rapporter quelques témoignages favorables à la pureté des mœurs vaudoises et s'étend longuement, complaisamment, dirai-je, sur les accusations infâmes dont ils étaient les objets, conclut en disant: « Le lecteur a maintenant sous les yeux les pièces du procès, celles du moins qu'il nous a été donné de recueillir; qu'il porte lui-même son jugement sur cette question de la moralité des Vaudois » (2). Il semble que notre historien eût été mieux inspiré de se ranger du sentiment de l'évêque Claude de Seyssel, du maître des requêtes et du confesseur du roi Louis XII, du lieutenant général pour le roi François Iᵉʳ en Piémont, de Bossuet et du célèbre historien catholique italien César Cantù, qui dit à propos des accusations qui nous occupent: « Comment ajouter foi à cette espèce de consécration du libertinage, qu'on croirait emprunté au culte de Bacchus, quand, d'autre part, nous trouvons, et même dans le livre de leurs ennemis, qu'ils réprimaient par de pénibles abstinences la chair, cette adversaire de la volonté et l'œuvre du mauvais principe; quand nous y lisons qu'ils observaient trois carêmes chaque année, une abstinence perpétuelle de viandes et de laitages, de fréquents jeûnes et qu'ils répétaient souvent certaines prières » (3). M. Jules Chevalier se serait honoré en s'inspirant, dans son *Mémoire*, d'idées aussi justes et aussi sensées.

Professeur d'histoire au séminaire de Romans, il ne doit pas ignorer que les premiers chrétiens furent les objets de calomnies du genre de celles qu'on dirigea contre les Vaudois et de plus affreuses encore (4), et que les Juifs, les Réformateurs du XVI ᵉ siècle et, de nos jours, les saint-Simoniens ont été accusés de crimes sans nom. « Chaque fois qu'une secte religieuse ou philosophique, fait remarquer avec raison un historien catholique (5), a voulu se faire une place dans le monde; chaque fois qu'un

<hr>

(1) *Mémoire* cité, p. 159.

(2) Page 65-72.

(3) *Les hérétiques d'Italie*, trad. de l'italien; Paris, 1869, p. 141.

(4) Voy. Minutius Félix, *Octavius*, c. 8; Athénagore, *Legatio pro Christian.*, c. 3; Tertullien, *Apologet.*, c. 2 et 7 ; etc.

(5) Charronnet, *Les guerres de religion dans les Hautes Alpes*; Gap, 1861, p. 5.

10

corps de société, même reconnu depuis longtemps, a porté ombrage aux puissances du jour, les autorités établies n'ont pas seulement combattu, persécuté, étouffé, quand elles l'ont pu, des doctrines qu'elles proclamaient dangereuses, elles n'ont jamais manqué de lancer contre leurs ennemis les accusations d'impureté et de débauches... Et ces accusations, la populace les accueille sans examen; les sectaires, pour éviter la persécution, ont besoin d'ombre et de mystère, donc ils se livrent aux excès les plus honteux, donc les juifs mangent de temps à autre des enfants chrétiens ». « Tel est le tempérament des foules, dit un autre auteur catholique (1), dès qu'elles soupçonnent, elles renoncent à toute critique; rien de trop roide pour leur robuste crédulité; c'est sur la constance de ce phénomène qu'ont toujours spéculé les hommes d'État sans scrupules, qui ont besoin de déchaîner la force populaire contre des personnes ou des institutions ».

Les calomnies lancées contre les Vaudois s'expliquent par la nécessité où ils étaient de se cacher. Les réunions des Vaudois, dit M. Comba (2), avaient lieu en secret, à la faveur des ténèbres, on allumait une lampe et souvent, après avoir fait la lecture, on l'éteignait de peur d'être remarqué par les voisins. Combien de fois la chétive lampe ne fut-elle pas éteinte en pleine réunion sur le moindre petit signe d'alarme! quelquefois elle n'était pas même allumée. Nous n'inventons pas : ce sont les inquisiteurs eux-mêmes qui nous l'apprennent. « La prédication terminée, fait observer l'un d'eux (3), ils s'agenouillent pour la prière et il leur arrive de faire éteindre la lumière, s'il y en a une, afin de n'être pas vu et surpris par les gens du dehors ». Les timides en étaient impressionnés, parfois même effrayés, s'ils étaient novices. Cela est donc avéré et se conçoit d'ailleurs parfaitement ».

Les actions honteuses imputées aux Vaudois sont, du reste, une impossibilité psychologique et morale. Ils ont laissé une littérature très riche, toute empreinte de piété, de sagesse et d'onction religieuse. Or, il est inadmissible que des gens, qui auraient commis les turpitudes que l'on dit, eussent pu composer de pareils livres. Autant vaudrait-il dire que l'*Imitation de Jésus-Christ* sort de la plume d'un libertin. Les Vaudois ont toujours protesté contre les accusations infamantes lancées contre

(1) Ch. V. Langlois, déjà cité (Revue des deux Mondes, 15 janvier 1891, p. 391).
(2) *Histoire* déjà citée, p. 340.
(3) Bernard Guidonis, *Practica inquisitionis*; Paris, 1886 (publiée par Donais), V.e part II, 5.

eux et l'on trouve dans leur littérature un livre où ils s'élèvent avec force contre l'immoralité. « Le péché de la luxure, y est-il dit, plait fort au diable et est très déplaisant à Dieu et injurieux contre le prochain, parce qu'en icelui l'homme obéit à la plus vile partie de son corps, plus qu'à Dieu qui l'a défendu. La folle femme n'ôte pas seulement à l'homme son bien, mais soi-même. Celui qui s'adonne à ce vice ne garde la foi à aucun; d'où advint que David fit tuer son fidèle serviteur pour avoir la femme d'icelui. Ammon corrompit sa sœur Thamar. Ce vice consume l'héritage de plusieurs, ainsi qu'il est dit de l'enfant prodigue, lequel dissipa son bien, vivant luxurieusement. Balaam choisit ce péché-là pour provoquer à péché les enfants d'Israël, à l'occasion de quoi vingt-quatre mille personnes furent mises à mort. Ce péché fut cause de l'aveuglement de Samson, pervertit Salomon, et plusieurs ont péri à cause de la beauté de la femme. Le jeûne et la prière servent de remède à ce péché et l'éloignent, car on peut vaincre les autres vices en combattant, mais en celui-ci on est victorieux en fuyant et en ne s'approchant point. De quoi nous avons un exemple dans Joseph. Nous devons donc prier le Seigneur journellement qu'il éloigne de nous le péché de luxure et qu'il nous donne intelligence et chasteté » (1).

Les ennemis des Vaudois les accusaient aussi d'enseigner qu'un mari peut quitter sa femme quand cela lui plait. Or, voici comment s'exprime un autre de leur traité sur ce point: « Le mariage est un lien, lequel ne se peut délier que la mort n'intervienne, sinon pour cause de paillardise, ainsi que le dit notre Seigneur Jésus-Christ; et Saint Paul, en la première épître aux Corinthiens, dit: « que la femme ne se sépare point de son mari, ni le mari de sa femme ». Le mariage a été ordonné de Dieu jadis au Paradis terrestre. C'est un bon remède contre la paillardise. Et Saint Paul, parlant d'icelui, dit: « Qu'un chacun ait sa femme et une chaque femme son mari; le mari doit aimer sa femme comme Christ aime son Eglise, et les mariés doivent vivre ensemble saintement avec leurs enfants en la crainte de Dieu » (2).

M. Jules Chevalier qui, comme nous l'avons déjà fait remarquer, s'étend longuement sur le péché d'impureté imputé calomnieusement aux Vaudois, relève aussi la vieille accusation de

______

(1) *Livre de remède de péché de luxure*, trad. par Perrin, *Histoire* citée, 1.re part. p. 15, 16; Léger, *Histoire* citée, 1.re part., p. 55.

(2) *Livre des vertus*, trad. par Perrin, *Histoire*, 1.re part., p. 16 et 17.

12

sorcellerie dirigée contre eux et elle lui inspire, dit-il, ces « dou-
loureuses réflexions » : « L'hérésie (au XV⁰ siècle) avait jeté ces
malheureux peuples hors de la voie où une autorité enseignante (1),
divinement instituée, a pour mission d'éclairer l'homme sur ses
vraies destinées et le fortifier contre les défaillances et le désespoir (2). Abandonnés à eux-mêmes, ayant devant eux la perspec-
tive d'un bûcher, il n'est pas étonnant qu'ils se soient lancés,
tête baissée, dans de honteuses et superstitieuses pratiques, où
une imagination exaltée leur faisait entrevoir quelque adoucis-
sement à une vie de misère et de souffrance » (3). Il n'y a pas
à s'y tromper, suivant notre auteur, c'est l'hérésie qui a conduit tout droit les Vaudois à s'adonner à la sorcellerie. Mais si
le fait est exact, d'où vient que les sorciers étaient aussi et plus
nombreux dans les autres provinces du royaume qui ne renfermaient aucun Vaudois ? Pourquoi, à cette heure, est-ce dans les
départements de la France entièrement catholiques que l'on rencontre le plus de superstitions ? Mais les Vaudois étaient si peu
portés à la sorcellerie qu'ils ont laissé un écrit où ils s'élèvent
avec force contre elle. « Tous ceux-là, est-il dit, sont contre le premier commandement... qui croient que les planètes puissent forcer
la propre volonté de l'homme. Tels, en tant qu'en eux est, esti-
ment que les planètes soient Dieu ; car ils attribuent à la créature
ce qui appartient au Créateur... Tous ceux-là est-il dit sont contre ce
commandement qui croient aux sorciers et aux devins, car tous
croient que les démons sont Dieu. La raison est : car ils demandent aux démons ce que le seul Dieu peut donner, savoir de manifester les choses cachées et annoncer la vérité des choses à
venir, ce qui est défendu de Dieu, Lévit. 19... Toute personne doit
savoir que tout enchantement, ou conjuration, ou ligament, ou
brevet pour donner remède aux personnes ou aux bêtes, ne vaut
rien ; ains (mais) est un lac et embûche de l'ancien adversaire,

____

(1) Est-ce que la Parole de Dieu, dont se nourrissaient les Vaudois et que leur prêchaient leurs ministres, n'était pas infiniment plus propre à les éclairer et à les fortifier
que la parole des hommes ? Et quelle confiance pouvait leur inspirer une « autorité enseignante » qui ne leur laissait d'autre alternative que d'obéir ou de brûler, d'apostasier ou
de mourir ?

(2) Il y avait un moyen à la fois très simple et très évangélique d'empêcher les Vaudois
de s'abandonner au « désespoir, » c'était de supprimer les bûchers, et de les laisser adorer Dieu en paix selon leur conscience, comme ils le font aujourd'hui.

(3) *Mémoire* cité, p. 31.

le diable, par lequel il s'efforce de tromper le genre humain » (1).

M. Jules Chevalier n'a donc pas été équitable en plaçant côte à côte dans son *Mémoire historique*, et comme s'ils s'enchainaient naturellement, les documents qui ont trait aux Vaudois et ceux qui regardent les sorciers. En faisant ce rapprochement purement arbitraire, offensant même, qui est contredit par toute la littérature vaudoise (2), il n'a pas suivi ses propres maximes. « En toutes choses, dit-il dans un de ses écrits (3), il faut savoir garder une juste mesure et faire de la modération la règle de notre esprit. Mais cette modération vient du caractère autant que de l'étude, d'où il résulte que beaucoup d'hommes, même fort savants, ne pourront jamais exercer cette haute magistrature qui incombe à l'historien, parce que des passions violentes, portant malgré eux le trouble dans leur âme, les empêcheront toujours d'atteindre à ces régions calmes et sereines, où la vérité se dégage des nuages du préjugé et de l'erreur pour briller d'un vif éclat». Nous craignons bien que notre savant abbé, quelque pures qu'aient été ses intentions, ne se soit pas élevé, dans la question de la moralité des Vaudois, « à ces régions calmes et sereines », où deux grands historiens catholiques, Bossuet et Cantù, et même des inquisiteurs, avaient su s'élever avant lui. On peut même se demander si, d'une façon générale, la sérénité d'esprit, en matière de controverse religieuse, est possible à un historien qui a écrit ces lignes: «L'Église a essentiellement le droit d'infliger à ses fils rebelles un châtiment même corporel et d'user de la force, si elle le juge à propos, pour les ramener à l'observation de ses lois » (4). Il est douteux que le pape actuel sache gré de cet aveu à son auteur.

E. ARNAUD.

(1) Dans Perrin, *Histoire* citée, 1.re partie. p. 29-32. — Cet auteur établit, par des preuves irréfutables, que la sorcellerie a eu au contraire de nombreux adeptes parmi les prêtres et même parmi les papes *(Idem,* p. 32-38).

(2) Voy. en particulier la let re du barbe Tertian qui respire la piété la plus pure (Perrin, *Histoire*, 1ère part., p. 73-79).

(3) *Quarante années de l'histoire des évéques de Valence;* Paris, 1889, p. 2,

(4) *Mémoire historique* déjà cité, p. 97. C'est le commentaire de l'article XXIV du *Syllabus* de Pie IX.

HISTOIRE DES PERSECUTIONS

ENDURÉES PAR LES VAUDOIS DU DAUPHINÉ

AUX XIIIᵉ, XIVᵉ ET XVᵉ SIÈCLES

INTRODUCTION.

C'est pour la première fois que paraît, avec tous les détails qu'il a été possible de recueillir et une étendue exceptionnelle, l'histoire des souffrances endurées par les Vaudois du Dauphiné, pendant les trois siècles qui précédèrent leur conversion à la Réforme, et qui ne furent que le prélude de celles qu'ils eurent encore à supporter en qualité de protestants, pendant trois autres siècles, comme leurs coreligionnaires du reste de la France. Jusqu'ici cette histoire n'avait été écrite que d'une façon fragmentaire ou très succincte, soit que les auteurs ne connussent pas ou eussent négligé de connaître des sources importantes (1), soit que la nature même de leurs travaux les eût conduits à raconter les évènements d'une manière sommaire. Nous étant proposé de publier un récit spécial de la persécution essuyée par les Vaudois du Dauphiné, nous avons dû ne rien omettre de ce qui y avait trait. C'est pour ce motif qu'on trouvera dans notre travail la traduction *in extenso* des curieux interrogatoires, auxquels furent soumis un Vaudois et une Vaudoise du Valentinois et un barbe ou maître vaudois. Il en est de même de certaines persécutions restées célèbres, mais qui n'avaient pas été racontées en détail par nos devanciers.

---

(1) Nous faisons surtout allusion à l'*Histoire générale des Alpes Maritimes* du jésuite Marcellin Fornier, imprimée depuis, et aux *Manuscrits vaudois* de la Bibliothèque de Cambridge, parmi lesquels se trouvent des lettres inédites de Louis XI.

18

Sans doute, on déplorera encore avec nous de grandes lacunes,
mais la faute en est aux documents qui sont rares pour ces siècles reculés. Si, dans beaucoup de cas, les instigateurs de la persécution et les inquisiteurs de la foi sont connus, on ignore le
résultat de leurs procédures. On voudrait connaître le nom des
victimes et en perpétuer le glorieux souvenir, et on ne le peut.
Néanmoins, ce que nous rapportons semblera devoir suffire pour
donner une idée assez complète des horreurs sans nom et sans
nombre commises contre un peuple de montagnards, aux mœurs
simples et douces, qui ne s'était séparé d'une église, coulée
dans le moule des traditions faillibles des hommes, que pour se
rapprocher, selon leurs connaissances, de l'église du Dieu vivant,
fondée sur le roc de l'Evangile éternel.

A l'époque où les disciples du célèbre marchand de Lyon,
Pierre Valdo, émigrèrent en partie dans le Dauphiné, et spécialement dans les vallées des Alpes, c'est à dire vers l'an 1184 ou
1185, ils y trouvèrent, surtout dans ces dernières, des peuplades
qui étaient en opposition avec l'église romaine depuis deux siècles. Elles s'élevaient non pas tant contre ses dogmes que contre
son clergé, qu'elles regardaient, à cause de la dégénérescence de
ses mœurs, comme indigne de remplir la charge du sacerdoce
évangélique. Elles étaient le résultat de la fusion des Cathares
avec les disciples de Pierre de Bruis et de Henri de Lausanne,
qui avaient successivement donné des prédications dans la province du Dauphiné. Les Pauvres de Lyon (c'est ainsi qu'on appelait les disciples de Valdo), se fondirent eux-mêmes avec eux,
leur donnèrent leur nom et formèrent avec eux, à dater de ce
moment, une seule secte, la secte vaudoise et un seul peuple, le
peuple vaudois, de sorte que Pierre Valdo fut plutôt le réformateur que le fondateur de l'ordre (1).

Ce sont les longues souffrances de ce petit peuple au moyen âge,
de cet *Israël des Alpes,* comme l'appelle un de ses historiens, que
nous allons raconter. Hâtons-nous toutefois de le dire, il est impossible d'écrire cette histoire d'une manière suivie à cause des in-

____

(1) Voyez notre premier Mémoire sur l'origine des Vaudois.

tervalles de temps souvent considérables, qui s'écoulèrent entre
chacune des persécutions dont les Vaudois alpestres furent les
objets, et de l'ignorance où l'on est souvent des causes particulières qui les firent naître, persister ou cesser. Pour ce qui est
de la principale de ces causes, on peut pourtant la déterminer
d'une façon certaine, car elle n'est autre que le despotisme om-
brageux d'un clergé qui ne pouvait souffrir aucune opposition
autour de lui. C'est toujours lui qui, soit seul, soit d'accord avec
le pouvoir séculier, qu'il réussit à mettre dans ses intérêts par
ses sophismes, a le premier l'idée de la persécution, la demande
et la commence. Mais pourquoi les poursuites s'arrêtent-elles
quelquefois dès leurs débuts, ou se prolongent-elles, ou finissent-
elles ? C'est ce qu'il n'est pas toujours aisé de dire. Sans doute
l'honnêteté et la simplicité des persécutés qui désarmaient le
fanatisme de leurs ennemis, l'inutilité habituelle de la persécution en matière de doctrine, l'humanité de quelques princes, inquisiteurs ou juges, les guerres nombreuses et opiniâtres que la
féodalité et l'Eglise se livrèrent dans une portion du Dauphiné
comme ailleurs, les conflits de juridiction qui s'élevèrent souvent
entre le pouvoir temporel et le pouvoir spirituel, le schisme
d'Avignon, qui affaiblit et scandalisa l'Eglise en mettant aux
prises des papes ennemis, les diverses guerres enfin que les rois
de France portèrent en Italie, expliquent d'une manière générale pourquoi telle persécution a commencé et duré, tandis que
telle autre a été courte et bénigne ; mais, dans bien des cas, la
cause particulière de la persécution échappe, parce que les documents font défaut, et l'historien se trouve réduit à enregistrer
les faits sans pouvoir se préoccuper d'autre chose que d'en fixer
exactement les dates. C'est ce que nous ferons en commençant
par les Vaudois du Valentinois.

Les informations contre les Vaudois furent généralement confiées
à des inquisiteurs de la foi. Les premiers, comme tous les dissi-
dents en général, étaient considérés comme des criminels d'Etat et
punis de la peine du feu par les lois de l'Etat. L'inquisiteur avait
pour mission de prouver la culpabilité des opposants et, celle-ci
une fois établie, de les livrer au bras séculier, qui exécutait la
peine édictée par la loi. C'est ce qui a fait dire que l'Eglise ne
versait pas le sang. Mais qu'importe, si elle le faisait verser, car,
en déclarant un homme hérétique, elle n'ignorait point qu'elle
le vouait infailliblement à la mort. La responsabilité du sang
versé retombait donc sur elle aussi bien que sur le pouvoir sé-

culier. Qui, du reste, avait inspiré ces lois barbares contre les hérétiques, si ce n'est elle ?

Voici comment procédait l'inquisiteur. « Arrivé dans une ville, dit Cantù (1), il convoquait les magistrats et leur faisait jurer d'exécuter les décrets contre les hérétiques, de l'aider à leur découverte et à leur arrestation ; si quelque agent du prince refusait d'obéir, l'inquisiteur pouvait le suspendre, l'excommunier et mettre la ville en interdit. Les dénonciations, qui ne pouvaient être anonymes, n'étaient suivies d'effet que dans le cas où le coupable ne se présentait pas volontairement ; le terme expiré, il était cité et l'on interrogeait les témoins avec l'assistance du greffier et de deux ecclésiastiques. L'instruction préparatoire était-elle défavorable ? les inquisiteurs ordonnaient l'arrestation de l'accusé, qui ne pouvait être protégé, ni par un privilège quelconque, ni par le droit d'asile. Une fois arrêté, personne ne communiquait avec lui ; on faisait une perquisition dans sa maison, et ses biens étaient mis sous séquestre ». Le reste de la procédure était ce que nous avons dit plus haut.

A ce propos, nous communiquerons à nos lecteurs une pièce curieuse, qui provenait des anciennes archives de l'archevêché d'Embrun, pillées après la prise de cette ville par Lesdiguières en 1586 et que l'historien Léger réussit à se procurer. Ce sont des instructions à l'usage des inquisiteurs, lesquelles avaient pour but d'empêcher, d'une part, qu'aucun Vaudois ne pût échapper à la condamnation qui l'attendait et d'obvier, d'autre part, au préjudice que leurs procès pouvaient causer à la religion catholique. Les voici reproduites textuellement :

« I. Qu'il ne faut point disputer des points de la religion en présence du peuple ;

« II. Que nul ne peut être admis comme pénitent ni recevoir absolution sacramentelle, si, directement ou indirectement, il ne révèle quelque hérétique ;

« III. Que celui qui ne les révèle pas doit être retranché de l'Eglise comme pourri, suspect et infecté d'hérésie, de peur qu'il n'infecte et ne corrompe les autres ;

« IV. Dès que quelqu'un a été remis ès mains du bras séculier, il ne lui faut pas permettre de se justifier devant le peuple, de peur que, par ses justifications, il ne donne de grandes impres-

---

(1) *Les hérétiques d'Italie*, p. 192.

sions aux simples qu'on lui fait tort, et que, s'il échappe, la religion catholique n'en reçoive du préjudice ;

« V. Il se faut bien garder de jamais faire grâce à un homme condamné par devant le peuple, quand même il se rétracterait de son hérésie et promettrait de se convertir ; car on ne pourrait jamais brûler un grand nombre de ces hérétiques, si on les laissait évader sous ces belles promesses, qui, ne leur étant arrachées que par la frayeur du supplice, ne sont jamais bien observées ; et cependant, s'ils promettent devant le peuple de se convertir et qu'on ne laisse point pour cela de les faire mourir, le peuple croit qu'on leur fait tort ; et ainsi le meilleur est qu'ils ne puissent jamais parler devant le peuple ;

« VI. Il faut toujours que l'inquisiteur suppose le fait comme tout avéré, se contentant seulement d'en examiner les circonstances en cette manière : « Puisque tu es convaincu d'hérésie, dis-moi, en quelle chambre de ta maison est-ce que se retiraient les barbes ou les ministres quand ils venaient te visiter ? » et semblables questions ;

« VII. L'inquisiteur doit toujours avoir un livre ouvert en présence de l'accusé, faisant semblant d'y avoir registré toute sa vie et quantités de dépositions convainquantes contre lui ;

« VIII. Il le faut incessamment menacer de mort inévitable s'il ne confesse ingénûment toutes choses et ne renonce à son hérésie. Que s'il répond : « S'il faut que je meure, j'aime mieux mourir en cette profession qu'en celle de l'église romaine », certainement il ne reste plus de grâce pour un tel homme, mais il le faut incontinent livrer à la justice et en presser l'exécution ;

« IX. Il ne faut jamais penser de convaincre ces hérétiques par les Écritures, car ils en abusent avec tant de dextérité qu'ils confondent bien souvent par là tous ceux qui les entreprennent ; d'où vient aussi que souvent ils prennent occasion de se rendre encore plus opiniâtres, voyant surtout que des personnes doctes ne savent que leur répondre ;

« X. Il ne faut jamais répondre catégoriquement à un hérétique et, en l'interrogeant, il lui faut accumuler plusieurs interrogats à la fois, afin que, de quelque façon qu'il réponde, on ait toujours moyen de répliquer à sa confusion ;

« XI. S'il s'en trouve qui semblent disposés à protester qu'on leur fait tort et qu'ils n'ont jamais embrassé l'hérésie des Vaudois, il faut que l'inquisiteur les prévienne, leur disant qu' ils n'avancent rien à jurer le faux, et qu'il a des preuves en main plus que suffisantes pour les convaincre ; car, par ce moyen, voyant qu'il n'y a point d'apparence d'éviter la mort, ils confesseront d'autant plus aisément qu'il leur faut promettre en termes ambigus que, s'ils avouent franchement leur crime, ils doivent espérer grâce ; de cette façon, plusieurs y en a qui confesseront dans l'espérance d'avoir la vie sauve» (1).

On conviendra que, si ces instructions sont d'une habileté consommée et devaient rarement manquer leur but, elles étaient dépourvues de cette droiture et de cette charité qu'on était en droit d'exiger d'hommes qui portaient le titre de ministres de Jésus-Christ. Et dans un autre ordre d'idées, que penser de cette recommandation de ne pas chercher à convaincre les Vaudois par la Bible, comme si la Parole de Dieu, fixée par l'écriture d'une manière invariable dès les temps apostoliques, n'offrait pas plus de ganrantie et n'était pas un instrument plus sûr de connaissance religieuse que l'opinion changeante des docteurs ou qu'une tradition modifiée et amplifiée de siècle en siècle !

Mais abordons, sans plus de retard, le récit des persécutions souffertes par les Vaudois du Dauphiné en commençant, comme nous l'avons déjà dit, par ceux du Valentinois.

I. VAUDOIS DU VALENTINOIS

1235.

INQUISITEUR : ÉTIENNE DE BOURBON.

L'inquisiteur Etienne de Bourbon rencontra des Vaudois dans les environs de Valence dès l'an 1235. On les avait surnommés *Chagnards* dans cette contrée. Leurs prédécesseurs y vinrent-ils pendant que Pierre Valdo était encore à Lyon, ou lorsque ce dernier quitta cette ville avec ses sectateurs pour se rendre dans les Alpes dauphinoises, ou ceux-ci y émigrèrent-ils en partie lorsqu'ils se furent beaucoup accrus dans leur patrie adoptive ? C'est ce qu'il est difficile de décider. La première supposition

---

(1) Léger, *Histoire*, 2.me part., p. 5-6 ; analysé par Perrin, *Histoire*, p. 106-109.

paraît pourtant la plus vraisemblable, si l'on tient compte des rapports fréquents que Lyon entretenait par le Rhône avec le midi de la France et du temps relativement long pendant lequel Valdo demeura dans cette ville. Quoi qu'il en soit, Etienne de Bourbon vit de près les Vaudois du Valentinois, lorsqu'il vint exercer son ministère dans cette région, et il en raconte ce qui suit:

« Lorsque je prêchais dans la ville de Valence [en 1235], avant que je susse beaucoup de choses des faits et gestes des Vaudois, et que, vingt ans après, on m'eût confié la charge d'inquisiteur auprès d'eux, un catholique me dit qu'il avait entendu des maîtres (1) expliquer ainsi cette parole de la Genèse 1: *Dieu forma l'homme du limon de la terre et souffla*, etc.: Dieu fit et façonna avec de l'argile molle une image humaine, comme font les enfants, et la plaça au soleil pour qu'elle séchât. Quand elle fut sèche, des veines remplies de sang parurent là où des fentes s'étaient produites par l'action du soleil. En dernier lieu, Dieu souffla sur la face de cette image et mit en elle son Esprit, et ainsi l'homme fut fait en âme vivante. Il créa de la même manière les autres âmes, comme disait ce Vaudois. Presque tous accordent que l'âme de tout homme bon n'est autre que l'Esprit Saint lui-même, qui est Dieu, et que l'homme bon, tant qu'il demeure tel, n'a pas d'autre âme que l'Esprit Saint, qui est Dieu. S'il pèche, l'Esprit sort et le diable prend sa place, comme on dit qu'il entra dans le cœur de Judas, dont le Seigneur dit qu'il était le diable... Ils enseignent de même... qu'il n'y a des peines qui purifient que dans le temps présent et que les faveurs de l'Eglise ne servent pas aux défunts, non plus que les autres choses que l'on fait pour eux. Ils disent que tous les bons sont prêtres et que tout homme bon peut autant pour l'absolution des péchés que le pape, à qui nous attribuons ce pouvoir. Pourtant, quand ils font connaître leur véritable croyance, ils enseignent que Dieu seul peut absoudre les péchés et ils disent que tout homme est bon, parce que Dieu seul, qui habite en lui et par qui toutes choses peuvent être liées et déliées, le fait pour lui. Ils méprisent les absolutions et les excommunications de l'Eglise, parce que Dieu seul, comme ils disent, peut excommunier. Un de leurs grands maîtres et député me faisait cette distinction: « Il en est, disait-il qui ne sont ordonnés ni par Dieu ni par les hommes, comme les

---

(1) Des *barbes* ou pasteurs.

24

mauvais laïques ; d'autres qui le sont par les hommes et non par Dieu, comme nos mauvais prêtres ; d'autres qui le sont par Dieu, bien qu'ils ne le soient pas par les hommes, comme les bons laïques, qui observent les commandements de Dieu et peuvent lier et délier, consacrer et ordonner, s'ils prononcent les paroles de Dieu relatives à cet objet. Quelques-uns de ces derniers, ajoutait-il, font des différences quant au sexe et enseignent que les hommes seuls peuvent recevoir l'ordination ; d'autres n'établissent aucune distinction entre les sexes et soutiennent que la femme, si elle est bonne, peut exercer l'office de prêtre. J'ai vu une hérétique, qui fut brûlée, qui croyait et essayait d'accomplir les cérémonies de la consécration sur un coffre préparé en forme d'autel... Ils se moquent des indulgences et du pape, des absolutions et des clés de l'Église, appelant les dédicaces et les consécrations d'églises et d'autels des fêtes de pierre. Ils disent que toute la terre a été également consacrée et bénie par Dieu. Ils méprisent les cimetières chrétiens et les églises... Ils disent de même que nos clercs et nos prêtres, qui ont des richesses et des propriétés, sont des fils du diable et de perdition, et que ceux qui leur donnent des dîmes et des offrandes pèchent. Ils disent que c'est comme si on engraissait du lard. Ils se moquent de ceux qui offrent des cierges aux saints pour éclairer les églises. Ils se moquent des chants de l'Église et de l'office divin, disant que ceux qui chantent ce qu'ils disent à Dieu ont l'air de se moquer de Dieu, comme s'il ne comprenait que ce qu'on lui chante ou ce qu'on lui demande en chantant... Ils disent de même que l'église romaine est la Babylone, la prostituée, dont il est parlé dans Apocalypse XVII... Ils disent de même qu'on peut se moquer de ceux qui font les fêtes des saints et que ceux qui travaillent ces jours-là ne pèchent point, si ce n'est peut-être en scandalisant les hommes. Ils disent encore que ceux qui mangent de la chair à ce moment ne pèchent point, si ce n'est peut-être en commettant le même scandale... (1) ».

(1) *Anecdotes historiques... tirées du recueil inédit d'Etienne de Bourbon ;* Paris, 1877, p. 294-298.

1243-1248.

INSTIGATEUR DES POURSUITES : INNOCENT IV, PAPE. — SON MANDATAIRE : ZOËN TENCARARI, ÉVÊQUE D'AVIGNON.

La mission que le pape Innocent IV confia en 1243 à Zoën Tencarari, évêque d'Avignon, de surveiller les hérétiques de la province ecclésiastique de Vienne (1), et les mesures votées au concile de Valence de 1248 contre les hérétiques (2) durent sans doute être suivies d'effet, mais il n'en reste pas de trace dans l'histoire.

1255.

INQUISITEUR : ÉTIENNE DE BOURBON.

On a vu plus haut qu'Etienne de Bourbon déclare qu'en l'an 1255 il fut chargé de poursuivre, comme inquisiteur, les Vaudois du Valentinois. Ses informations n'ont laissé non plus aucune trace dans l'histoire. Il parle pourtant d'une femme brûlée.

1300 environ.

INQUISITEUR INCONNU. — SON PROTECTEUR : LE COMTE DE VALENTINOIS, AIMAR IV DE POITIERS.

Au commencement du XIVe siècle, les Vaudois du Valentinois furent persécutés, car Perrin écrivait en 1619 (3) qu'il avait entre les mains des procès criminels intentés aux Vaudois des Faucons (commune de Chabeuil), de Beauregard et de La Baume Cornillane, qui dataient de plus de 300 ans. Ces procès se rapportent sans doute à des poursuites, auxquelles Aimar IV de Poitiers, qui régna sur son comté de 1277 à 1329, prêta son appui, comme il le déclare dans un document que nous citons plus loin.

---

(1) Elie Berger, *Les registres d'Innocent VI*, p. 49 et 50 de l'introduction.
(2) Hefele, *Hist. des conciles*, trad. par Delarc, t. VIII, p. 415.
(3) *Histoire*, p. 110.

1321.

Inquisiteur : Jacques Bernard. — Ses mandataires : Catalan Faure et Pierre Pascal de Saillans. — Aimar IV revendique ses droits de juridiction méconnus. — Intervention du pape Jean XXII.

En 1321, Catalan Faure et Pierre Pascal de Saillans, mandataires de Jacques Bernard de l'ordre des Frères mineurs, qui exerçait les fonctions de grand inquisiteur de la foi dans les provinces ecclésiastiques d'Arles, d'Aix, de Vienne et d'Embrun, poursuivirent les Vaudois du Valentinois, mais ils firent une triste fin. Ayant exercé vraisemblablement des violences contre leurs victimes en les soumettant à la torture ou en sequestrant leurs biens, ils furent mis à mort. « Tandis qu'ils accomplissaient diligemment la charge qui leur avait été confiée, dit leur biographe (1), et qu'ils allaient de Chabeuil au château de Montélier, ils furent arrêtés par les hérétiques eux-mêmes et mis à mort cruellement en l'an 1321 [le 11 février]. Leurs corps, portés à Valence, furent ensevelis avec honneur auprès de la communauté des frères et illustrés par plusieurs miracles ». Les meurtriers des inquisiteurs étaient Jean Jacquier (ailleurs Despayta), Pierre Alus et Jean Alus de Châteaudouble. Les officiers d'Aimar IV de Poitiers, comte de Valentinois, se saisirent d'eux et s'apprêtaient à les juger, quand l'inquisiteur Jacques Bernard somma ce dernier de faire conduire les trois prisonniers à Valence, où il s'était transporté, et de les lui livrer pour qu'il les jugeât lui-même. Le comte, estimant que l'inquisiteur entreprenait sur ses droits temporels, en appela de sa sommation au pape Jean XXII par un acte qu'il lui fit signifier le 4 mai 1321 à Valence, dans la maison des Frères mineurs, par noble Bertrand de Montoison, en présence de noble Lambert de Montmeyran et de Jean Roy d'Etoile, notaire public. Le comte ajoutait qu'il allait faire conduire les trois meurtriers à Avignon pour être jugés, et il se plaignait de ce que le bruit avait fortement couru dans cette ville que « beaucoup de gens de ses terres avaient été prévenus

---

(1) Arturus a Monasterio, *Martyrol. Franciscanum* ; Paris, 1653, p. 65 ; Wading, *Annales minorum, an. 1321,* § 21 et suiv.; Columbi, *De rebus gestis Valentin. et Diens. episcop.;* Lugduni, 1652, p. 205.

du crime qui allait se commettre et y avaient participé; ce qui, disait-il, nous a été assez dur et douloureux, parce que, fidèle à la foi orthodoxe et zélé pour elle, nous abhorons de telles gens et avons pris soin, de notre temps, de les exterminer de nos terres (1)». Le pape, pour ne froisser ni son inquisiteur ni le comte de Valentinois, chargea l'évêque de Valence, Guillame II de Roussillon, et celui de Viviers, Pierre III de Mortemart, de terminer le conflit qui s'était élevé entre eux, mais on ignore le résultat de leur commission (2). .

1335.

INSTIGATEUR DES POURSUITES: BENOIT XIII, PAPE. — SES
MANDATAIRES: L'ÉVÊQUE DE VALENCE ET AUTRES.

Nous ignorons si le massacre des deux inquisiteurs Faure et Pascal, dont nous venons de parler, intimida les persécuteurs, toujours est-il que les poursuites contre les Vaudois du Valentinois paraissent avoir été suspendues pendant quelques années, car, en 1335, le pape Benoît XII, se vit contraint d'écrire à l'évêque de Valence, Adhémar de Lavoulte, à l'archevêque de Vienne, Bertrand de La Chapelle, à Humbert II, dauphin de Viennois, et à Aimar V de Poitiers, comte de Valentinois, pour les engager à extirper les hérétiques de leurs terres (3). Le dernier, pour sûr, obtempéra aux ordres du pape, car, dans un registre des recettes et des dépenses des châtellenies du Valentinois, sous les comtes Aymar IV, Aymar V et Louis I\ier, il est question plusieurs fois d'hérétiques vaudois gardés dans les prisons du comte Aymar V (4).

1492-1494.

INSTIGATEUR DES POURSUITES: JEAN D'EPINAY, ÉVÊQUE DE
VALENCE. — INQUISITEUR: FABRE. — SON MANDATAIRE:
CHRISTOPHE DE SAILLANS.

1. *Procès des Vaudois des montagnes du Valentinois.*

Pendant 107 ans les documents historiques se taisent sur les Vaudois du Valentinois, mais en 1492 la persécution recommença

---

(1) *Arch. de l'Isère*, B. 3572.

(2) Reynald, *Annal. ecclesiastici*, an. 1321, n° 17.

(3) *De rebus gestis*, etc., p. 200-205.

(4) Jul. Chevalier, *Mém pour servir à l'hist. des comtés de Valent. et de Diois*, dans *Bulletin de la Soc. dép. d'arch. et de statist. de la Drôme*, an. 1895, p. 194.

28

contre eux. A cette époque il y avait de nombreux partisans de
la secte à Chabeuil, Montvendre, Barcelone, Beauregard, Alixan,
Chateaudouble, Peyrus, Charpey, Saint Vincent (commune de
Charpey), Barbières, Samson (commune de Rochefort-Samson),
Saint Mamans (même commune). Columbi (1) nous a laissé un
récit d'une partie des procédures faites à cette époque à l'instigation de Jean d'Epinay, évêque de Valence.

« La première occupation de Jean, dit-il, au commencement de
son épiscopat, fut de procéder contre les sectateurs de cette hérésie. Christophe de Saillans, son vicaire, mena [en 1494] l'affaire avec soin et énergie. Il se transporta dans chaque localité,
rechercha les coupables, chassa de leurs siéges les docteurs de
l'hérésie. La secte avait cela de particulier qu'elle flattait les
hommes par une apparence de sainteté et rappelait les commencements mêmes de l'église chrétienne, soit par une vie exemplaire
soit par la doctrine. Elle se plaignait de beaucoup de choses, qui
ne regardaient presque toutes que les chrétiens et étaient accom-
plies par des prêtres criminels dans le but d'amasser des richesses et de se livrer au dérèglement. L'évêque envoya dans le pays
des gens capables de faire oublier au peuple ses erreurs et, afin
que toutes choses se fissent avec le plus grand soin et saintement, il prit ses mesures pour que le Souverain pontife envoyât
des inquisiteurs. Il y a dans les archives de l'évêque de Valence
des pièces authentiques qui renferment tout le procès de Monet
Régis (ou Rey) de Saint Mamans, *dont l'instruction fut confiée*
à Antoine Fabre (ou Fabri) (2), homme sage et savant. C'était
un chanoine d'Embrun qui fut envoyé par Rome dans ce but.
J'ai pris soin de mettre en lumière les réponses de l'hérétique
susdit. Vincent Gobaud (ou Gobaudi) (3), secrétaire de l'évêque,
les a transcrites.

« Monet Régis a dit et confessé spontanément qu'il y a quinze
ans ou environ qu'un certain Talmon Pascal, de Beauregard, son
allié, vint lui dire que, dans sa maison, se trouvaient deux hommes bons qui lui disaient beaucoup de choses bonnes et salutaires et que, s'il désirait les entendre, il se rendît dans sa maison,
où il les trouverait. Après l'avoir ouï, Talmon alla dans la dite

(1). *De rebus gestis*, etc., p. 200-205.

(2). Perrin, *Histoire*, p. 135, le dit « notaire d'Embrun et secrétaire des inquisiteurs ».

(3). Perrin, *Histoire*, p. 134, le qualifie de « docteur » et dit qu'il eut commission du
pape, avec Christophe de Saillans, « pour agir contre les Vaudois du Dauphiné, autrement
dits *Chagnards*. » C'est exact. Voyez plus loin le procès de la Peyronnette.

maison, où il rencontra ces deux hommes. Etant entré, l'un d'eux, le plus âgé, commença de lire quelques petits livres, qu'ils portaient avec eux et dans lesquels ils affirmaient qu'étaient écrits les dix préceptes de la Loi et beaucoup de bonnes paroles, comme il lui paraissait. Il disait entr'autres choses que nul ne doit faire à autrui ce qu'il ne voudrait pas qu'on lui fît; de même, que Dieu doit être servi, adoré et prié, parce qu'il est le seul qui puisse nous aider; de même, que jurer par quelque occasion ou motif que ce soit, soit pour la vérité soit pour le mensonge, ou faire un serment quelconque, dans lequel interviendrait la particule *par*, serait un grand péché; de même, que le sacrement du mariage devait être fermement et fidèlement gardé; de même, que les bonnes œuvres, qui sont faites avant la mort d'un homme, sont plus utiles que celles qui sont faites après; de même, que les hommes, en l'honneur de Dieu, doivent s'abstenir *ab actu carnali tempore menstruoso* et même les vendredis; de même, qu'il ne faut invoquer le secours, ni des saints ni des saintes, parce qu'ils ne peuvent nous aider en quoi que ce soit: que Dieu seul le peut; de même, que les jours de dimanche doivent être observés plus que les autres jours de fête; que ces derniers, inventés par l'Eglise, ne doivent pas nécessairement être observés; bien plus qu'ils pouvaient faire quelque chose pendant ces mêmes jours, excepté pendant les fêtes des apôtres et autres grandes fêtes, qu'ils ne nommait pas; de même, que les ecclésiastiques avaient et possédaient de trop grandes richesses et des biens plus qu'il ne fallait; que c'est pour cela qu'ils commettaient beaucoup de mauvaises choses; que les uns, par suite de cet excès et de cette abondance de biens, étaient usuriers, orgueilleux et remplis d'avarice; que les autres vivaient trop librement et d'une façon déshonnête, tenant ouvertement des femmes de mauvaise vie dans leurs maisons: donnant ainsi un mauvais exemple au peuple; de même, que les prêtres susdits, par suite de leur mauvaise vie, n'avaient pas un plus grand pouvoir d'absolution que les docteurs ou prédicateurs de cette secte; bien plus, que les docteurs ou prédicateurs, quoiqu'ils fussent laïques, avaient un aussi grand pouvoir que les prêtres et ecclésiastiques; de même, qu'il valait mieux et qu'il était plus méritoire de faire l'aumône à un seul pauvre lépreux, à un infirme ou à un indigent, que de la faire dans l'Eglise à des prêtres riches, parce qu'ils ne pratiquaient pas la sainteté, dont ils faisaient profession; de même, que toutes les eaux étaient bénies de Dieu et qu'il n'était pas nécessaire

que l'eau fût de nouveau bénie par les prêtres, parce que l'une
ne valait pas plus que l'autre ; de même, que c'est une chose
vaine et inutile de prier pour les âmes des défunts, parce que,
quand quelqu'un meurt, son âme se rend incontinent dans le paradis et, si elle est pécheresse, dans l'enfer ; de même, qu'on ne
peut jeûner d'une meilleure manière qu'en jeûnant les vendredis ;
qu'ainsi le dit homme bon exhortait ceux qui étaient là de jeûner en l'honneur de Dieu ces mêmes jours autant que possible ;
de même, que c'était inutile de s'approcher des images des saints
et des saintes en priant devant elles, parce qu'elles n'étaient que
choses matérielles faites avec du bois, de la pierre, ou peintes,
n'entendant ni ne comprenant, et n'ayant d'ailleurs aucun pouvoir ; de même, qu'ils conseillaient et exhortaient tous ceux qui
étaient là de marier autant que possible leurs fils et leurs filles
avec des personnes qu'ils sussent appartenir à cette secte ; de
même, que les prédicateurs ou docteurs et les prêtres ou ecclésiastiques, apparurent ensemble et avec le même rang ou pouvoir ;
mais que, comme ces mêmes prêtres ont voulu s'adonner à l'a-
varice et aux plaisirs mondains, tandis que les prédicateurs ou
docteurs sont restés dans la pauvreté jusqu'ici, ces derniers, par
ce motif, ont été ordonnés de Dieu pour parcourir le monde en
prêchant la véritable foi catholique à l'exemple des apôtres ;
mais qu'il était nécessaire qu'ils ne fussent pas molestés par les
méchantes gens, qu'ils se produisissent avec précaution et en
sécurité ; de même, Monet Rey a dit et déclaré spontanément
qu'après que les prédications susmentionnées eurent été faites,
l'homme bon, qui avait prêché, s'enferma dans une chambre
et lui dit de s'approcher de lui pour se confesser, parce que lui
était un homme saint et juste, possédant un grand pouvoir ; que
cela fut fait, qu'il se confessa à lui à genoux ; enfin, qu'une fois
la confession faite, il lui donna l'absolution à la manière des
prêtres en lui posant la main sur la tête.

« Interrogé sur la nature de la pénitence que le dit prédica-
teur lui imposa, il dit et répondit qu'il lui ordonna de dire une
grande quantité de *Pater noster*, autant qu'il pourrait en dire
et de faire quelques aumônes suivant ses moyens.

« Après cela viennent plusieurs choses [dans le procès-verbal].

« Monet Rey, interrogé sur ce qu'il donnait aux dits confesseurs ou prédicants, dit et répondit qu'il leur donnait quelquefois deux ou trois gros et que les prédicants ou confesseurs lui

donnaient parfois une certaine quantité d'aiguilles. — Il parla jusque là pendant que Gobaud écrivait.

« Claude Darleti, de Chabeuil, l'année d'avant, avait ajouté, d'après les informations de l'official de Valence, que les Vaudois affirmaient deux choses que je ne veux pas omettre : que chacun doit préparer ses propres obsèques et les faire avant sa mort, puisqu'elles sont inutiles à ceux qui ont perdu la vie ; que l'auteur de leur secte était ce pontife romain qui, lorsqu'il eut été chassé de la ville par les citoyens, se réfugia dans je ne sais quel pays. — Il n'y a rien de plus incroyable que ces deux opinions, ajoute notre historien. Elles ont pu être pensées ou imaginées pour rire. Pourtant l'une et l'autre étaient enseignées par des hommes d'un extérieur très grave, ayant la bouche pleine de Dieu et de la vraie piété, entrant dans les lieux saints, revêtus du costume de voyageur.

« Agnès Saulce jura religieusement que cette piété était apparente. Sur la prière de Christophe, de Chabeuil, elle dit : « Quand ils viennent, il faut qu'ils boivent du meilleur vin de la provision ; qu'ils aient pareillement les meilleurs chapons, qu'ils couchent dans le meilleur lit de toute la maison et qu'ils lavent leurs chemises ». (1)

« Jacques Lecurée remarqua qu'ils ont l'habitude de venir à Chabeuil aux environs de Pentecôte ou du corps de Christ. C'étaient pour l'ordinaire des Piémontais ou des Lombards, par où l'on voit que Perrin se trompe quand il dit dans son *Histoire des Vaudois* (2), qu'ils s'étaient répandus du Dauphiné dans la contrée du Piémont ; car ce qu'il ajoute qu'il y avait des bourgs dans le comté de Valence qui, depuis plusieurs centaines d'années, avaient conservé leur doctrine, comme ceux qui portaient le nom des Faucons, de Beauregard et vers la crête de La Baume [Cornillane], est contraire au sentiment de tout le pays. La

---

(1). Il est manifeste que la déposition de cette femme, troublée par la peur, n'est pas conforme à la vérité. Que les hôtes des barbes vaudois, pour leur faire honneur, leur servissent ce qu'ils avaient de meilleur et que ceux-ci l'acceptassent sans fausse modestie : il n'y a rien là de répréhensible et d'extraordinaire. Mais que les barbes demandassent à être traités de la sorte, c'est inadmissible. Columbi raconte plus haut que les Vaudois avaient l'« apparence de la sainteté ». Assurément ce n'est pas la posséder que d'être publiquement l'esclave de son ventre. D'autre part, les Vaudois appelaient les barbes des « hommes bons ». Leur eussent-ils donné ce titre et leur auraient-ils concédé l'autorité morale que l'on sait, s'ils les avaient vus tellement amis de la bonne chère et de leurs aises ? C'est une impossibilité morale

(2). Page 110.

maison de campagne des Faucons s'appelait *Borberie* et n'était pas un bourg. Les agriculteurs des Faucons l'habitaient en campagnards. Ils comptaient un père, plusieurs fils et petits-fils avec une famille de paysans ».

Ces critiques de Columbi ne révèlent pas un tact historique bien exercé ni même une grande connaissance de l'histoire. Les Vaudois étaient répandus dans une grande partie des états de l'Europe et leurs barbes faisaient de fréquentes tournées d'évangélisation. Si donc ceux de ces barbes, qui visitaient leurs frères du Valentinois, étaient venus, non du Piémont et de la Lombardie, mais de la Bohême (ce qui aurait pu arriver), aurait-il fallu en conclure que les Vaudois du Valentinois étaient originaires de la Bohême? Les disciples de Valdo, en se multipliant, passèrent de deçà les Alpes au delà. L'émigration eut lieu de l'est à l'ouest. Du reste, ce n'étaient pas les barbes qui, en voyageant, pouvaient fonder des colonies. Il fallait pour cela une et même plusieurs familles. Pour ce qui est de l'erreur qu'aurait commise Perrin en affirmant que le Valentinois renfermait des Vaudois vers l'an 1300, elle est imaginaire, puisque l'inquisiteur Etienne de Bourbon en rencontra dans cette région dès l'an 1235, comme on l'a vu plus haut. Quant au mot Borberie, nom ancien des Faucons, Perrin lui a évidemment substitué le nom moderne pour l'intelligence du lecteur.

II. *Procès de la Peyronette.*

Cette même année 1494 eut également lieu le procès de la Peyronette de Beauregard. Nous traduisons en entier le verbal qui fut dressé par le même notaire Gobaud, secrétaire des inquisiteurs, pour donner une idée complète de ce curieux document.

« Procès inquisitorial fait et dressé en présence de distingué et considéré sieur Antoine Fabre, docteur ès-lois, chanoine d'Embrun, inquisiteur général de la perverse hérésie pour tout le Dauphiné et les comtés de Viennois, Valentinois et Diois, délégué spécialement et particulièrement par le saint siège et Christophe de Saillans, également docteur ès-lois, chanoine, vicaire et official de Valence.

« Sur l'instance et à la poursuite de spectable homme de Razère, de Valence, professeur de l'un et l'autre droit, procureur fiscal de Valence, agissant en ce procès pour la sainte foi catholique et délégué par son office inquisitorial ;

« Contre Peyronette, veuve de Pierre Béraud, autrement Fournier, de Beauregard, diocèse de Valence, agée de cinquante ans ou environ, prévenue et accusée de l'abominable hérésie des Vaudois ou Pauvres de Lyon, appelés vulgairement dans ces contrées secte des Chagnards.

« Au nom de la sainte et indivisible Trinité, à tous les fidèles de Christ et à chacun d'eux en particulier, présents et à venir, soit parfaitement notoire et mis en mémoire perpétuelle, par la suite et teneur de cet acte vrai et public d'inquisition, qu'en l'année de la nativité du Seigneur quatorze cent nonante quatre et le mercredi, qui fut et porta le nom de vingt-neuvième du mois de janvier, au lieu de Beauregard et dans la maison d'honnête homme Glaude, hôtelier de ce même lieu, et dans la chambre même de cette maison, en présence de distingué et considéré homme sieur Antoine Fabre, docteur ès-lois, chanoine d'Embrun, inquisiteur de la sainte foi catholique, délégué de l'autorité apostolique, avec l'assistance de Vincent Gaubaud, notaire et greffier en ce procès : le pouvoir du dit sieur inquisiteur étant établi par lettre apostolique, rapportée sommairement plus bas en son lieu et place ; — a comparu au même lieu la susdite Peyronette, veuve de Pierre Béraud, autrement Fournier, de Beauregard, diocèse de Valence, sur l'ordre et par l'autorité du sieur inquisiteur et, en suite des informations précédentes, dûment faites contre elle sur le sujet de l'hérésie des Pauvres de Lyon ou Vaudois, appelés vulgairement dans ces contrées secte des Chagnards, est prévenue et accusée, — les remontrances générales, faites et exécutées dans la paroisse du dit lieu contre tous ceux qui sont infectés de la dite peste, ayant été prises et recueillies ; — et a été citée en personne pour répondre touchant la foi catholique et ce dont elle accusée sur le sujet de l'hérésie susdite ; et là a été examinée et interrogée par le sieur inquisiteur susnommé, après avoir fait serment sur les Evangiles de Dieu et sous la peine du parjure, savoir l'excommunication et vingt cinq ducats d'or, de confesser intégralement le crime qui lui est imputé et de dire toute la vérité sur les choses au sujet desquelles elle sera interrogée. La susdite Peyronette, voulant, comme elle a dit, déférer et obéir aux mandements et ordres de la justice, s'est donnée comme prête à dire et déposer toute la vérité sur les choses au sujets desquelles elle sera interrogée, et quoiqu'elle soit une femme simple, ignorante et d'esprit grossier, elle a pourtant dit qu'elle avait vécu tout le temps de sa vie à la manière et façon des chrétiens fidèles et selon la tradition de la sainte église romaine, jusque là qu'elle ne prétend point ne s'être jamais écartée éloignée de la véritable foi catholique, ni ne pas se tromper et s'égarer dans tout ce qu'elle dira: de quoi elle a solennellement protesté.

« Nonobstant les excuses déduites et alléguées plus haut par la dite Peyronette, le sieur inquisiteur susdit, suivant le devoir de sa charge, et à cause de l'accusation dont la Peyronette est l'objet, comme cela résulte amplement de la teneur de dites informations secrètes, estima qu'elle devait être examinée et interrogée de la manière qui suit:

« Et d'abord la Peyronette susnommée a été interrogée et examinée par le sieur inquisiteur susdit sur la raison et le motif pour lesquels elle est venue devant le même sieur inquisiteur. Elle a dit et répondu que c'est parce qu'elle a été citée et appelée à comparaître en personne devant le même sieur inquisiteur pour répondre touchant la foi catholique ou pour se laver de l'accusation de l'hérésie ou secte des Vaudois ou autrement des Chagnards, qui a été formulée contre elle, comme cela est affirmé.

« Interrogée sur ce que la dite hérésie ou secte des Vaudois, autrement dit des Chagnards, est: elle a dit et répondu ne pas savoir et ne pas vouloir savoir ce qu'elle est.

« Interrogée si elle a jamais su ou connu quelques maîtres ou prédicateurs de la dite hérésie ou secte, lesquels ont la coutume de courir dans les champs ou les lieux de la campagne, allant de maison en maison et faisant des prédications clandestines: elle a dit et répondu que non et qu'elle ne sait qui sont ceux qu'on appelle prédicateurs.

« Interrogée si elle a jamais entendu quelques prédications ou instructions de quelques hommes qui prêchent secrètement, surtout à des heures nocturnes: elle a dit et répondu que non.

« Interrogée si elle sait qu'elle est prévenue et accusée d'être de la secte, appelée vulgairement des Chagnards: elle a dit et répondu que non et qu'on ne peut croire que, sur ce point, elle soit prévenue ou accusée à juste titre ou avec quelque raison.

« Interrogée si elle a jamais été invitée et poussée par quelques-uns à embrasser cette même secte ou tout autre quelconque: elle a dit et répondu que non.

« Interrogée si elle sait que quelques personnes du susdit lieu de Beauregard soient de la secte susdite des Chagnards : elle a dit et répondu que non.

« Interrogée si elle, la Peyronette, est de la secte susdite des Chagnards, ou si elle a jamais pratiqué autrement la même secte, ou si elle a été initiée : elle a dit et répondu qu'elle n'est pas et n'a jamais été de cette secte, qu'elle ne veut pas en être ou avoir jamais été.

« Interrogée si elle a quelques ennemis qu'elle puisse soupçonner de vouloir dire quelque chose contre elle contrairement à la vérité : elle a répondu qu'elle ne le sait.

« La Peyronette n'a pas été interrogée et examinée davantage, mais, d'après la réponse que le sieur inquisiteur susnommé a entendue d'elle et suivant l'esprit et la teneur des informations prises contre elle sur le sujet de l'hérésie susdite, il a paru au même inquisiteur qu'elle avait trop bien répondu sur les points précédents et n'avait nullement dit la vérité. C'est pourquoi, voulant faire de plus amples informations à son sujet, il a ordonné qu'elle fût conduite dans les prisons épiscopales de Valence et gardée là et détenue sûrement jusqu'à ce qu'elle eût répondu d'une manière plus satisfaisante sur les choses dont elle est trouvée coupable d'après les informations susdites.

« La vraie année que dessus et le jour de vendredi, qui fut et porta le nom du dernier du mois de Janvier, à Valence, dans le palais épiscopal de la même ville, savoir dans la chambre où résidait le sieur inquisiteur susdit et devant le même, fut et comparut en personne la susnommée Peyronette, détenue dans les prisons épiscopales, laquelle, comme elle a dit, — pesant et considérant les nouvelles exhortations qui lui ont été faites de dire la vérité dans les interrogatoires touchant la secte susdite, avec promesse de grâce et miséricorde si elle le fait; voulant ainsi suivre un meilleur et plus salutaire conseil, nonobstant les parjures et autres variations qu'elle a faits dans ses réponses précédentes, et se confiant pleinement dans la bonté de ce même inquisiteur; — se donna comme prête à dire et à avouer de plein gré toute la vérité qu'elle savait sur les mérites de cette même secte et à décharger sa conscience; priant qu'on usât d'indulgence envers elle et qu'on l'épargnât pour le parjure et les variations susdits; puis, qu'on accueillît avec bienveillance sa déposition ou confession, et qu'on redressât ses erreurs avec charité et favorablement, si elle en avait commis, se soumettant à la miséricorde de la sainte mère l'Église.

« Le sieur inquisiteur susnommé, ayant reçu le serment par corps que fit la Peyronette de dire la vérité et l'ayant menacée de la peine du parjure et d'une application rigoureuse de la justice dans le cas où elle cacherait quoi que ce soit de la vérité, a procédé à son examen de la manière écrite ci-dessous :

« En premier lieu, elle a dit et confessé qu'il y a déjà vingt-cinq ans environ que vinrent dans la maison de Pierre Fournier, autrefois son mari, deux hommes étrangers, vêtus d'habits de couleur grise, qui, comme il lui sembla, parlaient la langue italienne ou lombarde, et que son susdit mari reçut dans sa dite maison pour l'amour de Dieu ; que, pendant qu'ils étaient là, à une heure nocturne, après le souper, l'un d'eux commença de lire un petit livre qu'il portait avec lui, disant que, dans ce même livre, étaient écrits les Evangiles et les commandements de la Loi, lesquels il disait vouloir expliquer et faire connaître en présence de tous ceux qui étaient là ; attendu, disait-il, qu'il avait été envoyé de la part de Dieu pour réformer la foi catholique, allant par le monde comme les apôtres pour prêcher aux bonnes et simples gens la manière de servir Dieu et de vivre suivant ses commandements.

« Ils disaient, entre autres choses, que personne ne doit faire aux autres ce qu'il ne voulait pas qu'on lui fît.

« De même, que Dieu seul doit être honoré, adoré et prié, parce qu'il est le seul qui puisse nous aider.

« De même, que jurer par Dieu, à quelque occasion ou pour quelque motif que ce soit, pour la vérité ou pour le mensonge, ou faire quelque autre serment, dans lequel intervenait le mot *par*, était un grand péché.

« De même, que le sacrement du mariage devait être observé fidèlement et fermement.

« De même, que les bonnes œuvres qui se font avant la mort d'un homme servent plus que toutes celles qui se font après la mort.

« De même, que les saints et les saintes ne doivent pas être invoqués à notre aide parce qu'ils ne peuvent nous aider en quoi que ce soit ; que Dieu seul le peut.

« De même, que les jours de dimanche doivent être observés solennellement plus que toutes les autres fêtes ; et ils disaient que les autres fêtes avaient été inventées par l'Eglise ; qu'il n'était pas nécessaire de les observer ; bien plus que quelqu'un pouvait travailler pendant ces fêtes, sauf pendant celles des apôtres et d'autres plus grandes, qu'ils ne nommaient pas.

« De même, que les gens d'Église avaient et possédaient trop de richesses et des biens plus qu'il ne fallait; que c'est pour cela que beaucoup d'entre eux faisaient le mal et que quelques-uns, à cause de cet excès et de cette abondance de biens, étaient usuriers, orgueilleux et remplis d'avarice; que d'autres vivaient d'une manière trop relâchée et malhonnêtement, tenant des femmes de mauvaise vie dans leurs maisons, ouvertement et publiquement : montrant ainsi le mauvais exemple au peuple.

« De même, que les prêtres susdits, à cause de leur mauvaise vie, n'avaient pas un pouvoir d'absoudre plus grand que les prédicateurs ou les maîtres eux-mêmes de cette secte; bien plus, que les maîtres ou prédicateurs eux-mêmes, quoiqu'ils fussent laïques, avaient un pouvoir aussi grand que ces mêmes prêtres.

« De même, que le souverain pontife, parce qu'il ne pratiquait pas la sainteté comme il le devait n'avait aucun pouvoir, disant de lui : *Autant croïs et autant malvais est le papa coma nengun autre et per ço non ages de poissança* (1).

« De même, que, dans l'autre monde, il n'y a point de purgatoire, disant que, quand quelqu'un meurt, son âme se rend au paradis incontinent, pourvu qu'il ait bien et justement vécu, et, dans l'enfer, s'il a mal vécu.

« De même, et par suite, que c'est en vain qu'on faisait des prières, des chants et autres choses en faveur des âmes des défunts, et que ce que faisaient les prêtres en allant au cimetière, répandant de l'eau bénite sur les tombes des morts et disant : *Kyrie cleyson, Christe eleeison*, etc. n'avait aucune valeur.

« De même, que Dieu, au commencement du monde, avait béni toutes les eaux et toutes les autres choses qu'il avait faites; que, par suite, il n'était pas nécessaire que l'eau fût de nouveau bénie par les prêtres et que celle-ci ne valait pas plus qu'aucune autre eau.

« De même, que les prêtres susnommés avaient imaginé et inventé d'eux-mêmes qu'il y avait un purgatoire dans l'autre monde, afin que, par les chants et les prières qu'on faisait pour les défunts, ils acquissent de grands biens, au moyen desquels ils entretenaient leur mauvaise vie.

---

(1). « Le pape est aussi pervers et aussi méchant qu'aucun autre et partant il n'a aucune puissance. »

38

« De même, qu'il vaut mieux et qu'il est plus méritoire de faire l'aumône à quelque pauvre infirme ou lépreux, que de faire des offrandes dans l'Église aux prêtres susdits, qui avaient une trop grande abondance de biens.

« De même, qu'il était aussi bon et utile de prier Dieu dans la maison et ailleurs comme dans l'Église, parce que Dieu est partout.

« De même, que les saints et les saintes, quoiqu'ils fussent placés dans le Paradis à cause de leurs bons mérites, n'avaient pas le pouvoir de nous aider en quoi que ce soit, et qu'ainsi ils ne devaient pas être invoqués à notre aide.

« De même, que c'était en vain qu'on avait recours aux images des saints et des saintes en priant devant elles, parce qu'elles n'avaient aucune vertu, puisque ce n'étaient que des choses matérielles et des peintures faites sur les murailles.

« De même, qu'il ne pouvait servir de rien de faire des pèlerinages et des voyages à Rome pour adorer devant les images des saints et des saintes, puisqu'ils ne pouvaient rien pour notre aide, comme il a été dit.

« De même, qu'il n'était pas nécessaire de jeûner d'autres vigiles que celles des fêtes de Pâques, de Pentecôte, de Noël et autres grandes fêtes dominicales, et qu'il fallait bien plutôt jeûner les jours de Vendredi.

« De même, que les prédicateurs ou les maîtres de cette secte et les prêtres ou gens d'Église avaient autrefois la coutume d'être d'un seul et même ordre et règle; mais que, lorsque les gens d'Église voulurent s'adonner à l'avarice et aux vanités de ce monde, les prédicateurs voulurent, eux, demeurer dans la pauvreté; qu'ainsi il se fit un schisme entre eux et qu'ils devinrent ennemis et que, comme le nombre des prédicateurs et autres hommes justes, qui tenaient cette secte, était encore petit et clairsemé, ainsi il leur était nécessaire de se produire en cachette, comme faisait Christ et ses apôtres, parce que, si les prédicateurs ne marchaient pas avec précaution et secrètement, ils craindraient d'être offensés et maltraités par les autres.

« Interrogée sur le nom de ces mêmes hommes ou prédicateurs qui prêchaient de telles choses: elle a dit et répondu qu'elle ne savait pas leurs noms.

« Interrogée si, à cause de ce qu'ils disaient qu'il ne faut pas prier pour les défunts, elle a différé ou omis de porter des oblations ou d'offrir dans l'Église pour ces mêmes défunts: elle a dit et répondu qu'elle a fait plusieurs fois des offrandes dans l'Église, mais qu'elle ne les aurait pas faites si elle n'avait craint que quelques uns présumassent mal d'elle et qu'on lui reprochât d'être une Chagnarde.

« Interrogée sur celui qui lui a donné connaissance des dits prédicateurs ou maîtres, ou autrement sur la manière dont elle a été amenée à avoir des rapports avec eux: elle a dit et déposé qu'il est vrai qu'autrefois, elle-même qui parle, étant un jour, dont elle ne se souvient pas, avec Talmon Pascal, du dit lieu de Beauregard, et s'entretenant ensemble de diverses choses, ils en vinrent au point relatif à la manière de vivre selon les commandements de Dieu, et qu'entre autres propos qu'ils tinrent ensemble, le susnommé Talmon Pascal lui dit, à elle qui parle, ces paroles ou autres semblables: *N'avès vous james auvi parlar d'ung plen pung de monde, que, si non era, tot lo monde seria à fin* (1), et qu'elle qui parle répondit que oui, savoir [de la bouche] du sieur André... du lieu de Puygiron, prêtre, qui, un certain jour des Rameaux, prêchant dans le lieu même de Beauregard, prononça de semblables paroles, savoir, *ces ung plen pung de gent que sosten tot lo monde et, si aquello gent non era, tot lo monde seria a fin;* (2) qu'alors le susnommé Talmon Pascal lui répliqua en ces termes: *Et da quello gent vos parle yeu?* (3) lui disant que, s'il arrivait que de pareilles gens vinssent dans sa maison, il parlerait hardiment avec elles et écouterait leurs instructions, parce qu'il en deviendrait meilleur. Elle a dit pourtant que le dit Talmon craignait qu'elle ne rapportât et ne fît connaître ce qui précède, parce que c'est la coutume des femmes de parler beaucoup; qu'ainsi elle lui fit serment sur les Écritures de ne rien dire et de ne rien dévoiler à personne de ce qui précède: ce qu'elle même qui parle fit, comme dessus.

« Interrogée si elle a vu plus de la fois susdite les dits maîtres ou prédicateurs, dont il a été question plus haut: elle a dit et répondu que, depuis les vingt-cinq années susdites environ, elle les a vus diverses fois, sans pouvoir, a-t-elle dit, se bien souvenir du nombre; pourtant elle croit, à son estimation, les

---

(1) « N'avez-vous jamais entendu parler d'une pleine poignée de gens, sans lesquels tout le monde prendrait fin. »

(2) « C'est une pleine poignée de gens qui soutiennent tout le monde et, si ces gens n'existaient pas, tout le monde prendrait fin. »

(3) « Et de quelles gens parlez-vous? »

avoir vus en gros neuf ou dix fois, y compris la première fois, mentionnée ci-dessus.

« Interrogée si, toutes les fois qu'elle les a vus, elle a entendu de semblables instructions dans la forme et la teneur marquées plus haut : elle a dit et répondu que oui.

« Interrogée de même touchant ces dites neuf ou dix fois qu'elle a vu et entendu prêcher les dits maîtres : elle a dit, elle même qui parle, que ça été quelquefois dans la maison des susnommés Talmon Pascal et Guillaume Pascal, où furent ces mêmes prédicateurs et où ils firent leurs prédications de la manière susdite, en présence de tous ceux de la même maison, savoir des dits Talmon et Guillaume Pascal ; mais elle a dit ne pas se souvenir du nom des autres personnes présentes.

« De même, elle a dit pareillement les avoir vus une autre fois dans la maison de Pierre Garnier du dit lieu ; mais elle ne peut se souvenir non plus de l'époque. Les prédications susdites furent faites en présence de Pierre Garnier et d'autres de la même maison, dont elle ignore les noms.

« Interrogée si quelques autres voisins assistèrent aux autres prédications susdites faites dans les maisons des Pascal et de Pierre Garnier : elle a dit que non, autant qu'elle peut s'en souvenir.

« Interrogée si elle sait combien de fois les dits prédicateurs furent dans sa maison ou celle de son mari d'autrefois : elle a dit et répondu que c'était Pierre Béraud, autrement Fournier, de son vivant, mari d'elle-même qui parle, et que Jean Prodomo, Talmon Pascal, Guillaume Pascal et Pierre Garnier y venaient, soit l'un et l'autre, soit alternativement, soit deux ou trois à la fois.

« Interrogée si jamais elle a confessé ses péchés à quelqu'un des dits prédicateurs ou maîtres : elle a dit et répondu que, cha que fois que ces prédicateurs mêmes furent dans la maison de son mari d'autrefois, elle a confessé ses péchés à l'un d'eux, les genoux ployés, comme si elle eût été devant son propre prêtre et que, la confession faite, celui-ci donnait l'absolution en mettant sa main sur sa tête à la manière des prêtres.

« Interrogée sur la pénitence que lui imposaient les susdits prédicateurs ou maîtres pour les péchés qu'elle avait confessés : elle a dit et répondu qu'elle devait dire souvent *Noster pater ;* et cela autant qu'elle pouvait, puis jeûner quelques jours de Vendredi et faire quelques aumônes selon ses moyens.

« Interrogée sur le nombre de fois qu'elle s'est confessée aux susdits prédicateurs : elle a dit que ça été autant de fois qu'ils ont été dans leur maison, savoir quatre ou cinq fois, comme cela a été dit plus haut.

« Interrogée si elle s'est confessée à son prêtre après avoir connu les susdits maîtres ou prédicateurs, ou entendu leurs prédications : elle a dit et répondu que non, parce qu'elle ne croyait pas mal faire.

« Interrogée si elle a cru, ou autrement ajouté foi, aux susdits prédicateurs ou maîtres et à leurs instructions ou doctrines : elle a dit et confessé de plein gré que, comme une femme imprévoyante, simple et faite à tromper, elle a cru et ajouté foi aux mêmes prédicateurs et à leurs doctrines ou instructions, croyant agir justement et avantageusement, et qu'elle ne pensait pas pour cela errer en quelque chose. Pourtant là où elle semble ou est reconnue avoir erré en quelque chose, elle se soumet à la bonne correction de la sainte mère l'Église et des sieurs inquisiteur ou official, demandant qu'on lui accorde pardon et grâce pour toutes les choses précédentes où jusqu'ici elle a pu errer.

Le sieur inquisiteur dénommé, ayant ouï la confession de la susdite Peyronette et voulant délibérer à son sujet et informer plus amplement sur son compte touchant ce qui précède, décida de terminer et, après sa délibération, assigna pour le lendemain vers midi, la même Peyronette pour qu'elle déposât et s'expliquât sur ce qui précède et sur les autres choses qu'il y avait à entendre ; puis ordonna de nouveau qu'elle fût mise dans les prisons susdites.

« Le lendemain, désigné en dernier lieu ci-dessus et qui porta le nom de samedi, le premier du mois de février, dans la chambre susnommée plus haut et devant le sieur inquisiteur susnommé, vint et comparut la susdite Peyronette, détenue dans ces prisons épiscopales sur l'ordre du sieur inquisiteur susnommé et tirée des dites prisons pour le procès, et se donnant comme prête à faire ce qu'elle devra et à répondre plus amplement sur toutes les questions au sujet desquelles elle sera interrogée. Et le sieur inquisiteur susnommé, sur la confession que celle qui parle avait faite plus haut de sa vie, estima que, pour une plus grande confirmation de la vérité, la même [Peyronette] devait être examinée et reprise sur la même [confession] et sur tout ce qui y était contenu, sous la foi du serment qu'elle avait faite plus haut et sous la peine que dessus.

« La Peyronette ayant été amenée et ayant entendu la teneur de la dite confession, qui lui fut lue et communiquée, mot à mot, en langue vulgaire par moi notaire, soussigné, et qui fut comprise intégralement par elle, comme elle le déclara, a dit, déposé et confessé de plein gré que toutes les choses et chacune d'elles en particulier, l'une après l'autre, déjà contenues et écrites dans sa déposition et confession, étaient vraies et conformes à la vérité ; et elle y persista en tant que dites et confessées droitement et légitimement ; sur toutes ces choses et chacune d'elles en particulier elle se soumet à la miséricorde de la sainte mère l'Église et des sieurs inquisiteur et official déjà nommés, demandant et requérant d'être tirée des prisons où elle est détenue pour ce qui précède ; et, outre cela, ajoutant à sa confession susdite, elle a dit avoir entendu les susdits prédicateurs ou maîtres prêcher que les prêtres, qui recevaient de l'argent pour célébrer des messes, étaient comparables à Judas, qui vendit Christ pour de l'argent et que ceux qui donnaient ce même argent aux dits prêtres à l'occasion des mêmes messes étaient comparables aux Juifs qui achetèrent Christ pour de l'argent.

« De même, ajoutant, elle dit et confessa, que les prédicateurs susdits, lorsqu'ils se retiraient de sa maison, lui donnaient quelquefois une certaine quantité d'aiguilles et que son mari d'autrefois, lorsqu' il vivait, leur donnait de l'argent pour leur peine.

« Interrogée sur la somme que son dit mari d'autrefois, leur donnait pour leur dite peine : elle a dit ne pas la savoir parce qu'elle ne l'a pas vu compter.

« Interrogée sur qui étaient les gens de sa dite maison qui virent les dits hommes ou prédicateurs et entendirent leurs prédications : elle a dit que c'était Françoise, fille d'elle même qui parle et Siméon Acto, mari de Françoise même.

« Interrogée si elle avait jamais été dans le lieu de Barcelonne, où elle avait entendu prêcher les dits maîtres [ou] prédicateurs : elle a dit et répondu que c'était vrai et qu'elle se souvient qu'il y a dix ans écoulés ou environ que Pierre Fournier, autrefois son mari, et elle même qui parle vinrent au dit lieu de Barcelonne pour visiter les Fabres du même lieu, parce qu'ils étaient et sont encore ses parents ; qu' ils s'arrêtèrent chez eux un ou deux jours dans leur visite et, pendant ce temps, elle même qui parle et son susdit mari d'autrefois allèrent un certain soir de la maison de Jean Fabre, où ils étaient logés, dans la maison de Monet Fabre, frère de ce même Jean, pour visiter le même Monet ;

qu'enfin, tandis qu'ils entraient dans la maison du même Monet, ils trouvèrent qu'on y prêchait en présence du dit Monet et de sa famille, et que le dit Monet, la voyant elle qui parle et son mari entrer et venir à l'improviste, fut très attristé et irrité de leur arrivée, d'eux époux, à cause des dits prédicateurs qui prêchaient là secrètement; et elle-même qui parle et son mari d'autrefois, voyant que le même Monet était ainsi irrité et mécontent à cause de leur arrivée, se retirèrent de cette maison peu de temps après.

« Interrogée sur ce que lui dirent les deux prédicateurs susdits : elle a dit : rien.

« Interrogée si les dits prédicateurs cessèrent de prêcher à cause de son arrivée et de celle de son mari : elle a dit que non.

« Interrogée si elle-même et son mari connurent depuis lors que les susdits prédicateurs étaient de leur société et de leur genre de vie, elle a dit qu'elle a connu à leurs paroles qu'ils en étaient.

« Interrogée si elle a jamais vu ailleurs les dits deux hommes, s'ils avaient prêché dans sa maison de Beauregard, elle a dit ne pouvoir s'en souvenir.

« Interrogée sur ce que disaient les prédicateurs dans leurs prédications, elle a dit ne pouvoir bien s'en souvenir, parce-qu'[elle et son mari d'autrefois] s'étaient arrêtés là peu de temps à cause du trouble du susdit Monet.

« Interrogée si les dits prédicateurs étaient allés depuis lors à la maison du susdit Jean Fabre : elle a dit que non.

« Elle ne fut pas interrogée davantage, cependant le sieur inquisiteur susnommé, — mu par la considération d'épargner des fatigues et des dépenses à la dite femme et ayant reçu antérieurement le serment qu'elle avait fait sur les saints Évangiles de Dieu de se représenter toutes les fois qu'elle serait appelée, dans le cas où il différerait sa sentence, et l'ayant menacée de la peine portée contre les hérétiques relaps, — a dit et ordonné que, jusqu'à la première délibération ou jusqu'à nouvel ordre, elle serait tirée des prisons susdites, où elle était détenue pour ce procès.

« De nouveau, la vraie année que dessus et le dimanche des Rameaux, calculé au vingt troisième du mois de mars, au lieu susdit de Beauregard et devant nous, Henri Dilère, prêtre, et Vincent Gobaud, notaires publics et scribes de ce procès, commis en cette cause par distingué et considéré homme, sieur Christophe de Saillans, docteur-ès-lois, vicaire et official de Valence, députés de vive voix et par sentence expresse ; et là, dans la maison claustrale du même lieu, — la susdite Peyronette, ayant été appelée et s'étant constituée en personne en notre présence, suivant notre commission relative à toutes les choses et à chacune d'elles en particulier dites et confessées par elle il y a quelque temps ; toutes ces choses ayant été lues auparavant, récitées et communiquées en langue vulgaire et laïque, mot pour mot, — nous avons estimé qu'elle devait être reprise et examinée de nouveau sur toutes les choses et chacune d'elles en particulier, qui avaient été parfaitement comprises par elle, comme elle a dit ; lui ayant fait prêter serment sur les saints Evangiles de Dieu et l'ayant menacée de la peine que dessus, laquelle est due, selon le droit, aux hérétiques relaps pour que la vérité soit dite. — La dite Peyronette a dit et confessé de son plein gré que toutes les choses, et chacune d'elles en particulier, déposées et confessées par elle plus haut sont vraies, conformes à la vérité, selon et de la manière qu'elles ont été écrites plus haut ; puis toutes ces choses et chacune d'elles en particulier, ayant été confessées et déposées justement et légitimement, elle a persisté et continué à demander pardon et miséricorde.

« Fait comme dessus en présence de spectable homme, sieur Guillaume Blanchard, vicaire du dit lieu : les choses ainsi faites et la dite Peyronette demeurant sous le coup du serment qu'elle a fait souvent plus haut et sous les peines indiquées ci-dessus de se représenter devant le sieur inquisiteur susnommé et le sieur official toutes les fois qu'elle serait mandée de leur part.

« Moi, notaire, soussigné, j'ai pris et recueilli le procès ou les actes précédents.

« Gobaud » (1).

Il est vraisemblable que la Peyronette fut laissée en repos par l'inquisiteur, qui dut être satisfait de ses rétractations et surtout de ses délations. Elle renonça à sa foi pour décharger, dit-elle, sa conscience, mais si elle avait été pleinement convaincue d'avoir erré en embrassant la doctrine des Vaudois, elle n'était

---

(1) P. Allix, *Some remarks upon the ecclesiastical history of the ancient churches of Piedmont;* London, 1690, p. 318-331. Le mss. lat. reproduit par Allix est à la biblioth. de Cambridge, n° 113. Un court sommaire du même est à celle de Dublin, mss. vaud., vol. IX, clas. c, tab. 1, n° 6.

nullement tenue de trahir ses anciens coreligionnaires et encore moins ses propres parents, au nombre desquels sa propre fille et son gendre. Cet acte seul ôte toute valeur morale à sa conversion, qui s'explique, non plus par l'amour de la vérité, mais par la crainte du supplice.

Il serait intéressant maintenant de savoir ce qu'advinrent les personnes qu'elle avait livrées, par ses dénonciations, à l'inquisiteur Fabre, mais les documents font complétement défaut sur ce point, comme aussi sur l'histoire des Vaudois du Valentinois jusqu'au moment où ils embrassèrent la Réforme et furent persécutés, non plus comme Vaudois, mais comme Protestants. Chorier, (1) généralement bien informé, assure que les persécutions des Vaudois cessèrent cette même année 1494 par suite de la guerre que le roi Charles VIII porta en Italie. Il n'aurait pas été prudent de laisser des mécontents sur les derrières de l'armée.

II. VAUDOIS DES ALPES DAUPHINOISES

1206-1228 (2).

INQUISITEUR INCONNU : INTERVENTION DES ARCHEVÊQUES D'AIX, ARLES ET NARBONNE.

Les Vaudois des Alpes dauphinoises et ceux de Provence et de Languedoc furent persécutés de bonne heure, c'est-à-dire vingt et un an après l'émigration des Pauvres de Lyon dans le Dauphiné, de 1206 à 1228. Les inquisiteurs procédèrent contre eux avec tant de rigueur que Raimond Audibert, archevêque d'Aix, Hugues II, archevêque d'Arles et Pierre d'Améli, archevêque de Narbonne, assemblés à Avignon à cette dernière date, durent les rappeler à la modération. « Il est venu à notre connaissance », disaient-ils dans leur lettre pastorale, « que vous avez appréhendé un si grand nombre de Vaudois que tant s'en faut qu'il fût possible de fournir aux frais de leur nourriture ; qu'on ne pourrait

---

(1) *Hist. générale de Dauphiné*, t. I, p. 494.

(2) Guy Allard, dans son *Histoire du Dauphiné* manuscrite, dit que « l'an 1187, il y eut de grandes informations contre les Vaudois de Valcluson, de Mentoulles et de Briançon ». Ce n'est pas possible, car les Pauvres de Lyon quittèrent seulement cette ville en 1184 ou 1185. Nous croyons que c'est 1287 qu'il faut dire. Voyez cette date plus loin.

pas même se procurer les pierres et la chaux qui seraient nécessaires pour leur bâtir des prisons. Nous vous conseillons de
différer un peu de tels emprisonnements jusqu'à ce que le pape
soit averti du grand nombre qui a été appréhendé et qu'il avise
à ce qu'il lui plait qu'on fasse, sinon qu'il y en eût que vous
tinssiez pour du tout impénitents et incorrigibles, ou que vous
doutassiez de leur rechute, ou qu'ils prissent la fuite ou qu'eus-
siez sujet de craindre. qu'étant en liberté il n'en vinssent à in-
fecter d'autres, car vous devez condamner telles personnes sans
délai » (1).

1243.

INSTIGATEUR DES POURSUITES: INNOCENT IV, PAPE. —
INQUISITEUR: ZOËN TENCARARI.

Quinze ans après, le pape Innocent IV, réfugié à Lyon, chargea
Zoën Tencarari, évêque d'Avignon, comme nous l'avons dit plus
haut, de surveiller les hérétiques de la province ecclésiastique
de Vienne. Il reçut la même commission pour les provinces
de Besançon, la Tarentaise, Embrun, Arles et Aix; mais ce
vicaire apostolique paraît avoir exécuté sa mission avec douceur. Le pape lui avait donné le pouvoir d'absoudre tous ceux
qui viendraient à résipiscence et manifesteraient l'intention de
rentrer dans le giron de l'église romaine (2).

1263.

INSTIGATEUR DES POURSUITES: URBAIN IV, PAPE. —
INQUISITEURS: DES FRÈRES MINEURS.

Le pape Urbain IV écrivit des lettres à certains Frères mineurs,
à qui avait été dévolue la charge d'inquisiteurs à la place des
Dominicains, jugés trop sévères même par la cour de Rome, pour
les engager à poursuivre les Vaudois, mais leurs procédures se
réduisirent à peu de chose (3).

---

(1) Math. Flaccius Illyricus, *Catalog. testium veritatis,* p. 554; Perrin, *Histoire,* p.
104, 105; Léger, *Histoire,* 2.me part., p. 2.
(2) Elie Berger. *Les registres d'Innocent IV. Introduction,* p. 49, 50.
(3) Sbaraglia, *Bullarium franciscorum,* t. I, col. 527; t. III, col. 6.

1288-1290.

Instigateur des poursuites : Nicolas IV, pape —
Inquisiteurs : Les curés des paroisses et Guillaume
de Saint Marcel.

Le nombre des Vaudois devenant inquiétant pour l'unité de
l'église romaine, dans les provinces ecclésiastiques d'Arles, d'Aix
et d'Embrun, le pape Nicolas IV (1), dans une lettre datée de
Rieti, 5 septembre 1288, jugea nécessaire de réchauffer le zèle
des inquisiteurs de la foi, établis dans ces provinces. « Nous re-
commandons à votre discernement, leur disait-il, par cet écrit
apostolique, dans l'amour de Dieu, laissant de côté la crainte
des hommes et revêtant la vertu de l'Esprit d'en Haut, de remplir le susdit office dans le territoire des limites précitées, soit
à la fois, soit séparément ou individuellement, selon que l'utilité
le requerra ». Un mois environ après, le 23 décembre de la
même année, le pape adressa aux inquisiteurs les instructions
qu'il désirait qu'ils suivissent. Il voulait que les comtes, barons,
sénéchaux et consuls exécutassent les lois que l'empereur d'Allemagne, Frédéric II, avait édictées en 1220 contre les hérétiques (2), et que particulièrement on contraignît ces derniers à
payer les amendes qui leur seraient imposées et qu'on démolît
les maisons qu'ils avaient habitées (3).

L'année suivante, le concile qui se tint à Vienne en Dauphiné
du 18 au 24 octobre 1289, ordonne dans son 10° canon que tous
les dimanches et jours fériés, les curés, au son des cloches et les
cierges éteints, excommunient et anathématisent les hérétiques et
leurs fauteurs, « afin que la perverse hérésie, qui a fait nouvelle-
ment des progrès dans ces régions, puisse être exterminée plus complètement ». Le même canon ajoute : « Nous décrétons que, dans
chaque paroisse, tant de ville que d'ailleurs, tout évêque con-
traigne, sous la foi du serment, si c'est nécessaire, un prêtre ou
deux ou trois laïques de bonne doctrine ou plusieurs, à rechercher avec soin et diligence s'ils trouveraient des hérétiques et
de leurs adhérents, fauteurs, protecteurs et recéleurs ; que, dans
le cas où ils en découvriraient, ils s'appliquent à les dénoncer

---

(1) Gauduel, dans Lombard, *Pierre Valdo*, p. 17, dit à tort Martin IV, car ce pontife
occupa le siège de Rome de 1281 à 1285.

(2) Rapportées dans Allix, *Some Remarks*, etc., p. 263-265.

(3) Langlois, *Les registres de Nicolas IV*, N.os 320, 427-434 (Paris, 1886).

en toute hâte à l'évêque, aux seigneurs et aux baillis des mêmes lieux, afin qu'ils les punissent selon les ordonnances canoniques et légales ; — que de plus ils confisquent tous les biens des hérétiques, de ceux toutefois qui doivent être emprisonnés au jugement de l'évêque, en retenant une suffisante provision ; et que ceux qui sont condamnés par l'Église, s'ils ne veulent pas renoncer à la perverse hérésie, soient dégradés: les laïques d'abord, les clercs ensuite, et livrés au bras séculier pour recevoir le châtiment qui leur est dû » (1).

Guillaume de Saint Marcel, religieux de l'ordre des Frères mineurs, fut nommé inquisiteur pour le Briançonnais l'année suivante (1290) sous le règne de Charles II, roi de Naples et comte de Provence. « Il était », dit Chorier (2), « de la maison de Saint Marcel, qui possédait la terre d'Avançon, de Vausserre, de Charence et plusieurs autres, et qui a été encore plus illustre par les grands hommes qu'elle a produits que par les grands biens. Après avoir eu de grands emplois, tant dans le palais du pape et dans les terres ecclésiastiques que dans l'Italie et la Sicile, il fut élu évêque de Nice l'an 1317. Il eut néanmoins de la douceur et ne crut pas que l'humanité fût incompatible avec sa charge ».

1315.

Inquisiteur inconnu.

En 1315, les Vaudois de la vallée de Cluson furent poursuivis. On voit dans les comptes du châtelain du pays, rendus le 6 novembre de la même année, figurer à la dépense les frais faits par les inquisiteurs, savoir un premier compte de 68 livres, 6 sols, et un second de 24 l. 9 s. (3).

1332-1340.

Instigateurs des poursuites: Jean XXII et Benoit XII, papes. — Leurs mandataires: Guigues XIII et Humbert II dauphins et autres. — Inquisiteur inconnu.

Le 23 juillet 1332, le pape Jean XXII écrivit au dauphin Guigues XIII, qui venait de visiter la Valpute (plus tard la Val-

---

(1) Charvet, *Hist. de la Sainte église de Vienne* (Lyon, 1761), p. 678, 679.

(2) *Hist. génér. de Dauph.*, t. II, p. 391.

(3) *Arch. de Fenestrelles*, dans Muston, *L'Israël des Alpes*, t. III, p. 341.

louise), toute peuplée de Vaudois, de purger ses terres de ces hommes dangereux ; mais ce prince, étant mort l'année suivante, ne put donner suite à la sollicitation du pape. Benoit XII, successeur de Jean XXII, reprit en 1335 les plans de son prédécesseur et écrivit diverses lettres au dauphin Humbert II, à Aimar V de Poitiers, duc du Valentinois, à Adhémar de La Voulte, évêque de Valence, et aux inquisiteurs du Dauphiné, de poursuivre les Vaudois. Humbert II seul obtempéra à la demande du pape. Il ordonna aux baillis, juges et procureurs de l'Embrunais de poursuivre vigoureusement les Vaudois. Mais ceux-ci s'enfuirent à l'approche de leurs persécuteurs et se réfugièrent dans les montagnes du massif du Pelvoux, où on ne put les atteindre. On lit dans un compte de dépenses présenté par Guigues Borelli, bailli d'Embrun, qu'une chevauchée, destinée à une expédition en Bourgogne, fut contremandée et dirigée vers les vallées de l'Embrunais pour contraindre les Vaudois à abjurer sous peine du feu. On lui alloua 8 sols et 11 deniers pour sa dépense (1).

Après divers retards l'inquisiteur de l'Embrunais se transporta à la Valpute. C'était le 26 octobre 1338. Il y retourna le 7 novembre de l'année suivante, prononça des condamnations contre les hérétiques et confisqua leurs biens. Le châtelain Bertrand Gilli fit vendre ceux-ci aux enchères, toucha les deniers qui en provinrent, soit 200 florins, et en tint compte à la princesse d'Orange, cessionnaire des droits de la Châtellenie. Celle-ci était la veuve de Raymond III de Baux, prince d'Orange. Un certain Jean Dydelin fut chargé, en qualité de bourreau, de l'exécution des arrêts prononcés par l'inquisiteur, notamment de faire exhumer les Vaudois morts dans l'hérésie pour les brûler publiquement. Un de ces autodafés eut lieu le 15 novembre 1339. Le bourreau toucha pour sa peine 5 sols ou gros.

Quelques Vaudois du Queyras furent aussi arrêtés et enfermés dans le château de Briançon. Guigues Leuczon, châtelain du Queyras, paya 21 sols pour la dépense. Un nommé Rifle de la Valpute et sa femme furent condamnés à une amende ; mais, ayant abjuré, ils sollicitèrent de l'archevêque d'Embrun la remise de celle-ci, qui fut réduite à 66 sols, 8 deniers. Avec cette persécution concorde la fondation d'une châtellenie dans l'église cathédrale d'Embrun par l'archevêque Bertrand de Deux (1338).

----

(1) Raynald, *Annal. eccles.* année 1335 ; Valbonais, *Hist. du Dauph.*, t. 1, p. 326 ; Gauduel dans Lombard, *Pierre Valdo*, p. 17 , 18 ; Pilot de Thorey, *Usages... du Dauph.*, p. 386.

Il est dit dans l'acte d'institution que les chanoines, délégués pour l'inquisition de la foi, seraient considérés comme présents aux offices et qu'ils prendraient part aux distributions. Les poursuites à cette époque dataient d'au moins quatre ans: ce qui nous reporterait pour leurs débuts à l'année 1334 ou 1335, qui correspond à l'époque des lettres reçues par Humbert II et mentionnées plus haut (1).

1344-1345.

Instigateurs des poursuites: L'archevêque d'Embrun et Humbert II, dauphin. — Inquisiteur: Ruffin.

En 1344 l'archevêque d'Embrun, nommé Pasteur [d'Aubenas, ramena dans le giron de l'église romaine quelques Vaudois, dont la conversion ne fut pas sincère, car peu d'années après, en 1353, on les recherchait comme relaps (2). L'année suivante, Humbert II, qui avait besoin d'argent, imagina une combinaison pour s'en procurer. Le 22 mars 1345, il écrivit à Ruffin, de l'ordre des Frères prêcheurs et inquisiteur public de la foi en Lombardie, qu'il l'autorisait à purger complètement ses Etats de l'hérésie et lui offrait pour ses gages 60 florins d'or par an, plus 15 gros d'argent par jour pour ses frais de notaire, de domestiques et de vêtements, se réservant pour lui le produit des confiscations. Peu après, il adressa des lettres à tous ses officiers du Dauphiné pour leur enjoindre de prêter main forte à l'inquisiteur et de jeter en prison tous ceux qu'ils soupçonneraient d'hérésie (3). Nous ne savons si l'inquisiteur accepta ce honteux marché et quelles en furent les suites. Il est certain toutefois que les Vaudois de la vallée de Pragela furent poursuivis, car, dans les comptes du châtelain delphinal de l'année 1345, on lit plusieurs articles de recettes et de dépenses résultant des poursuites, on mentionne en particulier celle d'une nommée Simonde Challier qui fut brûlée vive (4).

---

(1) Pilot de Thorey, *Usages... du Dauphiné*, p. 386.

(2) Fornier, *Hist. génér. des Alpes Maritimes*, t. II, p. 241.

(3) *Arch. de l'Isère*, B, 3244, fol 44.

(4) *Arch. de Fenestrelles* dans Muston, *L'Israël des Alpes*, t. III, p. 341, 342.

1347-1348.

INSTIGATEURS DES POURSUITES: ORLAND RODOLPHE ET
CLÉMENT VI, PAPE. — MANDATAIRE: HUMBERT II,
DAUPHIN. — INQUISITEUR: PIERRE DE PIERRE.

Le 21 novembre 1347, à Quirieu, Canton de Morestol (Isère),
un hérétique du nom de Vicard, fut, sur la réquisition d'Orland
Rodolphe, procureur, condamné par Pierre de Pierre, juge de
La Tour du Pin, à être brûlé vif. Cette exécution est confirmée
par un compte de 1351 prétenté par François de Saint Germain,
châtelain de Quirieu (1).

Cependant le pape Clément VI, qui résidait à Avignon, «trouvant, dit Gauduel (2), que les baillis du Dauphiné ne poursui-
vaient pas encore assez énergiquement les Vaudois, profita de la
présence momentanée de Humbert à Avignon, pour obtenir des
prescriptions plus sévères contre les hérétiques. Humbert, timoré,
dévot et désireux d'être agréable au pape», adressa à ses agents
du Haut Dauphiné la lettre suivante: «Humbert, dauphin de
Viennois, à nos chers et fidèles baillis, juges, procureurs et autres officiers de l'Embrunais et du Briançonnais, auxquels les
présentes parviendront ou à leurs substituts, salut. Nous mandons et ordonnons expressément à vous et à tous les vôtres, que,
toutes les fois que vous en serez requis par l'archevêque d'Embrun, notre vénéré père en Christ par la grâce de Dieu, ou par
ses officiers, vous les assistiez de votre appui, de vos directions
et de votre aide, avec toute la diligence, l'efficacité et la solli-
citude que vous pourrez, contre les Vaudois et hérétiques, quels
qu'ils soient, à telle fin que la foi orthodoxe prenne de l'accrois-
sement et que la perverse hérésie soit écrasée et que, comme il
se doit, justice soit faite de ces mêmes Vaudois et hérétiques.
Donné à Villeneuve sous notre sceau personnel, en l'absence
de notre chancelier, le 2 du mois de janvier 1348 de la nativité
de notre Seigneur» (3).

Nonobstant cette lettre pressante, nous ne connaissons que le
fait de persécution suivant: Un Vaudois, nommé Chabert, de la
vallée de Luserne en Piémont, avait acheté du dauphin Jean,
qui régna de l'an 1307 à l'an 1318, une belle maison dans la

---

(1) Gauduel dans Lombard, *Pierre Valdo*, p. 19.

(2) *Ibidem*, p. 20.

(3) Valbonnais, *Hist. de Dauphiné*, t. II, p. 570.

Vallouise, « dont il avait fait cadeau, dit Muston (1), aux frères [Vaudois] de ce pays pour qu'ils y pussent tenir dignement
leurs assemblées religieuses... L'archevêque d'Embrun la fit détruire en 1348 en excommuniant d'avance quiconque tenterait
de la rebâtir ; et douze malheureux Vaudois, qui furent saisis à
cette occasion, durent subir toutes les tortures de la superstition
et de la cruauté. Conduits à Embrun, en face de la cathédrale,
au milieu d'un grand concours de peuple, entourés de moines
fanatiques, revêtus d'une robe jaune, sur laquelle étaient peintes
en rouge des flammes symboliques de celles de l'enfer, auxquelles
on les croyait voués, on prononça anathème sur eux, on leur
mit les pieds nus, on leur passa une corde autour du cou ; puis,
au bruit des clloches qui sonnaient des glas funèbres, le clergé
catholique entonna un chant d'exécration et de mort. Les pauvres captifs furent alors menés, les uns après les autres, sur
un bûcher, entouré de bourreaux ».

1352-1357.

INSTIGATEUR DE L'INQUISITION : CLÉMENT VI, PAPE. —
MANDATAIRES : CHARLES, DAUPHIN, ET AUTRES. —
INQUISITEURS : PIERRE DE MONTS ET AUTRES.

Il paraît que la lettre de Humbert II, que nous venons de
transcrire, ne fut pas suivie d'effet partout, car le pape Clément
VI, ordonna d'Avignon à Guillaume, archevêque d'Embrun et à
Pierre de Monts, Frère mineur, inquisiteur de l'Embrunais et des
provinces voisines, de purger le pays de l'hérésie et, le 7 mars
1352, à tous les évêques, abbés et ecclésiastiques, seigneurs, juges
et communautés, de seconder ce dernier de tout leur pouvoir.
Il adressa des lettres semblables au dauphin Charles, fils de Jean
II, roi de France (2), à Jeanne I, reine de Naples et comtesse
de Provence et à son mari, Louis de Tarente. Le Dauphin ordonna de son côté aux baillis, juges et procureurs, de prêter
main forte à l'archevêque d'Embrun. L'inquisiteur Pierre de
Monts, qui reçut sa commission de ce haut dignitaire le 6 octobre
1353, avait pour le seconder Jean Guillermin, licencié en droit
canon et vicaire de l'archevêque, François de Rame, Reynaud de
Morges, châtelain de Briançon, Beaudoin de Bardonnèche, Lom-

---

(1) *L'Israël des Alpes*, t. I, p. 53-56.
(2) Le Dauphiné avait été incorporé au royaume en 1249.

bard Bertrand, Jason de Laval, Albertiñ Baile, François Mottet, François Chaix et quelques autres. Ils firent comparaître en octobre, même année, sept Vaudois qu'ils renvoyèrent absous moyennant la pénitence d'usage. Par contre, douze Vaudois, reconnus coupables d'hérésie, mais déjà morts, furent déterrés, brûlés, leurs cendres jetées au vent et leurs biens confisqués. Dans la Vallouise, vingt-un Vaudois fugitifs, déclarés hérétiques, furent livrés au bras séculier pour être recherchés. A Champcela et à Largentière, dix-huit autres Vaudois firent leur abjuration. Le 17 mai de l'année suivante (1354), quatre Vaudois décédés et deux Vaudoises relapses, détenues dans la tour Brune d'Embrun, furent livrés au bras séculier, c'est-à-dire brûlés et leurs biens confisqués. Dans le Queyras, on ne trouva que deux Vaudois hérétiques. A Largentière, Réotier et Freissinières, dix-sept abjurèrent, et firent leur soumission à l'Église (1). Le 18 octobre suivant, on rasa les maisons vaudoises où s'étaient tenues les assemblées religieuses. En 1357, l'inquisiteur de Monts rendit encore d'autres sentences, dont le détail n'est pas connu. Ces faits ne s'accordent pas avec la peinture que nous fait Albert (2), de la douceur apostolique de l'archevêque d'Embrun, qui, dit-il, « allait chercher ces brebis égarées dans les endroits les plus reculés ».

La pénitence infligée aux Vaudois qui abjuraient « était, dit Fornier, de porter une croix de drap jaune au devant de la poitrine, fussent-ils hommes ou femmes, de la longueur de deux palmes et d'une en sa largeur, et une autre au derrière du dos, entre les deux épaules ; quelques-uns par l'espace de quatorze ans, les autres de moins, et 30 sols d'amende, et d'un pélerinage à chaque année à notre Dame, dite du Réal, à Embrun, et à l'église des Pères cordeliers de la même cité ; avec l'obligation d'offrir à chacune de ces églises un cierge d'un quarteron, et de retirer l'attestation de leur acquit, tant du curé de Saint-Marcellin d'Embrun que du gardien des Frères mineurs ; et de se confesser trois fois l'année et deux fois communier, et puis de jeûner une année entière en viandes de carême. En outre parce que les habits s'usaient et qu'il fallait les changer, de remettre

---

(1) Peut-être faut-il confondre ces dix-sept Vaudois avec les dix-huit cités un peu plus haut.

(2) *Hist. ecclésiastique... du diocèse d'Embrun*, t. II.

les croix sur les neufs à la façon qu'elles avaient été sur les
vieux » (1).

1365.

INQUISITEUR : FRANÇOIS BORELLI.

Onze ans après, en 1365, les poursuites contre les Vaudois
furent dirigées par un inquisiteur nommé François, (vraisemblablement François Borelli, dont il est parlé ci-après), qui eut pour
greffier le notaire Pierre Alphand. Guillaume Henri, juge de Briançon, fut chargé de procéder à l'inventaire des biens qui seraient
confisqués sur les Vaudois condamnés au feu. Les soldats em-
ployés à la recherche, à l'arrestation et au supplice des Vaudois,
étaient Guillaume Audrin, Falque Bouchard, Guigues Giraud,
Robert et autres, dont les noms ne sont pas parvenus jusqu'à
nous.

Au mois de mars, l'inquisiteur envoya dans les lieux inaccessibles des montagnes, qui dominaient la Vallouise, où les Vaudois
s'étaient réfugiés, une première fois 55 hommes et une seconde
fois 53, pour se saisir de ces malheureux. La dépense fut de 27
sols. La troupe put arrêter un certain nombre d'entre eux. Les
suivants furent brûlés vifs: Guillaume Pelat, Guillaume Bérard,
Rudan et sa mère, Guillaume Long et sa femme, Jean Long de
Saint Martin de Queyrrières, Guillaume Roman des Arnauds,
Martin Chabral, Jean Violin dit Gros, Martin Gabrel, Bartholomée, femme de Pierre Juven, Guillaumette, femme de Jean Long,
Jourdaine, fille de Pierre Hugon, Jeanne, femme d'Etienne Jourdan, Etienne Bonard le Vieux (ou Bernard), Aloysia, femme de
Jean Hugon.

Guillaume Pelat avait une vache et un veau qui furent vendus
à Barthélemy Alphand; Guillaume Long, une vache, achetée par
Guillaume Breton; Guillaume Roman, deux vaches, vendues à

---

(1) Raynald, *Annal. ecclesiast.*, année 1352, n.º 20; Charronnet, *Les guerres de religion*,
p. 2; Pilot de Thorey, *Usages*, p. 386; Guy Allard, *Hist. du Dauph.* manuscrite; Fornier,
Hist. génér. des Alpes marit., t. II, p. 211-214. — Ce dernier auteur parle d'un autre inquisiteur de l'ordre des Frères mineurs et du nom de Guillaume Puy, natif de Pernes, qui
aurait été donné comme coadjuteur à l'archevêque d'Embrun, Guillaume des Bordes, par
le pape Innocent IV, élu le 18 décembre 1352, et par l'empereur d'Allemagne Charles IV ;
mais son récit, comme à l'ordinaire, est si confus qu'il est difficile de dire les mois de
l'année 1353 pendant lesquels Puy exerça ses fonctions, d'autant mieux que de Monts avait
été nommé avant lui et qu'il instrumenta encore après lui. Quoi qu'il en soit, Fornier dit
que, par ses soins, « cent cinquante hommes, plusieurs femmes, quantité de leurs fils et
de leurs filles d'un age mûr » furent ramenés à l'Eglise.

Barthélemy Hugon du Puy Saint Romain, et des habits en drap blanc achetés par Jean Chabrel; Martin Chabrel, deux florins trouvés dans son escarselle et confisqués; Bartholomée, des vignes, également confisquées et vendues. La récolte de raisins, mise en cuve par Hugues Perrin dans la propre maison de la victime, fut répandue par des Vaudois fugitifs, qui mirent en outre le feu à la dite maison pour en priver les spoliateurs.

D'autres Vaudois, fugitifs sans doute, eurent leurs biens confisqués. Ce furent Jean Granet et sa femme de Puy Aillaud. Leurs trois vaches, avec deux veaux, furent vendus 10 florins.

D'autre part, Jean Blanchard, syndic du Val des Prés et de Montjean, fut condamné à payer une amende de 5 florins pour avoir facilité l'évasion des hérétiques de ces quartiers, condamnés à être brûlés vifs.

Quelques autres Vaudois, hommes et femmes, conduits devant l'inquisiteur à Briançon, furent mis en liberté après une détention plus ou moins longue et une enquête suivie d'un interrogatoire. Il est vraisemblable que ces malheureux abjurèrent pour éviter le supplice.

L'inquisiteur fit rendre à la liberté, pour le même motif sans doute, à Jeanne, femme de Jacob Amfès, et à Emerarde, femme de Hugues Sandiac, et quelques autres, mais après enquête et interrogatoire.

Les ossements des Vaudois morts dans l'hérésie furent déterrés et brûlés publiquement sur l'ordre de l'inquisiteur. La dépense s'éleva une première fois à 11 florins 11 gros et, une seconde fois, à 37 sols 11 deniers.

Tous ces détails navrants sont tirés du compte financier présenté en 1366 par François Chay, châtelain de Valcluson, Vallouise et Saint Martin de Queyrières. Dans un autre compte de la même année 1366, présenté à la cour des comptes de Grenoble par Costandet de Bardonnenche, administrateur de la châtellenie de ce nom, il est parlé de deux hommes venant de Turin et soupçonnés d'hérésie, qui furent emprisonnés longtemps dans le château de Bardonnenche. Ils ressortissaient à la juridiction de l'inquisiteur de Turin, mais ce dernier étant négligent et disposé à l'indulgence, ils furent conduits par deux hommes et deux cavaliers au château de Montbonnot près Grenoble, où se trouvait pour lors l'inquisiteur du Dauphiné qui les jugea. Les dépenses occasionnées par l'emprisonnement et le transfert des prisonniers, qui prirent 400 jours, s'élevèrent à 6 florins.

Cette première persécution de François Borelli fut, on le voit,
très meurtrière. Chorier, qui la raconte sans en connaître la
date précise, dit que « le pape pria le roi, le comte de Savoie,
tous les prélats, le gouverneur du Dauphiné et le conseil delphinal, de protéger l'inquisition, à la tête de laquelle il mit l'évêque de Masse [en Italie] pour la mettre en plus de considération
par sa qualité ». Il ajoute qu'ils « firent un si grand nombre de
prisonniers que, les prisons en étant remplies, il fallut recourir
aux charités du peuple pour les y faire subsister. Le pape ex-
horta le gouvernement du Dauphiné, le conseil delphinal et généralement tous les fidèles de s'intéresser à ce soin ». (1).

1372-1375.

Instigateurs des poursuites: Grégoire XI, pape. — Mandataires: l'Archevêque d'Embrun et autres.

Le pape Grégoire XI se montra encore plus ardent que ses
prédécesseurs à persécuter les Vaudois du Dauphiné. Ceux-ci s'é-
taient considérablement accrus dans les Alpes, soit par l'augmen-
tation normale de la population, soit par l'immigration de leurs
frères d'au-delà des Alpes qui fuyaient la persécution. Le clergé,
par suite, n'osait, ni les poursuivre à cause de leur nombre, ni
seconder les inquisiteurs officiels, et le pouvoir séculier lui-même
commençait de s'opposer aux procèdures. Le pape, qui s'en plai-
gnit vivement au roi Charles VI, créa des tribunaux ecclésiastiques spéciaux pour juger les hérétiques et écrivit des lettres
pressantes, en 1372, à Pierre Ameil, archevêque d'Embrun; Louis
I de Villars, évêque de Valence; Charles de Bouville, gouverneur
du Dauphiné, et Amédée VI, comte de Savoie, pour qu'ils secon-
dassent de tout leur pouvoir les inquisiteurs de la foi (2). Il
voulait aussi que l'on établît trois prisons spéciales pour incarcérer les Vaudois: une à Embrun, l'autre à Vienne, la troisième
à Avignon. En même temps, « il promit, [en 1376], dit Pilot de
Thorey (3), aux Frères mineurs de fonder un couvent de leur
ordre dans la vallée de Valpute et dans tel autre lieu que Pierre
Amélie, alors archevêque d'Embrun, jugerait plus convenable,
afin d'y travailler à l'extirpation de l'hérésie dans cette vallée

(1) Chorier, *Hist. génér. de Dauph.*, t. II, p. 391; Gauduel dans Lombard, *Pierre
Valdo*, p. 23-27.

(2) Raynald, *Annal ecclesiastici*, année 1372, N° 34.

(3) *Usages*, p. 387.

·et dans celle de Valcluson. Ces religieux ne s'installèrent ni à Valcluson ni à la Valpute: ils se fixèrent à Briançon, [où on leur avait octroyé deux maisons], et Clément VII (1), la dixième année de son pontificat [en 1388], les autorisa à y établir un couvent, toujours, est-il dit dans la bulle délivrée à cet effet, pour travailler à l'extirpation de l'hérésie. En 1388 et 1389, Enguérand d'Eudin, gouverneur du Dauphiné, informait par ordre exprès les officiers delphinaux de Briançon que le roi avait autorisé la fondation de ce ministère des Frères mineurs dans cette ville... pour l'extirpation de l'hérésie des Vaudois qui, depuis longtemps infectaient cette contrée. Les lettres du gouverneur ajoutaient que Sa Majesté avait mis les dits religieux sous sa sauvegarde, et qu'il recommandait aux officiers delphinaux de les assister. »

Mais revenons à Grégoire XI. Il écrivit de nouveau en 1375 à Pierre Ameil, archevêque d'Embrun, puis à Pierre de Cross, archevêque d'Arles et à Humbert II de Monchenu, archevêque de Vienne. « Nous avons appris, leur disait-il, qu'une multitude d'hérétiques demeurent dans vos provinces, depuis fort longtemps. Vous avez négligé, vous et vos prédécesseurs, d'exercer votre ministère contre eux; de là vient que des hérésies exécrables se sont multipliées et que le nombre des hérétiques, ô douleur! s'est accru. »(2)

1380-1393.

INSTIGATEUR DES POURSUITES: GRÉGOIRE XI, PAPE. — INQUISITEUR: FRANÇOIS BORELLI. NOMBREUSES VICTIMES.

Nonobstant les objurgations de Grégoire XI, on ne trouve des traces de persécution que trois ans plus tard, en 1380, alors qu'un pape schismatique, Clément VII, avait été nommé à Avignon, comme on l'a dit, et que le pouvoir suprême de l'Eglise, en se rapprochant du foyer de l'hérésie, sentait davantage la nécesité de l'éteindre. La persécution fut « mue, dit Perrin (3), par un certain moine inquisiteur de l'ordre des Frères mineurs, nommé François Borelli [natif de Gap], ayant commission en l'année mil

---

(1) C'est le premier pape schismatique d'Avignon. Il fut élu le 21 septembre 1378.

(2) Raynald, *Annal. ecclesiast.*, année 1375. N.° 25.

(3) *Histoire*, p. 113, 114.

trois cent huitante (1), pour faire enquête et informer touchant
la secte des Vaudois, ès diocèses d'Aix, d'Arles, Embrun, Vienne,
Genève, Aubonne, Savoie, Comtat Venaissin, Diois, Forez, prin-
cipauté d'Orange, cité d'Avignon et Salon, ainsi que portait sa
bulle (2), eue de Clément septième, lequel lors présidait en Avignon. A cause de la proximité de son siège, il voulut repurger
le Dauphiné de ceux qui le tenaient pour Antechrist. Pour cet
effet, il commanda aux évêques du Dauphiné, Provence et d'ailleurs, où s'étendait son pouvoir..., leur enjoignant de veiller
en sorte sur leurs troupeaux qu'il n'y habitât aucun de la secte
des Vaudois.

« Ce moine [secondé par Jean du Rif, juge à Briançon], cita
à comparaître devant soi à Embrun tous les habitants de Freissinières, Largentière et Valpute, à peine d'excommunication. Ils
ne parurent point ni aucun pour eux et partant condamnés par
contumace et réagravés enfin ». Craignant le plus triste sort,
plusieurs d'entre eux prirent le sage parti de la fuite. Borelli,
après dix mois d'attente, les condamna comme hérétiques et livra
au bras séculier 108 Vaudois de Valpute, 32 de Largentière, et
29 de Freissinières. Dans la sentence de condamnation qu'il rendit, sur le conseil et avec l'assentiment de Pierre de La Hugone-
rie, official de l'archevêque d'Embrun, nommé Michel de Stephani
(ou de Périllon), et qu'il prononça solemnellement dans la cathé-
prale d'Embrun le 1er juillet 1380, il demandait que les juges séculiers châtiassent ces 169 contumaces, mais sans aller jusqu'à
les condamner au dernier supplice ou à la mutilation de leurs
membres. Quant aux Vaudois, qui avaient quitté leurs maisons
et pris la fuite, Borelli se borna à les déclarer hérétiques (3).

Les juges séculiers, en vertu de la sentence de l'inquisiteur,
condamnèrent au feu tous les Vaudois dont ils purent se saisir.
Les noms de quelques-uns de ces martyrs sont venus jusqu'à
nous. Nous considérons comme un soin pieux de les mentionner.

(1) D'après les *Archives de l'Isère* (B, 3271, fol. 24), les pouvoirs accordés à Borelli
sont datés d'Avignon le 14 août 1376 et vérifiés par le Conseil delphinal le 8 décembre
suivant. Comme Perrin paraît avoir eu la commission de 1380 sous les yeux, on peut
croire que Borelli reçut deux pouvoirs: l'un du pape Grégoire XI, l'autre de l'antipape Clément VII. — Fornier *(Hist. gén. des Alpes maritimes, t. II, p. 247)* place à tort la persécution de Borelli en l'an 1373 environ.

(2) Conservée à cette époque (1619) dans les archives de la cour des comptes de Grenoble.

(3) Sa sentence est aux *Arch. de l'Isère*, B, 2992, fol. 272-287, et reproduite en grande
partie par M. Jul. Chevalier, *Mémoire* cité, p. 129-131.

Jean Ucrisson et Marguerite, femme de Tournat, de la Valpute et de Puy Saint Romain, et Berthe Bonadel, furent brûlés vifs sous la roche d'Embrun. Ils avaient été détenus quarante jours dans la prison du palais archiépiscopal. La femme Guillette, veuve de Jacob Tronne, qui fournit le bois pour le bûcher, reçut 3 florins le 10 février 1382.

Alfande, fille de Hugon Alfand, emprisonnée pendant 60 jours, Jean Dragonet pendant 252 jours, et Jeanne, femme d'Etienne, seigneur du Puy Saint-Romain, pendant 30 jours, furent brûlés dans la Valpute et leurs biens confisqués au profit du Dauphin. Leur détention coûta 136 florins.

Le nom de ceux qui commandèrent les expéditions chargées d'arrêter les Vaudois a été également conservé. C'est d'abord le capitaine Girard Burgarion, qui avait sous ses ordres 22 aventuriers et qui toucha, le 27 novembre 1382, 25 florins pour ses dépenses et ses peines ; puis Pierre Robin, châtelain d'Embrun, qui commandait à 4 cavaliers et eut 30 florins pour salaire (1).

Comme on pouvait s'y attendre, tous les Vaudois prisonniers n'eurent pas le courage d'affronter le dernier supplice et plusieurs abjurèrent. Ils purent rentrer dès lors dans la possession de leurs biens, « moyennant, dit Guy Allard (2), une certaine somme chacun, dont il fut fait un rôle le 18 décembre 1385, où sont leurs noms et les vacations du Frère mineur, qui avait travaillé à leur conversion ».

Les poursuites de Borelli embrassèrent l'espace de 12 ou 13 ans, « durant lesquels, dit Perrin (3), il en faisait toujours attraper quelqu'un. Il en livra par sentence au bras séculier pour être brûlés à Grenoble, savoir, de la Valpute, Guillaume Marie du Villar, Pierre Long (ailleurs Chassan), Jean Long (ailleurs Truchi), Albert Vincens, Jeanne, femme d'Etienne Vincens, et plusieurs autres, savoir jusqu'au nombre de cent cinquante hommes(4), plusieurs femmes et quantité de leurs filles et de leurs fils, avancés en âge, desquels nous n'avons inséré les noms pour n'ennuyer le

---

(1) Gauduel dans Lombard, *Pierre Valdo*, p. 27-29.

(2) *Recherches sur le Dauphiné* manuscrites, t. III.

(3) *Histoire*, p. 114. Voy. aussi Chorier, t. II, p. 391 ; Guy Allard, *La vie de Jean Rabot*, dans Gariel, *Delphinalia*, N.º 2, p. 33.

(4) Chorier, *Hist. gén. de Dauph.* (t. II, p. 501), qui suit Perrin, dit que ces Vaudois furent brûlés vifs « une seule fois jusques à 150 dans la ville de Grenoble ». Perrin parle il est vrai, de 150 Vaudois livrés au bras séculier pour être brûlés à Grenoble; mais i ressort du contexte que ces 150 Vaudois ne furent pas tous arrêtés.

lecteur; de la Vallée de Largentière et de Freissinières, Astrue Bérarde, Agnesonne, femme de Jean Brasson, Barthélemie, femme de Jean Porte, et autres de tout sexe, jusqu'au nombre de huitante, tous lesquels furent condamnés à être livrés au bras séculier, tellement que, lorsque quelqu'un d'eux était appréhendé, il était promptement conduit à Grenoble et là, sans autre figure de procès, brûlé vif » (1).

« Cette dernière sentence, continue Perrin (2), fut prononcée à Embrun dans l'église cathédrale [le 22 mai de] l'an mil trois cent nonante trois, au grand profit des moines inquisiteurs, qui s'adjugèrent les deux parties des biens des dix condamnés et le reste aux seigneurs temporels, avec inhibition aux voisins des dits lieux de leur assister en façon quelconque, les retirer, visiter, défendre, donner à manger ni à boire à aucun d'eux, ni participer avec eux en manière que ce fût, leur donner faveur, conseil ni aide, à peine d'être atteints et convaincus d'être fauteurs d'hérétiques; les ayant déclarés indignes de tout offices et charges publiques ou conseils; défendant de se servir d'aucun d'eux en témoignage, les jugeant inhabiles de tester ni succéder à aucun héritage, et, s'ils étaient juges, que leurs sentences fussent de nulle valeur, et qu'aucunes causes ne fussent appelées par devant iceux; si avocats, que leur défense ne fût point reçue; si notaires, que leurs instruments fussent nuls, cassés et biffés; si prêtres, qu'ils fussent privés de tout offices et bénéfices, avec inhibition à tout ecclésiastiques de leur départir les sacrements, et, en cas de mort, leur donner sépulture, ni recevoir d'eux aucune aumône ni oblations, à peine de déposition de leurs charges et privation de leurs bénéfices. »

« Ce moine se réserva par la dite de revoir les procès d'une douzaine, qu'il nomma en icelle. C'étaient volontiers ceux qu'il voulait faire passer par la porte dorée, car ès procès, qui nous sont tombés en main, il y en a plusieurs qui se plaignent de n'a-

---

(1). Fornier (t. II, p. 260) prend vivement à partie Perrin, qu'il couvre du reste de grossières injures dans tout le cours de son *Histoire*, parce qu'il dit que les Vaudois furent brûlés vifs à Grenoble « sans autre figure de procès, » quand Borelli lui-même déclare qu'il s'est presque tué à lire les dits procès à cause de leur longueur. Mais Perrin ne conteste pas l'existence de ceux-ci, il veut évidemment dire que les Vaudois furent brûlés à Grenoble sans être de nouveau interrogés et jugés dans cette ville, comme il l'aurait fallu en bonne règle. D'autre part, Fornier nie tout ce que raconte Perrin de la persécution de Borelli, quoiqu'elle soit attestée, comme on l'a vu, par des documents contemporains et, plus tard, par Crespin, *Hist. des martyrs*, édit. de 1619, fol. 601.

(2). *Histoire*, p. 114.

voir été enlacés ès filets des inquisiteurs que pour avoir leur bien, étant notoire qu'ils n'avaient jamais eu connaissance de la croyance des Vaudois ».

1403.

MISSION PACIFIQUE DE VINCENT FERRIER.

La longue et sanglante persécution de Borelli fut suivie de la mission toute pacifique du dominicain espagnol Vincent Ferrier (ou Ferrer). Cet homme de mœurs irréprochables et d'un caractère apostolique, qui contrastaient avec ceux de son siècle, fut canonisé après sa mort. Laissant de côté les voies de la violence, qui n'étaient pas dans son caractère, non plus sans doute que dans ses idées, il recourut comme Jésus Christ et ses apôtres aux seules armes de la douceur et de la persuasion. Il avait visité deux ou trois fois les Vallées vaudoises du Dauphiné avant l'année 1403 et, venant cette fois de Sisteron, il y passa trois mois de cette même année. Le curé Albert (1) raconte, d'après l'historien Benoist (2), qu'il se faisait accompagner d'une troupe de religieux, afin que les peuples, « témoins des pénitences qu'ils pratiquaient, se laissassent plus aisément gagner et revinssent à leur devoir. Le dessein de saint Vincent Ferrier, continuait-il, eut le succès le plus heureux. Dès que ces peuples l'eurent vu arriver dans leur pays, ils se hâtèrent d'aller entendre ses instructions. Il ne fallut que quelques jours pour toucher le cœur de plusieurs et les convertir et, ayant abandonné leur férocité et renoncé à leurs criminelles erreurs, ils firent profession de la religion chrétienne. Le nombre des Vaudois devint moindre dans cette paroisse [de la Valpute]; il n'en resta qu'une trentaine de familles qui donnèrent cependant encore bien de la peine et de l'embarras. »

Ce récit, rempli d'exagération, ne s'accorde pas avec celui de Vincent Ferrier lui-même, qui dit modestement dans une lettre qu'il écrivit de Genève, le 17 décembre 1403, au général des Dominicains, pour lui rendre compte de ses travaux missionnaires au Dauphiné: « Vous saurez donc, mon révérend père, qu'après avoir quitté Romans et m'être séparé de vous la dernière fois, j'ai parcouru pendant trois mois entier le Dauphiné, prêchant

(1) *Hist. géographique... du diocèse d'Embrun*, t. I, p. 60...

(2) *Hist. des Albigeois et des Vaudois ou Barbets;* Paris, 1691, 2 t. in 8°. — Benoit raconte à son tour ce qu'avait déjà dit Ranzano, le biographe de Ferrier. Voy. plus loin.

durant ma tournée le royaume de Dieu dans les villes et les villages où je n'avais pas encore prêché. J'ai surtout visité ces trois fameuses vallées, habitées par les hérétiques dans le diocèse d'Embrun. L'une est appelée Freissinières (1), l'autre Argentière et la troisième Valpute. Déjà je les avais visitées deux ou trois fois et, par la grâce de Dieu, elles avaient reçu avec beaucoup de dévotion et de respect la doctrine de la vérité catholique; mais, pour les confirmer dans la foi, j'ai voulu les visiter de nouveau... J'ai remarqué que la principale cause des erreurs et des hérésies était le manque de prédications. C'est ainsi que je l'ai appris par les habitants eux-mêmes. Personne depuis trente ans ne leur avait prêché si ce n'est des hérétiques vaudois, qui habituellement venaient d'Apulia chez eux deux fois par an. Je considère d'après cela, révérendissime maître, combien grande est la faute des prélats et des autres qui, par leurs charges et leurs professions, doivent prêcher à ces peuples et qui veulent plutôt dans les grandes villes se reposer en de belles chambres, entourés d'amusements. Cependant les âmes que Jésus-Christ a voulu sauver par sa mort périssent, parce qu'elles n'ont point de prêtres. Il n'y a personne pour rompre le pain à ces enfants; la moisson est abondante, les ouvriers sont rares. Je prie donc le maître de la moisson d'envoyer dans son champ de nombreux ouvriers... »(2).

La mission de Vincent Ferrier échoua, aussi bien que celle des inquisiteurs, parce que la charité et les mœurs pures d'un missionnaire ne suffisent pas pour détruire des doctrines religieuses fortement enracinées. Dieu seul peut opérer ce prodige par sa Parole et Vincent Ferrier n'apporta aux Vaudois que la parole de son église. Les doctrines des Vaudois, quoiqu'elles renfermassent des lacunes et même des erreurs, notamment sur le point important de la justification et du salut, se rapprochaient plus de l'Ecriture Sainte que celles qui leur furent prêchées par le pieux missionnaire. Comment, du reste, eussent-ils pu faire abstraction des poursuites par le fer et par le feu dont ils étaient les objets depuis deux siècles et rentrer de plein gré et joyeusement dans le sein d'une Église, qui employait à leur égard des moyens de persuasion si contraires à la lettre et à l'esprit de l'Evangile? Il y avait là une impossibilité morale, que l'église

---

(1) *Fluxerna*, que M. Jul. Chevalier traduit à tort par *Luserne*, qui est en Piémont.

(2) P. Ranzano, *Vita Sancti Vincentii Ferrerii*, dans Henschen et Papebroche, *Acta sanctorum;* Antverpio, 1675, *Aprilis*, t. I, p. 495; trad. par M. Jul. Chevalier, *Mémoire* cité, p. 28 et 29; Raynald, *Annales*, année 1403, N.º 24; Fornier, *Histoire*, t. II. p. 269-274.

catholique ne comprenait pas et qu'elle ne comprend pas encore de nos jours, puisqu'elle continue à enseigner qu'elle a « essentiellement le droit d'infliger à ses fils rebelles un châtiment, même corporel, et d'user de la force, si elle le juge à propos, pour les ramener à l'observation de ses lois » (1).

1409-1434.

INSTIGATEURS DES POURSUITES: ALEXANDRE VI ET MARTIN V, PAPES. — INQUISITEURS: PONCE FEUGEYRON, PIERRE FABRI ET AUTRES.

Quelques années après, le pape de Rome, Alexandre VI, entreprenant sur la juridiction de Clément VII, antipape d'Avignon, renouvela les pouvoirs de Ponce Feugeyron, moine franciscain, comme inquisiteur de la foi dans les provinces ecclésiastiques d'Arles, Aix, Embrun et Vienne par une bulle en date du 30 août 1409. Il lui recommanda de déployer le plus grand zèle pour ramener les schismatiques. Le 12 octobre suivant, le pape écrivit à son légat en Lyonnais, Dauphiné et Provence de seconder Feugeyron dans l'exercice de sa charge et de lui fournir l'argent dont il aurait besoin pour la remplir avec zèle. Le dauphin Louis 1er lui délivra des lettres de sauvegarde le 2 mai 1412. Le pape Martin V, du vivant du même antipape Clément VII, le maintint dans sa charge d'inquisiteur le 3 février 1418, et bientôt après le 10 septembre 1419, lui donna comme collègue l'évêque de Marseille, Pierre Fabre (ou Fabri), ancien moine mineur de Briançon. Ce dernier, qui avait été d'abord de l'obédience du pape schismatique Benoit XIII, succédait à un autre inquisiteur de même ordre, Antoine Aillaud, qui instrumenta en Dauphiné et en Provence et avait dû résigner ses fonctions à cause de son âge et de ses infirmités. Fornier dit (2) que « Fabri fut grandement redoutable aux Vaudois des Vallées, et mêmement dans la Vallouise ou Valpute, où s'étaient glissées derechef quelques familles qui abandonnaient leurs maisons et se retiraient à la Lombardie, en laquelle pour encore il ne s'était fait aucune poursuite... Au 15e du mois d'août [1429] le crime de certains fut trouvé fort égal

____

(1) Jul. Chevalier, *Mémoire*, p. 97. — C'est le commentaire de l'article XXIV du *Syllabus* de Pie IX, qui porte: « Anathème à qui dira: L'Eglise n'a pas le droit d'employer la force. »

(2) *Histoire*, t. II, p. 326, 327 (368), 330, 331.

à celui d'être Vaudois pour avoir fourni des vivres et d'autres assistances à ces condamnés fugitifs. A d'autres fut le procès fait et la peine jointe pour s'être confessés à un barbe, avoir bu et mangé avec eux. »

Fabri, qui était secondé par Jean Franconis, bachelier en droit canon, chanoine de la cathédrale d'Embrun, grand vicaire et official de l'archevêque, poursuivit encore les Vaudois en 1432. Il apprit par ses interrogatoires que les Vaudois avaient formé le dessein de le faire destituer de sa charge d'inquisiteur par le parlement de Grenoble et que, pour couvrir les frais de la poursuite, ils avaient réuni une somme de 90 florins et trouvé un notaire qui expédia leur requête et un conseiller, nommé Jean Baile, qui présenta celle-ci en pleine audience. Quelques conseillers ayant proposé comme commissaire enquêteur le juge ou vibailli de Briançon, les Vaudois le récusèrent. Ils en proposèrent alors un second, nommé Jean de La Charrue, mais le président ne voulut point consentir à ce qu'on le nommât. Il regardait cette affaire comme du ressort de la foi et ne voulait pas s'en occuper de crainte d'être excommunié. N'ayant pas réussi devant le parlement, les Vaudois se rendirent auprès du gouverneur du Dauphiné, Raoul de Gaucourt, qui était pour lors à Valence, mais ils furent volés par des soldats au passage du Rhône et ne purent continuer leurs poursuites.

Quant à Feugeyron, le pape de Rome Eugène IV (le schisme d'Avignon avait cessé en 1429), lui renouvela ses pouvoirs le 24 avril 1434, mais soit que cet inquisiteur ait rempli mollement ses fonctions, soit que le grand schisme d'Occident ait amené des conflits de juridiction qui affaiblirent nécessairement le pouvoir ecclésiastique, il ne reste pas beaucoup de traces de ses poursuites. (1).

Les Vaudois des vallées de Bardonnèche et d'Oulx, baignées par le cours supérieur de la Doire ou de ses affluents, furent cruellement persécutés, à l'époque qui nous occupe. En 1393 et 1432 ils avaient été déjà poursuivis, mais ce fut surtout en 1434 qu'ils eurent à souffrir. La persécution sévit à Bardonnèche, Césane, Oulx, Exilles et dans d'autres localités. Glaude Tholozan, juge de Briançon, prononçait les condamnations sans l'assistance d'aucun inquisiteur. Le

---

(1) Wading, *Annal. Fratr. Minorum*, années 1409, N.os 11 et 13; 1418, N° 1; 1419, N.os 1 et 12; 1434, N.os 2-3; *Arch. de l'Isère*, B, 3290, fol. 263; Pilot de Thorey, *Usages*, p. 387, 388.

supplice n'était pas toujours celui du feu. On employait aussi la strangulation, l'amputation d'un membre et le fouet. A Exilles, les condamnations furent si nombreuses et si terribles que les Vaudois qui survécurent, épouvantés, émigrèrent pour la plupart à partir de l'âge de 25 ans. Une enquête faite dans ce lieu en 1434 par Jean Audrit, secrétaire delphinal, établit que le pays était demeuré presque désert et que quinze maisons seules avaient encore des habitants. (1)

1440.

AGRESSIONS DES CATHOLIQUES À MAIN ARMÉE.

Les Vaudois de la Vallée de Pragela, au delà des monts, furent attaqués en diverses fois à main armée par leurs voisins catholiques, mais comme les expéditions eurent toujours lieu dans la belle saison, ils avaient le temps de gagner les hauteurs et les cavernes de leurs montagnes, et de s'y défendre avec avantage contre leurs agresseurs. Ces derniers, afin d'en avoir plus facilement raison, résolurent de les attaquer au cœur de l'hiver et partirent d'Oulx, de Suse et de Césane pendant le carême de l'an 1440 (2). Ils attaquèrent les Vaudois « d'une manière si furieuse, dit Léger (3), et si cruelle tout ensemble que ces pauvres créatures furent contraintes de s'enfuir avec une précipitation lamentable, chargées de leurs vieillards, malades et petits enfants, qu'ils portaient sur leur dos, et de se jeter sur une haute montagne voisine qui, depuis, a été toujours nommée *Albergian*, du mot italien *Albergo*, qui signifie retraite ou refuge, parce que le pauvre peuple s'y retira pour lors. » Suivant la version de Gilles (4), les fugitifs se dirigèrent « vers Macel du Val S. Martin ; mais, surpris de la nuict, furent contraints de la passer parmi les neiges à la descente de la dite montagne au lieu qui (pour cet hébergement), a esté après appelé l'*Hébergean* ». «Cette fuite funeste et surprenante, continue Léger, ne se put point exécuter avec tant de diligence que ces assassins et massacreurs

---

(1) Lettre de M. Gauduel de Grenoble à M. Alex. Lombard, de Genève, du 2 mai 1880.

(2) Crespin, Gilles et Perrin placent cet évènement en l'an 1400 environ, au mois de décembre, vers la fête de Noël. Nous suivons Léger qui a écrit après eux et a pu avoir des mémoires plus exacts.

(3) *Histoire*, 2.e part., p. 3.

(4) *Hist. ecclésiast. des égl. Vaud.*, t. I, p. 36 (édit. dernière).

n'atteignissent encore un grand nombre de ces pauvres fidèles, n'en fissent une cruelle boucherie et n'emmenassent grand nombre de captifs. Encore les pauvres réchappés, surpris par la nuit sur les montagnes et parmi les neiges, furent pitoyablement errants, tourmentés de faim et de froid; plusieurs mêmes eurent les pieds et les mains gelés, et quelques autres furent trouvés raide-morts parmi les neiges. Entre autres cinquante petits enfants furent trouvés glacés, les uns dans leurs petits berceaux et les autres entre les bras de leurs pauvres mères, mortes aussi bien qu'eux », Guy Allard (1) dit que les catholiques, pour se défaire plus aisément des Vaudois, allumèrent de la paille à l'entrée des cavernes où ils s'étaient réfugiés et que ces malheureux « aimèrent mieux se laisser étouffer par la fumée que de sortir ». Perrin (2) ajoute: « Les ennemis s'estants retirés la nuict ès maisons de ce pauvre peuple, ils pillèrent et saccagèrent tout ce qu'ils peurent emporter à Suse et, pour comble de leur cruauté, ils pendirent à un arbre une pauvre femme vaudoise, qu'ils rencontrèrent sur la montagne de Meane, nommée Marguerite Athode. Les habitants de la dite vallée tiennent cette persécution pour la plus violente que leurs pères leur aient dit, qu'en leur temps et de leurs ayeuls ils aient jamais souffert, et en parlent encore à présent comme si la chose estoit advenue de fresche mémoire, tant ils ont de père en fils fait souvent mention de cette inopinée surprise, cause de tant de malheurs parmi eux » (3). Crespin (4) dit enfin que le supplice de Marguerite, qu'il appelle La Thoude, eut lieu quelques années après le massacre et qu'elle laissa un fils, nommé Jean, qui fut contraint, pour cause de religion, de se retirer à Lourmarin en Provence où il vécut longtemps. « Un autre du dit Méane, nommé Jordan Tertian, continue le même auteur, avait été, quelque peu auparavant l'exécution de Marguerite, brûlé à Suse en Piémont pour la même cause. Depuis, Hippolyte Roussier, du même lieu de Meane, fût brûlé à Turin.

---

(1) *La vie de Jean Rabot*, dans Gariel. *Delphinalia*, N. 2, p. 33.

(2) *Histoire*. p. 117.

(3) Fornier (*Histoire*, t. II, p. 208), qui veut que ses coreligionnaires soient toujours irréprochables, ne voit dans le fait rapporté par Crespin, Gilles, Perrin et Léger « qu'une excursion de bandits ou de voleurs inconnus et errants qui ne cherchaient que de curer les maisons de l'argent et de ce qui serait propre à être emporté. » C'est le cas de dire: Tout mauvais cas est niable.

(4) *Histoire des martyrs*, fol. 601 (édit. de 1619).

Willermin Ambroise fut pendu en la montagne de Meane, comme aussi Antoine Hiun, autrement dit Girry » (1).

1450.

Inquisiteurs : De Malvenda et Tramès.

On signale vers le milieu du XVe siècle, comme inquisiteurs du Dauphiné, André de Malvenda et Bertrand Tramès, mais leurs procédures, si tant est qu'elles aient été faites, ne sont pas parvenues jusqu'à nous (2).

1459-1494.

La grande persécution.

I. — Instigateur des poursuites : L'Archevêque d'Embrun. — Inquisiteurs : Jean Veyleti et Augeri. Nombreuses victimes. — Intervention inefficace du roi Louis XI en faveur des Vaudois. — Mauvais vouloir du parlement de Grenoble. — Résistance de l'archevêque qui continue ses poursuites (1459-1487.

L'archevêque d'Embrun, Jean III Baile, dès son entrée en fonctions, déploya beaucoup de zèle pour la conversion des Vaudois de son diocèse. « Il employa de grands soins, dit l'inquisiteur Albert de Cattanée (3), dont il sera parlé plus loin, pour les ramener de leurs égarements et pour les extirper: commençant par de fréquentes exhortations, remontrances et menaces; mais, à cause de plusieurs grands empêchements survenus, il ne put passer outre dans l'exécution de ses desseins. »

C'est dans ces commencements que, en 1459, Claude Martin,

---

(1). Chabrand *(Vaudois et protestants des Alpes*, p. 30) prétend que le pape témoigna son mécontentement de la sauvage agression dont les Vaudois furent les objets, et qu'il « écrivit à son inquisiteur pour lui recommander de procéder avec plus de modération à l'avenir »; mais cet auteur ne cite pas ses autorités et, pour nous, nous n'avons trouvé aucune trace de ce qu'il avance.

(2) Jul. Chevalier, *Mémoire*, p. 33.

(3) *Origo Waldensium*, traduit par Léger *(Histoire*, 2.e part., p. 24); texte latin dans Allix, *Some Remarks*, p. 297-306; trad. en anglais par Morland, *The History*, etc.; copie ancienne à la Biblioth. de Cambridge. ms 112.

de l'ordre des Frères mineurs de Briançon, professeur de théologie
et vice-inquisiteur, poursuivit les Vaudois. « Les escarmouches
en furent légères, » dit Fornier (1), mais, d'après le même auteur, elles furent suivies, en 1460, de nombreuses abjurations.

Le successeur de Claude Martin fut Jean Veyleti (ou Veylet)
d'Apchier, de l'ordre des Frères mineurs, bachelier en droit canon
et professeur de théologie. Il commença ses procédures en 1460,
d'après Perrin (2), et fut plus tard confirmé dans ses fonctions
par le pape Sixte V, le 15 janvier 1472. Guy Allard (3) dit qu'il
eut pour collaborateurs Guillaume de Chabasolles, chanoine d'Embrun ; François Magnie, prêtre de la Vallouise; Rostain Payen,
curé de Saint Marcellin; Antoine Garnier, prêtre, et autres ecclésiastiques.

En 1473, il interrogea un relaps qui s'était confessé à un barbe.
Examiné derechef, le 24 juillet de la même année, par Oronce
Emé, vibailli de Briançon, cet homme courageux persévéra dans
sa foi et fut condamné au feu.

Le 20 juillet, quatre jours auparavant, un certain nombre de
Vaudois qui abjurèrent furent condamnés à la même pénitence
que celle que nous avons indiquée plus haut (année 1347). Quelques-uns d'eux durent aller en pélerinage à l'église de Notre Dame
d'Avignon, d'autres à celle de Notre Dame de Montpellier, d'autres à celle des Corps Saints de Toulouse; d'autres enfin à celle
du Saint Suaire de Saint Jacques de Compostelle en Espagne,
avec l'obligation de demander aux curés de ces divers lieux des
attestations de leur présence. A ces diverses pénitences une autre y fut ajoutée assez singulière. « Il fut... ordonné que leurs
chapeaux seraient attachés et suspendus sur les portes de l'é-
glise de la Vallouise, en lieu découvert, pour servir d'exemple à
tous ceux qui seraient atteints de cette contagieuse hérésie et
que quiconque entreprendrait de lever ces marques entendît
qu'il encourait excommunication pour cette hardiesse, comme
tous ceux qui recélaient les hérétiques ou les fomentaient. »

Fornier (4), de qui nous tenons ces détails, ne s'explique pas
davantage, mais nous savons par Perrin (5) que Veyleti alla beaucoup plus loin. Il « procéda, dit cet auteur, avec telle diligence

(1) *Histoire*, t. II, p. 358.
(2) *Histoire*, p. 117.
(3) *La vie de Jean Rabot*, dans Gariel, *Delphinalia*, N° 2, p. 34.
(4) *Histoire*, t. II, p. 367-371.
(5) *Histoire*, p, 117, 118.

et violence qu'il n'y avoit guère de personnes ès vallees de Frais-
sinière, l'Argentière et Looyse qui se peussent garentir des mains
du dit inquisiteur, qu'ils ne fussent appréhendés ou comme hérétiques ou comme fauteurs d'iceux. » (1) La lettre de Louis XI
qui suit, et que nous donnons en entier à cause de son importance historique, entre dans de grands détails sur les divers excès
auxquels il se livra. A bout de patience, les habitants de Freissinières, de Largentière et de la Vallouise et autres avaient, en
effet, adressé une plainte à ce roi, qui écrivit à son gouverneur
du Dauphiné Jean de Daillon, seigneur de Lude, la lettre suivante :

« Louis, par la grâce de Dieu, roy de France, Dauphin de Viennois, conte de Valentinois et Diois. A nostre aimé et féal gouverneur de nos païs de Dauphiné, salut et dilection.

« De la partie des manants et habitants de la Vallouise, Freissinières, Largentière et autres de notre pays du Dauphiné, nous
a été exposé que, combien qu'ils aient vécu et veuillent vivre
comme bons catholiques chrétiens, sans tenir, croire ni soutenir
chose superstitieuse, que selon l'observance et discipline de notre
mère l'Église: ce néanmoins aucuns religieux mendiants, eux se
disant inquisiteurs de la foi et autres pour cuider (*s'imaginer*),
par vexations et travaux extorquer indûment de leurs biens et
autrement les travailler en leurs personnes, ont voulu et veulent
faussement leur imposer qu'ils tiennent et croient aucunes hérésies et superstitions contre la foi catholique; et, sous ombre de
ce, les ont mis et mettent en grandes involutions de procès, tant
en notre cour de parlement de Dauphiné qu'en autres diverses
contrées et juridictions.

« Et, pour parvenir à la confiscation des biens de ceux qu'ils
chargent des dits cas, plusieurs des juges et mêmement les dits
inquisiteurs de la foi, qui communément sont religieux mendiants,
sous ombre de l'office d'inquisiteurs, ont mis et mettent chacun
jour en procès plusieurs pauvres gens sans cause raisonnable; les
aucuns ont mis en gehenne (*gêne*) et question sans information
précédente, et les ont condamnés de choses dont ils ne furent onques
coupables, ainsi que depuis a été trouvé, et des aucuns pour les
relâcher ont pris et exigé de grandes sommes de deniers et par

____

(1) Fornier, *(Histoire*, t. II, p. 409-414, accuse Perrin d'avoir menti impudemment dans
ce qu'il raconte des violences de Veyleti, mais il n'en donne aucune raison valable et se
trouve en contradiction avec la teneur de la lettre de Louis XI. Il n'a raison que sur un
point, c'est quand il dit que Perrin s'est trompé sur la date de la mort de l'archevêque
d'Embrun.

divers moyens les ont injustement vexés et travaillés, au grand
préjudice et dommage, non seulement des dits suppliants, mais
de nous et de toute la chose publique de notre pays de Dauphiné.

« Par quoi, nous, — voulant à ce pourvoir et ne souffrir, par telles
voies indues, vexer et travailler notre pauvre peuple, mêmement
que les habitants des dits lieux disent qu'ils ont toujours vécu
et veulent vivre comme bons chrétiens et catholiques, sans avoir
jamais cru ni tenu aucune croyance, fors celle de notre mère
sainte Eglise, ni soutenu, ni vouloir soutenir, ni croire quelque
chose au contraire, et que par raison nul ne doit être condamné
du crime d'hérésie fors ceux qui, par indurée obstination, vou-
draient pertinacement soutenir et affirmer choses contraires à la
sincérité de notre foi, — avons, par grande et mûre délibération
et pour obvier à telles fraudes et abus, vexations et exactions
indues, aux dits suppliants octroyé et octroyons, et de notre
certaine science, gré spécial, pleine puissance, et autorité royale
et delphinale; voulu et ordonné, voulons et ordonnons, par ces
présentes, qu'iceux suppliants et tous autres de notre pays de
Dauphiné soient mis hors de cour et de procès; et tous les procès
esquels les aucuns d'eux pourraient avoir été mis à cause des
choses dessus dites avons de notre certaine science, pleine puissance et autorité royale et delphinale, aboli et abolissons, mis
et mettons au néant par ces présentes, et voulons que jamais de
tout le temps passé jusques aujourd'hui, aucune chose ne leur en
puisse être demandée, en corps ni en biens, ni aussi reproché;
sinon toutefois que il y en eût aucuns qui voulussent obstinément
et par endurci courage, maintenir et affirmer quelque chose contre la sainte foi catholique.

« Avec ce avons voulu et ordonné, voulons et ordonnons, que
les biens des dits habitants suppliants et tous autres de notre
pays de Dauphiné, qui, à cause des choses dessus dites, avaient
été pris et exigés sur quelque personne en quelque manière que
ce soit, par exécution ou autrement, soit par l'ordonnance ou
commandement de notre cour de parlement de Dauphiné, ou d'autres quelconques, ensemble toutes les cédules et obligations qu'ils
avaient baillées à cause des choses dessus dites, soit pour le
paiement des salaires et dépens des dits procès ou autrement,
leur soient rendus et restitués, et de ce soient contraints tous
ceux qui en auraient eu quelque chose par vente et expoliation
de leurs biens, meubles et immeubles, par détention et emprison-

nement de leurs personnes jusqu'à ce qu'ils aient restitué les
biens et choses dessus dites et obéi, et autrement par toutes
voies et manières dues et raisonnables en tel cas requises, nonobstant appellations quelconques, par lesquelles voulons à ce être
déféré en aucune manière.

« Et pour ce qu'à cause des confiscations qu'on a par ci-devant
prétendus sur les biens d'iceux qu'on a chargé des dits cas, plusieurs, plus par convoitise et désir des dites confiscations ou
partie d'icelles que pour le bien de justice, ont mis et fait mettre maintes gens en procès et, pour venir à la fin des dites confiscations, tenu plusieurs termes contre justice, nous avons déclaré et déclarons par ces présentes que nous ne voulons plus que
pour les dits cas soient prises, lues, exigées pour nous ni pour nos
officiers pour le temps à venir aucunes confiscations; et tout le
droit qui nous en pourrait compéter, avons quitté et remis aux
enfants et autres héritiers de ceux contre qui l'on voudrait prendre icelles confiscations. Avec ce, pour obvier aux fraudes et abus
faits par les dits inquisiteurs de la foi, avons défendu et défendons
que l'on ne souffre plus aucuns des dits inquisiteurs de la foi
procéder dorénavant contre aucuns des dits habitants de notre
pays du Dauphiné ni iceux détenir en cause pour les cas dessus
dits ou semblables, sans avoir sur ce lettres expresses de nous,
et avons en outre défendu et défendons qu'à cause des dits cas
ou des semblables, aucuns de nos juges et officiers de nos sujets
n'entreprennent aucune juridiction ou connaissance, mais toutes
les causes et procès des dits cas renvoyés à nous et aux gens de
notre grand conseil, à nous, et auxquels, et non à autres, nous
en avons retenu et retenons la connaissance. Si vous mandons et
expressément enjoignons que nos dites lettres vous mettiez en
exécution de point en point selon leur forme dessus dite, et autres voies et manières en tel cas requises ; car ainsi nous plait-il
être fait. De ce faire vous donnons plein pouvoir et autorité et
commission, et mandement spécial. Mandons et commandons à
tous nos justiciers, officiers et sujets, commis et députés, qu'ils
se fassent obéir. Donné à Arras le dixhuitième mai mil quatre
cent septante huit » (1).

Les excès de tout genre de Veyleti, mentionnés par Perrin,
confirmés par la lettre de Louis XI et reconnus par Chorier (2),

______

(1) Texte dans Perrin, *Histoire,* p. 118-124. Nous n'avons pas tenu compte de l'orthographe ancienne du texte.

(2) *Histoire générale,* t. II, p. 501.

qui dit que « Veyleti fut dûment accusé d'avoir plus donné à son zèle qu'à la bonne foi pour la conviction de ceux qui lui étaient confiés, » les excès, dis-je, de cet inquisiteur avaient poussé quelques Vaudois impatients à user de représailles à son égard. Se rendant, en 1474, auprès du pape Sixte IV, accompagné d'un autre moine et de son secrétaire, il fut attaqué par une troupe de gens dans la combe de Saint Gervais entre Césane et le mont Genèvre, grièvement blessé et dépouillé de son argent et de tous ses papiers. Deux des assaillants, Barthélemy Artaud et Paul Romani, furent seuls arrêtés. Le vibailli Oronce Emé leur fit leur procès et les condamna à être pendus comme voleurs. Nous avons suivi le récit de Fornier (1), mais on peut se demander si ces deux malfaiteurs étaient véritablement des Vaudois, puisqu'ils ne furent condamnés qu'à la potence. Il semble que, s'ils avaient été reconnus comme hérétiques, crime plus punissable aux yeux de l'Église que le vol et le meurtre, ils eussent été condamnés au feu. Cattanée (2) dit que les Vaudois violentèrent aussi Jean de Ventes et Jacques Robert (ou Robertet), professeurs de l'un et l'autre droit et conseillers royaux delphinaux à Grenoble, et plusieurs autres excellents personnages, qui s'efforçaient de les ramener à la foi catholique. Notre inquisiteur oublie de dire comment: ce qui sans doute expliquerait, sans les excuser, les voies de fait commises contre eux (3).

Pour en revenir à la lettre de Louis XI, le parlement de Grenoble publia une ordonnance pour la rendre exécutoire, mais en se réservant d'examiner lui-même les causes et procès des Vaudois et décidant qu'aucun appel ne serait fait de ses arrêts par devant le roi et les gens de son conseil. Dans ces conditions les Vaudois, qui savaient que leurs adversaires disposaient de grandes influences dans le parlement et que plusieurs de ses officiers et autres personnages du Dauphiné avaient été « en partie consentant des grands maux et empêchements » dont ils avaient souffert, implorèrent de nouveau la protection de Louis XI, qui, par une seconde lettre, datée de Plessis-les-Tours, 31 mars 1479, ordonna aux gens de son grand conseil et au gouverneur du Dauphiné de faire exécuter de point en point sa première lettre du 18 mai 1478; défendit aux conseillers du parlement et à tous autres juges et officiers de connaître des causes et procès des Vaudois; mit à néant

---

(1) *Histoire*, t. II, p. 371-373.

(2) Dans Godefroy, *Hist. du roi Charles VIII*, p. 277 (édit. de Par., 1684).

(3) Voyez la nouvelle lettre de Louis XI analysée ci-après.

de nouveau tous ceux de ces procès qui avaient été jugés ou qui étaient encore pendants; cita à comparaître devant lui maître Jean de Ventes, Pierre d'Eymonet et autres qui avaient prononcé la confiscation des biens des Vaudois; enjoignit enfin aux gens de son grand Conseil et au gouverneur du Dauphiné de sommer les héritiers de feu maître Charles Astard de restituer toutes « les informations, enquêtes, lettres et autres choses » concernant les divers procès intentés aux Vaudois qu'ils détenaient par devers eux, et de contraindre ou faire contraindre les conseillers du parlement de se soumettre à son ordonnance, « nonobstant oppositions, ou appellations quelconques... et lettres subreptices impétrées ou à impétrer » (1).

Par une autre ordonnance du 8 avril suivant, Louis XI enjoignit à Jean Johannault, contrôleur des amendes et des confiscations du royaume, d'exécuter ses deux lettres d'Arras et de Plessis-les-Tours, de sommer le parlement de Grenoble de s'y soumettre, de citer à comparaître devant lui Jean de Ventes, Pierre d'Eymonet et autres, dont les noms seraient fournis par les plaignants, et de faire à ces derniers « bon et bref droit » (2).

Le 20 avril, le gouverneur du Dauphiné, qui était pour lors à Plessis-les-Tours auprès du roi, ordonna de son côté, tant de sa part que de celle du roi, au sire de Joux, son lieutenant dans la province, de faire exécuter, par l'entremise de Johannault qui en avait été chargé, les deux lettres patentes de Louis XI, « nonobstant les droits et priviléges delphinaux et sans préjudice d'iceux » (3).

Le parlement rendit son arrêt le 29 mai (4). Il portait que la citation du seigneur de Ventes et de Pierre d'Eymonet « serait contre les droits contenus dans le transfert, qui a été fait en ce pays de Dauphiné à notre Seigneur roi dauphin, et contre les libertés du pays lui-même, que notre Seigneur roi dauphin ordonne toujours d'observer », mais que, « pour satisfaire au bon plaisir du roi », les susdits seraient tenus de par la Cour de se rendre ou de se faire représenter auprès du roi ou de son grand Conseil le plus tard à la fête de l'Assomption » (5).

(1) Bibliothèque de Cambridge, man. vaudois, N.° 112.

(2) Bibliothèque de Cambridge, *ibidem*.

(3) Bibliothèque de Cambridge, *ibidem*.

(4) Les officiers de cette Cour présents à la séance, étaient Gau, de l'Eglise, Ja. Robertet, Jean Rabot, Antoine Coct, prieur de Saint-Laurent, G. de Lattier, juge des appels, G. Armuet, aud. et procureur général, G. Fermaud (greffier).

(5) Bibliothèque de Cambridge, *ibidem*.

74

Ces diverses ordonnances furent-elles suivies d'effet ? On n'en trouve pas de trace. Le parlement n'était pas disposé à rendre justice aux Vaudois, car plusieurs de ses officiers, comme on l'a vu, étaient compromis et, par esprit de corps, il ne voulait pas les abandonner. Dans tous les cas, l'archevêque d'Embrun entendait résister et résista. Vivement irrité des démarches des Vaudois et de leurs résultats, il fut d'autant plus enflammé contre eux qu'il était dans les plus mauvais termes avec Louis XI, qui le haïssait, « parce que, dit Pilot de Thorey (1), il n'avait pas voulu le reconnaître comme souverain. Le pape Sixte IV le favorisait et l'exempta, lui et les habitants d'Embrun, ses sujets, de tout supérieur autre que le Saint Siége, et le nomma ensuite son vice-légat à Avignon en lui conservant bien entendu son archevêché. Louis XI accorda sa sauvegarde à tous ceux de ses diocésains qui avaient à se plaindre de ses rigueurs et de celle des inquisiteurs de la foi, ses agents ».

Cependant, pour ne pas paraître enfreindre les ordres de Louis XI, Jean Bayle s'appuya sur ce que le roi de France exceptait de son amnistie les habitants des vallées alpestres qui voulaient « obstinément et par endurci courage, maintenir et affirmer quelque chose contre la sainte foi catholique », et sur ce qu'aucun Vaudois ne s'était présenté devant la justice pour établir qu'il n'était pas au nombre des hérétiques obstinés, dont parlait la lettre royale.

« En outre, dit Perrin (2), le dit archevêque extorqua d'une partie des habitants de Freissinières, de Largentière, et de Vallouise, un désaveu des requêtes présentées au roi, déclarant n'y avoir en Dauphiné gens moins nets d'hérésie que ceux qui plus s'en étaient voulu purger devant le roi ; fit informer de nouveau, et ce que nous avons remarqué ès dites informations, c'est que les témoins produits par l'archevêque étaient presque tous prêtres ou officiers du dit archevêque, savoir Guillaume Chabassol, chanoine d'Embrun ; François Magnici, prêtre de la Vallouise ; Rostain Payan, curé de Saint Marcellin ; Antoine Garneri, prêtre (3); Aimar Raimondi, chapelain ; Michel Pierre, curé de Freissinières; tous lesquels déposèrent que ceux qui avaient recouru au roi Louis XI étaient vaudois.

(1) *Usages*, p. 324.

(2) *Histoire*, p. 125-127.

(3) Déjà cités au commencement de cette section 1, avec quelques variantes dans les noms.

« Ainsi muni l'archevêque de ce désaveu et témoignage et du dire d'un certain Pelegrin, qui fut corrompu par argent pour accuser les Vaudois des anciennes calomnies qui étaient jadis jetées sur les chrétiens de la primitive église, c'est qu'ils s'assemblaient pour paillarder, les chandelles éteintes, il envoya en cour pour se justifier des impressions données au roi qu'il poursuivît plus les Vaudois pour avoir leurs biens que pour le zèle à la foi catholique ; mais cet unique témoin ne valut rien contre plusieurs autres qui ne voulurent jamais déposer contre leur conscience qu'ils eussent vu parmi les dits Vaudois chose aucune qui approchât de la vilenie dont les avait chargés le dit faux témoin susnommé. Si ne laissa l'archevêque de nuire aux dits prévenus de son pouvoir, tellement que, pour n'avoir de quoi fournir à si longs frais, la plupart n'eurent recours qu'aux fuites, ne se trouvant de tous les persécutés qu'un certain Jacques Paliveri, lequel protesta de l'indue vexation au préjudice des lettres obtenues de Sa Majesté et demanda copie de leur procédé pour en recourir où de droit. L'archevêque le laissa en paix, poursuivant ceux qui n'eurent tel courage que de s'opposer à ses violences ; mais les consuls de Freissinières, Michel Ruffi et Jehan Giraud, n'en eurent pas si bon compte, car ayant été cités à comparaître devant le dit archevêque pour répondre tant en leur nom que des habitants de leur vallée, — après avoir répondu qu'ils n'avaient rien à dire par devant le dit archevêque, d'autant que leur cause était pendante par devant le roi et son conseil, que donc ils protestaient et demandaient copie, — pressés de répondre, nonobstant toutes protestations au contraire, Michel Ruffi répondit, en hochant la tête en son langage: *Veici rages* (1) et, sur nouvelle instance : *Veici una bella raison* (2). L'archevêque, irrité contre les dits consuls pour un tel mépris, les envoya au feu sans autre forme de procès ».

Cattanée raconte (3) que Jean Bayle, assisté des bons catholiques, fit jusqu'à nonante neuf informations en 1483 ; que les 18 et 29 juin et les 3 et 9 juillet de la même année, il « fit dénoncer généralement à tous les Vaudois que, dans le terme de certains jours précis spécifiés dans ses patentes, ils eussent à déshabiter ; » que le mois d'août suivant, il «cita tous les suspects d'hérésie, nom par nom, à venir rendre raison de leur foi par

---

(1) *Veici rage*, c'est-à-dire c'est de la rage (?)

(2) Voici une belle raison.

(3) *Origo Waldensium* dans Léger, *Histoire*, 2.e part., p. 24.

devant lui, offrant toute faveur à ceux qui reviendraient dans
le giron de l'Eglise», et que ces suspects refusèrent de comparaître; enfin que, le 12 septembre de la même année, il publia
contre eux « ses patentes d'excommunication d'anathème » et
qu'ils n'en tinrent aucun compte. Cattanée, comme tous les inquisiteurs, omet dans son récit des détails qui ne sont pas à
la louange de l'archevêque, car les citoyens et habitants de
Freissinières, Largentière et Vallouise adressèrent une requête
ou supplication aux sénateurs et conseillers du suprême conseil
du roi contre les actions, informations, pilleries et exactions
de l'archevêque d'Embrun, par lui faites et par ses serviteurs
en haine et au mépris des procès et contestations pendants devant
le dit suprême conseil entre lui et les plaignants. Le 23 juillet
suivant, ce conseil écrivit à l'archevêque, par l'organe du chancelier Viéré, qu'il eût à cesser ses poursuites contre les Vaudois et à leur restituer leurs biens ; et, comme ces derniers
craignaient que Jean Bayle ne gardât cette lettre par devers lui
sans mot dire, ils la lui firent signifier par voie de justice (1),
mais la mort de Louis XI, survenue le 30 août suivant, arrêta
l'effet de ces mesures, et l'archevêque continua ses violences,
sans entraves, comme auparavant.

A cette année 1483 se rapporte le procès d'Antoine Blaise
de la vallée d'Angrogne en Piémont, qui habitait le diocèse de
Sisteron et qui abjura.

Jean Bayle, cette même année, s'apprêtait encore, paraît-il,
à poursuivre les Vaudois de la Vallouise. Ceux-ci, pour éviter
le coup qui les menaçait, rédigèrent une protestation faite par
leur châtelain, et par les habitants de la dite vallée, déclarant
qu'ils étaient de bons chrétiens orthodoxes, obéissant aux préceptes de l'Eglise et ne voulant poursuivre aucun procès devant
le Conseil du roi (2).

En 1486 eut lieu le procès d'Antoine Fabre (ailleurs Baudon),
de Château-dauphin, et celui d'Antoine Albi de Freissinières, âgé
de 40 ans environ.

Cette même année, fin septembre, l'archevêque somma une nouvelle fois les Vaudois de son diocèse de rentrer dans le giron de
l'église catholique et leur accorda un an pour abjurer leurs erreurs, faute de quoi il procéderait contre eux, selon la rigueur

---

(1) *Docum. vaudois* de la bibliothèque de Dublin vol. VIII, clas. C, table 4 , N.° 18
et vol. IX, clas. C, tab. I, N°. 6.

(2) *Docum. vaudois* de la Bibl. de Dublin ,vol. IX , clas. C., tab. I, N.° 6.

des lois canoniques et les livrerait au bras séculier pour être châtiés (1).

En 1486, nous trouvons encore le procès d'Audin (ou Odin) Crispin (ou Valois) de Freissinières, âgé d'environ 24 ans, qui parvint à briser les portes de sa prison, mais fut repris. Il subit un premier interrogatoire le 11 décembre et témoignèrent contre lui Pierre Sabine, officiel d'Embrun, Désiré Martini, Désiré Forget et un autre. Le 30 janvier suivant, second interrogatoire; le dimanche 5 mai et le 10, troisième et quatrième interrogatoires. Peu satisfait de ses réponses, l'inquisiteur le fit appliquer à la torture, l'examina de nouveau après vêpres et le soumit à la question une seconde fois. Interrogé encore le 15 mai et le 21 juin, le malheureux patient nia d'abord qu'il fût vaudois, mais finit par avouer dans les tourments que son père appartenait à la secte. Pour compléter ce qui le concerne, nous dirons qu'il avait deux sœurs, Thomasie et Marthe, et que Pierre Valois son frère fut incarcéré, puis interrogé le 31 mars 1489. Ses biens furent confisqués et lui-même livré au bras séculier (2).

Veyleti fut aidé dans la conduite de plusieurs de ces procès par un nommé Augeri (ou Auger), sur lequel nous n'avons pas de renseignements particuliers, et cessa ses fonctions en 1487. Perrin (3) raconte qu'il a remarqué « une insigne méchanceté » dans les procédures du premier. « Nous avons trouvé, dit-il, des petits billets ès quels le dit commissaire prenait la réponse des prévenus, simplement comme elles partaient de leur bouche; mais nous les avons trouvées par après étendues au procès et souvent tout au contraire que ne portait le *sumptum* (4), qu'ils appelaient, y renversant l'intention du dit prévenu et lui faisant dire chose à quoi il n'aurait pensé, comme pour exemple: Enquis s'il ne croyait pas qu'après les paroles sacramentelles prononcées par le prêtre ou la messe le corps de Christ fût en l'hostie, gros et grand comme il était en l'arbre de la croix; si le Vaudois répondait que non, Veyleti couchait sa réponse ainsi: *qu'il avait confessé qu'il ne croyait point en Dieu*, ou du moins le scribe sous son dictat. Item, enquis s'il ne faut pas invoquer les saints;

------

(1) Bibl. de Cambridge, ms. 112, et Bibl. de Dublin, Vol. IX, cl. C, tab. 1, N° 6

(2) Bibl. de Cambridge, ms. 113, et *Docum. vaudois* de la Bibliothèque de Dublin, Vol. VIII, cl. C, tab. 4, N.° 18 et Vol. IX, cl. C, tab. 1, N.° 6.

(3) *Histoire*, p. 127, 128.

(4) Un de ces *sumptum*, mot qui signifie *recueilli*, a été imprimé dans Allix, *Some Remarks*, p. 318.

s'il répondait que non, ils couchaient par écrit qu'il avait médit
et mal parlé des saints. Enquis s'il faut saluer la vierge Marie
et la prier en nos nécessités ; s'il répondait que non, ils écrivaient
qu'il avait blasphémé contre la vierge Marie » (1).

Le pape Innocent VIII, dans sa bulle du 27 avril 1487, dont
nous allons parler, dit que Sixte IV, son prédécesseur, avait donné
pour successeur à Veyleti Blaise de Montréal (ou de Berra) de
Mondovi, de l'ordre des Frères prêcheurs (ou dominicains) et professeur de théologie. Sixte IV étant mort en 1484, cette assertion
d'Innocent VIII ne concorde pas avec la date de 1487 que Perrin
assigne comme terme aux procédures de Veyleti ; mais l'archevêque d'Embrun avait pu garder ce dernier comme son secrétaire
ou comme l'official de son diocèse. On peut croire aussi que Montréal n'instrumenta pas dans le Dauphiné. Dans sa même bulle
Innocent VIII raconte que les Vaudois vilipendèrent ses excommunications, interdits et autres censures, qu'ils abattirent et
pillèrent sa maison, tuèrent son serviteur, résistèrent aux seigneurs temporels, ravagèrent leurs domaines, les chassèrent de
leurs paroisses et brûlèrent leurs maisons. Mais ces faits, entièrement inconnus aux historiens du Dauphiné et dont Fornier,
le grand ennemi des Vaudois, ne dit aucun mot, ont dû se passer ailleurs que dans cette province, s'ils sont exacts.

Cependant les Vaudois, condamnés par Jean Bayle, interjetè-
rent appel par devant Angelo Catho, ancien aumônier de Louis
XI et archevêque de Vienne, qu'ils considéraient comme hiérar-
chiquement supérieur à l'archevêque d'Embrun, et ils obtinrent
son absolution. Mais Jean Bayle n'en tint aucun compte, car il
ne regardait par l'archevêque de Vienne comme son primat. Il
lui signifia donc de n'avoir point à s'ingérer dans les affaires de
son diocèse et, pour montrer le peu de cas qu'il faisait de ses
absolutions, il défendit à tous les ecclésiastiques de son ressort
d'admettre les Vaudois aux sacrements.

---

(1) Marc Vulson, conseiller à la chambre de l'édit de Grenoble, confirme le même fait
dans son livre *De la puissance du pape* ; Gen. 1635, p. 207.

II. Inquisiteur : Cattanée. Appui du parlement de Grenoble et du gouverneur du Dauphiné. Assignation des Vaudois de delà les monts. Traîtres et dénonciateurs (1487).

Innocent VIII, dans la bulle précitée du 27 avril 1487 (1), nomma comme inquisiteur des Pauvres de Lyon ou Vaudois, Albert de Cattanée (ou de Capitaneïs), que nous avons nommé plusieurs fois. Il était natif de Plaisance, archidiacre de l'église de Crémone, nonce et commissaire du siége apostolique pour les seigneuries de Charles, duc de Savoie, et les villes et diocèses de Vienne en Dauphiné et de Sion dans le Valais, et toutes les terres et lieux qui en dépendaient. Dans cette bulle sanguinaire, comme on va le voir, que M. Jules Chevalier appelle simplement un « document important, » le pape accorde à son commissaire « entière licence et autorité d'avertir et instamment requérir pour l'aider... tous les archevêques du duché de Savoie, de Dauphiné et lieux circonvoisins, les ordinaires des lieux ou leurs vicaires, les officiers généraux des villes; » — lui ordonne, ainsi qu'à ses associés, de « prendre les armes contre les Vaudois » et de « les écraser comme aspics venimeux; » — supplie Charles, roi de France, Charles, duc de Savoie, les ducs, princes, comtes et seigneurs temporels des villes, terres et universités des dits lieux et confédérés de la haute Allemagne, de prêter main forte à son nonce et à ses associés « par faveur opportune et leurs bras séculiers, » à telle fin qu'ils « exterminent les Vaudois et les abolissent entièrement de dessus la face de la terre; » — il accorde d'avance une indulgence plénière à tous les massacreurs; donne à Cattanée le droit de concéder à tous ceux qui s'armeront pour cette croisade « le pouvoir de s'emparer licitement de tous les biens meubles et immeubles des hérétiques et de donner comme butin tout ce que les dits hérétiques mèneront ou feront mener aux terres catholiques ou ce qu'ils en retireront; » — il déclare à tous les ecclésiastiques ou autres qui refuseront d'obéir à son nonce qu'ils seront frappés d'excommunication, de suspension ou d'interdiction, et que les rois et magistrats de l'ordre séculier, qui se trouveront dans le même cas, seront déposés de leurs charges.

---

(1) Texte latin dans Allix, *Some Remarks*, p. 196; texte latin et traduction dans Léger, *Histoire*, 2me part., p. 8; copie manuscr. aux Biblioth. de Cambridge, ms. 112, et de Dublin, ms. vaudois, vol. IX.

Chose étrange, qui montre avec quelle légèreté le pape (1) traitait les choses les plus sérieuses: les Vaudois, désespérés de la rigueur impitoyable de leur archevêque, eurent recours à ce même Innocent VIII, qui, oubliant la bulle qu'il avait édictée en faveur de Cattanée, publia un rescrit un mois et quelques jours après, le 5 juin, qui commettait l'archevêque de Vienne, l'abbé de Saint Antoine en Viennois et Guillaume Guillon, pourvu de la commanderie de Boutiers, diocèse de Saintes, d'examiner l'appel des Vaudois.

Cattanée passa outre à ce rescrit, qu'il ne connut peut-être que plus tard, et lança un manifeste, daté de Pignerol 25 juin, par lequel il promulgua la bulle pontificale, ordonna au « sieur Thomas Capitis Niga, juge prétendu de la prétendue primatie de Vienne, prétendant avoir supériorité et puissance d'absoudre » les Vaudois que l'archevêque d'Embrun avait excommuniés, comme on l'a dit un peu plus haut, d'avoir à cesser ses procédures. Puis il cita à comparaître devant lui, le 28 juin suivant, le procureur fiscal du dit juge et lui défendit, ainsi qu'à tous ceux qui l'assisteraient, de continuer son office sous peine d'excommunication.

Le fougueux inquisiteur, après avoir fait refuser à son collègue Blaise de Montréal, qui n'avait pas été relevé de ses fonctions, de travailler avec lui à l'extirpation de l'hérésie vaudoise, se rendit à Grenoble pour présenter la bulle pontificale au parlement et faire reconnaître son titre d'inquisiteur par cette cour souveraine et le gouverneur du Dauphiné, qui s'empressèrent d'accéder à ses vœux. Ce dernier, qui était Philippe de Savoie, comte de Beaujeu, baron de Bresse, rendit le 7 août, sur le rapport du parlement, une ordonnance enjoignant au bailli des montagnes, à tous les juges de la cour majeure du Briançonnais et de la cour d'Embrun, d'avoir à obéir et à prêter main forte à l'inquisiteur. Muni de cette ordonnance, Cattanée se rendit à Briançon, où il trouva une lettre d'Innocent VIII du 6 août qui approuvait sa conduite et l'informait qu'il avait écrit au duc de Savoie et à l'évêque de Mondovi pour le prier de favoriser son

____

(1) S'il faut en croire les historiens, il avait des mœurs plus que relâchées. « Innocent, dit Moréri (*Le grand dictionnaire*, p. 1732, éd. de Bâle) eut seize bâtards, huit fils et huit filles. Il les laissa riches.... *L'amour paternel lui fit faire pour eux des choses peu équitables.*» Guy Allard (*La vie de Jean Rabot. delphinalia*, N° 2, p. 24) n'en dira pas moins que « c'est sollicité par l'Esprit de Dieu, » qu'il envoya Cattanée contre les Vaudois !!

entreprise dans le Piémont. L'inquisiteur fit encore coucher par écrit, dans le registre de la judicature de Briançon, la bulle du pape et l'ordonnance du gouverneur du Dauphiné (15 août). Ces précautions minutieuses donnaient clairement à entendre que Cattanée voulait accomplir sa mission jusqu'au bout et se couvrit d'avance des autorités judiciaire et politique du pays.

Le terme du délai accordé par Jean Bayle pour rentrer dans le giron de l'église romaine aux Vaudois de Fressinières, Largentière et Vallouise n'expirant que le 12 Septembre, Cattanée résolut, pour occuper son temps, de procéder contre les Vaudois des vallées dauphinoises du versant oriental des Alpes, lesquelles, quoique appartenant à la France pour le temporel, ressortissaient pour le spirituel à l'archevêché de Turin et à l'administration ecclésiastique de la prévôté d'Oulx. Il envoya un notaire aux vicaires généraux de ces deux circonscriptions, dont les titulaires résidaient loin de leurs sièges, selon l'habitude abusive du temps, pour les informer de sa mission et les prier de l'aider de leurs personnes. Manuel de Malingres, vicaire de la prévôté d'Oulx, répondit le 17 août qu'il avait la goutte, mais il donna ordre le 25 du même mois à tous ses ressortissants d'obéir à l'inquisiteur. Quant à Jean de Gronis, vicaire général de l'archevêché de Turin, il répondit, le 22 août, poussé par Blaise Montréal qui jalousait son collègue, que ses travaux le retenaient à Turin, qu'il n'avait reçu aucun ordre de son supérieur hiérarchique, que l'entreprise était difficile et qu'on ne pouvait compter sur le concours des archers du pays.

Cattanée ne se laissa pas arrêter par ces refus plus ou moins déguisés et, le 24 août, écrivit à tous les ecclésiastiques des diocèses de Turin et d'Embrun une lettre dans laquelle, après avoir fait connaître sa mission, il donnait six jours à tous ceux qui se sentiraient coupables d'hérésie ou qui connaîtraient des hérétiques ou fauteurs d'hérésie pour venir faire leurs déclarations à Briançon. Ceux qui se rendraient à son invitation et manifesteraient du repentir recevraient un entier pardon, mais pour ceux qui ne comparaîtraient pas la justice suivrait son cours. Les mêmes ecclésiastiques reçurent l'ordre de lire cette lettre en chaire et de la faire afficher à la porte de leurs églises respectives. Cattanée envoya de plus des prédicateurs pour instruire et ramener les Vaudois qui, prévoyant le péril qui les menaçait, se réunirent pour aviser au nombre de plus de 650, ceux du moins de Valcluson. Personne n'ayant répondu à l'invitation de l'inquisiteur, il tint une sorte de conseil où l'on examina la proposition que Jean Brunel et Jean Vinczon de Mentoulles et François Griot de Pragela vinrent lui faire de se transporter en personne dans les lieux infectés par l'hérésie. Ces trois hommes affirmaient que sa seule présence aurait plus d'efficacité que toutes les menaces. L'inquisiteur, craignant quelque embûche, répondit qu'il n'accepterait cette invitation que si les syndics des communautés de Valcluson et de Pragela venaient eux-mêmes à Briançon dans les cinq jours pour lui donner les assurances nécessaires. Le même jour, on amena devant lui un habitant de Pragela, nommé David Griot, qui venait d'être arrêté à Briançon et qui, menacé sans doute du bûcher, avoua qu'il revenait de Freissinières, où il était allé à la demande des Vaudois de Pragela, qui avaient tenu une réunion le 29 août, réclamer l'assistance du barbe Jeannet. La veille, pour remplir une mission analogue, il s'était rendu auprès d'un autre barbe dans la vallée vaudoise de Saint Martin en Piémont.

Le 11 Septembre, personne n'ayant comparu, Cattanée lança un mandat d'amener contre 11 Vaudois de Valcluson, qu'il déclarait récidivistes, parce que leurs pères, au nombre de plus de 300, disait-il, avaient abjuré leurs erreurs, soixante ans auparavant, (1).

Deux Vaudois seulement comparurent, Pierre et Barthélemy Lantelme de Pragela. Cattanée leur donna l'absolution, le 14 Septembre, à la condition qu'ils exhorteraient leurs coreligionnaires à faire leur soumission. Jean Brunel et Jean Vinczon, nommés plus haut, et Jean Béraud, notaire à Valcluson, furent chargés de la même commission.

Cattanée ayant écrit, sur ces entrefaites, au Parlement de Grenoble pour l'informer de ce qui se passait et lui demander l'autorisation de faire marcher des troupes contre les récalcitrants, le Parlement lui répondit le 15 Septembre. Il le félicitait de son zèle et lui permettait de faire appel au bras séculier toutes les fois qu'il le jugerait nécessaire.

Le 18 Septembre, les autres Vaudois cités à comparaître ne s'étant pas présentés, Cattanée députa aux curés, vicaires, et officiers de Valcluson, le messager Gonet Faure, qui était por-

---

(1) C'est-à-dire en 1427. Nous n'avons retrouvé aucune trace du fait, mais il n'est pas invraisemblable, car toutes les persécutions, dont eurent à souffrir les Vaudois, n'ont pas laissé des traces.

teur d'un arrêt du tribunal de l'inquisition assignant 37 Vaudois et d'une adresse invitant tous les hérétiques à se convertir. Ceux qui obéiraient à l'injonction seraient absous, mais ceux qui s'y refuseraient pouvaient s'attendre aux dernières rigueurs.

Quatre Vaudois, effrayés par ces menaces, se présentèrent devant Cattanée. C'étaient Turin Vilhot de Pragela, et Claude son fils, Facion Veylier, et Just Bost. Les deux premiers faisaient partie de ceux que l'inquisiteur appelait les *satrapes* de la secte. Tous les 4 furent interrogés du 19 au 25 septembre. Le dernier, Just Bost, se conduisit en dénonciateur et en traître. Après avoir exposé les principaux points de la doctrine de la secte, il désigna les nommés Jean Jouvenel et Thomas Perrin comme particulièrement zélés pour la secte et donna les noms de 98 Vaudois de Mentoulles.

Le 24 Septembre, la veille des dénonciations de Just Bost, le tribunal de l'inquisition dressa une liste de 334 Vaudois, savoir 130 de Pragela, 72 d'Usseaux et 132 de Mentoulles, qui furent sommés de se rendre à Briançon, dans le plus bref délai. Le 29, aucun d'eux n'ayant paru, le tribunal leur envoya une nouvelle citation qui produisit quelque effet. Le premier Octobre, 11 Vaudois (1) vinrent à Briançon et demandèrent à être tenus pour de bons chrétiens. Ils apprirent que les Vaudois de Valcluson étaient très surexcités et qu'ils avaient décidé de recourir aux armes. D'après Fornier (2), ils auraient dit aussi que les syndics et les conseils du pays, qui étaient vaudois, levaient un impôt sur les catholiques « pour la subsistance des Vaudois», croyait-on, et que ceux-ci, pensait-on encore, avaient envoyé des députés au roi de France pour se plaindre du commissaire apostolique; enfin que les catholiques du pays étaient harcelés journellement par leurs compatriotes vaudois qui leur rendaient la vie intolérable.

Le 2 Octobre, le messager Gonet Faure, qui avait porté aux curés l'arrêt et l'invitation du 18 septembre, dit à Cattanée, à son retour, qu'on l'avait menacé de lui ôter la vie s'il reparaissait dans le pays, porteur de pareilles dépêches; qu'il avait vu un attroupement considérable d'hérétiques qui disaient entre eux qu'ils marcheraient en armes sur Briançon et arracheraient de vive force leurs frères prisonniers des mains du juge mage et de l'inquisition.

----

(1) Fornier, *Histoire*, t. II. p. 417, dit. 8.
(2) *Idem*, t. II p. 417.

Le 3 Octobre, 44 Vaudois (1) étant venus faire leur soumission, Cattanée se contenta, pour le moment, de prononcer une sentence d'excommunication contre 217 Vaudois (2). Un autre Vaudois, natif de Mentoulles, suivant Fornier (3), après avoir fait son abjuration le même jour, aurait dénoncé 25 de ses coreligionnaires; une femme 26; un troisième, également de Mentoulles, 34; un troisième aurait dit qu'il ne s'était fait Vaudois que pour vivre en libertin.

Le 6 Octobre, l'inquisiteur adressa de nouvelles lettres aux curés du pays pour les inviter à lire en chaire sa sentence d'excommunication avec la plus grande solennité, c'est à dire en éteignant les cierges et au son des cloches et à la signifier aux 217 Vaudois inculpés. Que si ces derniers refusaient de comparaître à Briançon, ils seraient, de ce fait seul, condamnés à 25 ducats et déclarés hérétiques. Gonet Faure, le messager susdit de Cattanée, porta ces lettres, et était de retour le 8 octobre. Il raconta que, quoiqu'on l'eût averti qu'il serait sûrement attaqué, il ne le fut nullement. Le tribunal de l'inquisition se réunit le lendemain, et il fut décidé qu'on donnerait encore 25 jours aux Vaudois pour réfléchir et que, passé ce temps, s'ils persistaient dans leur désobéissance, ils seraient livrés au bras séculier pour être châtiés exemplairement. Durant ces intervalles les Vaudois, au dire de Fornier (4), envoyèrent une députation au roi, mais leurs messagers se firent reconnaître dans les hôtelleries « à leurs secrets murmures », et le seigneur Georges de la Roche les fit incarcérer, pour se saisir de leur argent. Pour eux, ils purent s'échapper par une fenêtre, et quelque temps après abjurèrent avec plusieurs autres (5).

---

(1) 48, d'après Fornier, *Idem*, t, II p. 418.

(2) 209, d'après Idem, *Idem*.

(3) *Idem*.

(4) *Idem*, p. 418, 419.

(5) *Copie des procès de la sainte inquisition contre les suspects des Pauvres de Lyon ou Vaudois de la châtellenie de Valcluson, de la châtellenie de Mentoulles et de la judicature de Briançon 1487 et 1488*, en latin. Arch. de l'Isère, analysé par M. Jul. Chevalier, *Mémoire* cité, p. 41-59.

III. Nouvelle assignation des Vaudois de delà les monts. — Leur excommunication. — Assentiment du roi Charles VIII. — Placard vaudois. — Intervention inefficace d'Aimar de La Roche. — Assignation des Vaudois de deçà les monts. — Leur excommunication (1487-1488).

Les Dominicains, humiliés de ne pas diriger l'inquisition dans les vallées alpestres, ne laissèrent pas en repos Cattanée. Ils répétaient partout qu'il n'avait pas le droit d'agir seul et que tous ses actes par suite étaient entachés de nullité. Le pape Innocent VIII vint à l'aide de son nonce. Le 23 octobre 1487, il suspendit de ses fonctions Blaise de Montréal, qui était à la tête des mécontents. Le 30, il autorisa Cattanée à lui interdire toute procédure; le 1er novembre, il le félicita de ses travaux et l'engagea à ne pas quitter le pays qu'il n'eût terminé son œuvre d'extermination.

Cependant les vingt-cinq jours de réflexion accordés aux Vaudois de Pragela et de Valcluson expiraient le 1er novembre, et 50 seulement d'entre eux étaient venus solliciter leur grâce. Le 7, Cattanée qui, nous nous plaisons à le reconnaître, hésitait à recourir à la force, cita de nouveau à comparaître 220 Vaudois. Il leur promettait le pardon s'ils revenaient de leurs erreurs, mais les prévenait qu'en cas de désobéissance il serait contraint de les livrer au bras séculier. Les lettres d'assignation lues du haut de la chaire par les curés de Mentoulles, d'Usseaux et de Pragela, ne laissèrent pas que de causer des alarmes aux Vaudois. Les catholiques eux-mêmes, craignant avec raison d'être plus ou moins enveloppés dans les violences d'une soldatesque brutale, députèrent à Cattanée trois des leurs, Guillaume Olagnier, vice-châtelain de Mentoulles, Jean Vinczon notaire et Jean Broë, qui le prièrent de patienter encore, disant que les hérétiques de Valcluson n'étaient pas éloignés de l'idée de se soumettre. L'inquisiteur leur répondit que, dans ce cas, les habitants du pays devraient confier leurs intérêts à d'honnêtes et bons chrétiens avec qui on pourrait traiter des conditions d'une amnistie.

Les trois députés, satisfaits de cette réponse, partirent en promettant de s'employer de tout leur pouvoir à la soumission de leurs compatriotes, mais leurs conseils furent de nul effet, parce que les barbes vaudois assurèrent, dit-on, à ceux-ci que le roi de France, Charles VIII, allait intervenir en leur faveur. A bout de patience, Cattanée fulmina le 16 novembre une sentence qui déclarait tous les Vaudois de Pragela et de Valcluson excommuniés, hérétiques et relaps; les livrait au bras séculier et confisquait tous leurs biens meubles et immeubles au profit de leurs seigneurs temporels et de la chambre apostolique. (1) Voici le début de cette sentence: « Lève-toi, Seigneur, dans ta colère; lève-toi dans les portes de tes ennemis, parce qu'ils ont fait choix de la malédiction (et elle viendra sur eux), et qu'ils n'ont pas voulu de la bénédiction (et elle s'éloignera d'eux); que les lois s'arment et que la justice se dresse contre eux; qu'ils soient frappés par un glaive vengeur et que ton nom, ô Dieu, soit célébré partout! »

Ce début ne manque pas de grandeur, mais n'est-ce pas le comble de l'aveuglement que de croire et de dire que la gloire de Dieu était intéressée au massacre de pauvres paysans, dont le seul crime était d'adorer Dieu autrement que l'église de Rome? Quel cas Cattanée faisait-il donc des préceptes et de l'exemple du divin fondateur du Christianisme? « Jésus-Christ, raconte l'évangéliste St. Luc (IX, 51-56), tourna ses pas du côté de Jérusalem, et il envoya des messagers devant lui, lesquels, étant partis, entrèrent dans un bourg des Samaritains (2) pour lui préparer un logement. Mais ceux-ci ne le reçurent point, parce que ses pas étaient tournés du côté de Jérusalem. Jacques et Jean ses disciples, voyant cela, lui dirent: Maître, veux-tu que nous disions au feu du ciel de descendre et de les consumer comme fit Elie? Jésus, se retournant, les réprimanda et dit: Vous ne savez de quel esprit vous êtes, car le Fils de l'homme n'est pas venu perdre les hommes, mais les sauver. » Ce récit n'est-il pas la condamnation formelle de ce prosélytisme par la force pratiqué pendant de longs siècles par l'église catholique et dont ses chefs revendiquent encore le droit et l'honneur ? (3)

Le parlement, avant de mettre des troupes sur pied pour prêter main forte à l'inquisiteur, comme il le lui avait promis, chargea quelques personnages de marque de prendre avec lui sur les lieux les mesures nécessaires pour persuader aux Vaudois de se

---

(1) Conseil des finances du pape.

(2) C'étaient, eux aussi, des schismatiques et des hérétiques, qui ne reconnaissaient qu'une portion de l'Ecriture. Jésus-Christ n'estimait pas qu'il fallût les brûler.

(3) Voir le *Syllabus* de Pie IX, art. XXIV, et le commentaire de M. Jules Chevalier, que nous avons cité plus haut, et qui se trouve dans son *Mémoire*, p. 97.

convertir et, sur leur refus, de procéder à leur extermination. Ce furent Jean Rabot, conseiller au parlement ; Hugues de La Palud, comte de Varax, vicomte de Salins, lieutenant du gouverneur de Dauphiné, et Oronce Emé, vibailli de Briançon. Philippe de Savoie, le gouverneur de la province, écrivit au roi Charles VIII pour connaître ses intentions. Ce dernier lui répondit de Rouen le 6 décembre 1487 de faire le nécessaire, « car pour rien, disait-il, je voudrais souffrir de telles erreurs avoir lieu en mon dit pays. » C'était signer l'ordre du massacre des Vaudois, ses loyaux sujets.

Une expédition armée ne pouvant être entreprise à cette époque de l'année contre les Vaudois de delà les Alpes, Cattanée s'occupa de ceux de deça. Il écrivit aux curés et vicaires du diocèse d'Embrun d'inviter toutes les personnes qu'ils sauraient hérétiques à venir abjurer entre ses mains dans les trois jours, avec l'assurance, s'ils déféraient à ses ordres, d'un plein et entier pardon. Quelques Vaudois répondirent à l'appel et, comme depuis le commencement des procédures l'inquisiteur avait remarqué que ceux qui faisaient leur soumission, aussitôt rentrés chez eux, revenaient à leurs premiers sentiments, il demanda au pape ce qu'il devait faire en présence de ces conversions simulées. Ce dernier répondit le 3 janvier 1488 que, cette question ne pouvant se trancher d'une manière absolue, il lui conseillait de prendre l'avis d'hommes compétents, notamment du vibailli de Briançon Oronce Emé. Il ajoutait qu'il ne devrait livrer au bras séculier que les hérétiques endurcis et que, pour ce qui était des suspects, il fallait envoyer à Rome les pièces de leurs procès ; puis, comme les Dominicains continuaient de contester les droits de Cattanée, le pape le confirma une nouvelle fois dans sa charge et l'autorisa à agir seul.

Vers la fin de janvier, Jean Rabot et La Palud se mirent en route pour les Alpes vaudoises. Le 31 du même mois, (1) comme ils prenaient leur repas à Saint Crépin, quatre députés de Freissinières, de Largentière et de Vallouise se présentèrent devant eux et les supplièrent de prendre connaissance des rescripts tant royaux que delphinaux qui garantissaient leurs franchises. Les commissaires du parlement leur promirent de les entendre et leur donnèrent un sauf-conduit pour se rendre à Briançon dans les huit jours. Accompagnés d'un notaire, ils apportèrent en sus

_____

(1) Fornier, *Histoire*, t. II, p. 421.

des dits rescripts, deux sentences d'absolution des sentences d'excommunication fulminées contre eux par l'archevêque d'Embrun Jean Baile et par son official. Elles émanaient de Pierre de Vaillac, chanoine de Vienne et délégué de l'archevêque Angelo Catho, dont il a été parlé ci-dessus. Rabot et La Palud ne tinrent pas compte de ces absolutions et dirent aux députés que, puisqu'eux et leurs coreligionnaires étaient accusés d'être Vaudois, leur premier devoir était de se faire absoudre du crime d'hérésie par le souverain pontife ou par ses mandataires, après quoi ils pourraient être assurés « de toute immunité et d'une parfaite délivrance, » mais que jusque là il fallait « exécuter les intentions du pape. »

Cependant l'archevêque d'Embrun, malgré ce que nous avons dit à la fin de la section I, ne laissa pas que d'être quelque peu ému des sentences d'absolution émanées de l'archevêché de Vienne et, comme il ne reconnaissait pas sa suprématie, il refusa d'accepter les dites sentences tout comme les commissaires du parlement, de sorte que les Vaudois furent contraints d'en appeler au pape. L'archevêque ayant suivi leur exemple, le pape confia le jugement de ce conflit de juridiction à Pierre de Accolis, auditeur du palais de Rota à Avignon. Cattanée, qui soutenait le parti de l'archevêque d'Embrun, opposa à l'auditeur, qui était disposé à reconnaître les droits de suprématie de celui de Vienne, le canon *Per hoc* du traité *De hœreticis*, liv. 6, tandisque de Accolis s'appuyait sur le canon *Studuisti* du même traité. Le pape donna raison à son inquisiteur, lui enjoignit de continuer ses procédures et le loua de son zèle (1).

Les Vaudois de Pragela et de Valcluson envoyèrent aussi des députés aux commissaires du parlement. Ils étaient munis, comme ceux de deça les Alpes, de rescrits royaux qui garantissaient leurs

---

(1) Guy Allard *(La vie de Jean Rabot* dans Gariel *Delphinalia*, N° 2, p. 35), donne une autre version de l'intervention de l'archevêque de Vienne. Il dit que le roi, voulant éviter, si possible, l'effusion du sang de ses sujets, le chargea, ainsi que l'abbé de Saint Antoine, de se rendre dans les Alpes pour essayer de ramener les vaudois à l'obéissance; qu'ils y vinrent, en effet, mais qu'ils échouèrent complètement dans leur mission. Ceci ne s'accorde pas avec le manifeste Vaudois dont il va être parlé. Fornier déclare *(Histoire*, t. II p. 424) que c'est le pape qui chargea les deux prélats en question de s'occuper des Vaudois. C'était probablement pendant l'inquisition de Veyleti. Nous avons vu Cattanée, qui lui succéda, ordonner aux officiers de cet archevêque de cesser leurs procédures au sujet des Vaudois et, un peu avant, Jean Baile leur signifier de ne pas s'ingérer dans les affaires de son diocèse.

libertés ; mais « ils ne retirèrent, dit Fornier (1), que beaucoup de douces paroles et d'amoureuses exhortations à vouloir se reconnaître. Ils protestent qu'ils n'auront d'autre intention que d'être et de vivre orthodoxes en la loi et en la religion de leur roi dauphin. Ils prient ces messieurs qu'il leur plût, à raison des vieillards et des malades, s'approcher d'eux jusqu'à Césane et que les habitants viendraient leur donner plus de satisfaction qu'ils n'en sauraient attendre ». Leur proposition ayant été repoussée « ils demandèrent, continue Fornier, que Monsieur (Aimar) de la Roche, leur gouverneur, vînt avec eux, tant pour faire foi de leur rapport que pour gagner sur l'esprit des leurs, par leurs persuasions, ce que prétendent leurs seigneuries. Et les commissaires et les gouverneurs de ces Vallées acceptérent la proposition, » notamment Aimar de la Roche, qui rejoignit Rabot et La Palud du côté de Fenestrelles et d'Usseaux, dans le Valcluson.

Avant l'expiration du sauf-conduit, qui prenait fin le 5 février 1488, un Vaudois de Freissinières, profitant du départ des commissaires de Briançon, afficha à la porte de l'hôtellerie où ils avaient été logés, un manifeste où l'on disait, entre autres, «qu'il était bien raisonnable d'ensuivre les ordonnances de l'Église, notre mère, mais non celles qui sont émanées de la bouche des prélats avares, acharnés à la proie, mercenaires et loups ravissants en la conformité de leurs actions, lorsqu'ils procèdent par voie de fait et d'une justice temporelle, à qui la justice spirituelle était mieux avenante, et les dissipateurs du troupeau de Dieu ». Les Vaudois protestaient ensuite qu'ils n'étaient ni des rebelles ni des criminels obstinés, mais des croyants ; qu'ils ne demandaient pas mieux que de se réconcilier avec l'Église et de sauver leurs vies et leurs biens, mais que l'oppression que leurs puissances temporelles faisaient peser sur eux était si grande qu'il ne leur restait plus qu'à opposer la force à la force ou à quitter le pays. Ils louaient ensuite Louis XI qui, informé des pilleries, confiscations et meurtres dont ils avaient été victimes, avait ordonné qu'ils fussent réintégrés dans leurs biens ; « mais, ajoutaient-ils, depuis son déplorable décès, les vautours et ceux qui prennent leur part à leur gibier se sont levés pires que jamais, entre autres un Albert de Capitaneïs (2), qui abusent de la sim-

____

(1) *Histoire*, t. II, p. 422.

(2) Autre nom de Cattanée, comme on l'a dit plus haut.

plicité des pauvres chrétiens innocents, auxquels dix mille livres ont été volées outrageusement (1) et sans espérance de restitution ; troublant toute sorte d'ordre et de droit sous couleur de la foi, tout ordre de l'Église et des Apôtres, et la bonté de même que la doctrine de Jésus-Christ ; faisant des cas qui n'ont jamais été soumis aux excommunications et liant les âmes avec scandale, et faisant tourmenter, brûler, mourir ceux qui ne veulent croire que ce que l'Église, notre sainte mère, croit; et les obliger à appeler de l'insupportable audience et autorité de Monsieur le commissaire, qui se nomme apostolique, et de ses officiers collègues, les Seigneurs temporels concourant à cette même cruauté, et nous mettre sous l'aile et à la garde de Monsieur notre roi et dauphin, et à la cour de monsieur l'archevêque de Vienne et de l'abbé de Saint Antoine, à qui, tant par droit que par coutume, ces causes peuvent être évoquées ; demandant à cela lettres de renvoi et assurances devant ces cours et, pour cet effet, ils prenaient toute l'assistance pour témoin ».

Le Vaudois, qui avait affiché ce manifeste, dont la forme était violente, mais le fond vrai, prit la fuite, mais il fut arrêté. On le contraignit à faire connaître le nom de l'auteur du placard, puis on le relâcha par respect pour le sauf-conduit dont il était porteur.

Sur ces entrefaites, Aimar de La Roche, gouverneur de Mentoulles, qui avait consenti à faire tous ses efforts pour ramener les Vaudois d'Usseaux et de Fenestrelles dans le giron de l'église romaine, vint rendre compte de sa mission à Cattanée et aux commissaires du parlement. Il fut contraint de confesser que toutes ses démarches étaient restées sans résultat. Onze Vaudois pourtant l'avaient accompagné et abjurèrent leurs doctrines. Deux d'entre eux dirent même que si le gouverneur voulait bien recommencer sa tentative auprès de leurs coreligionnaires, il pourrait amener à Briançon 500 d'entre eux pour faire leur soumission. Quant aux Vaudois de Freissinières, La Roche déclara qu'on ne pouvait rien attendre d'eux à cause des sentences d'absolution que l'archevêque de Vienne avait rendues en leur faveur.

Cattanée fit pour les Vaudois de ce côté des Alpes ce qu'il avait déjà fait pour les Vaudois d'au delà. Le 5 février 1488, il chargea les curés du diocèse d'Embrun d'assigner devant lui du haut de la chaire 88 vaudois de Vallouise, 70 de Largentière et

____

(1) C'était le produit des confiscations ou des amendes.

une centaine de Freissinières. Peu après, il fit faire une deuxième citation dans les mêmes formes ; puis le 23 février, une troisième accompagnée de menaces ; enfin, le 1.er mars, une dernière. Et comme le 8 mars aucun vaudois, paraît-il, ne s'était présenté, il déclara hérétiques et relaps du haut de la chaire de la cathédrale de Briançon les Vaudois des trois vallées susdites, livra leurs personnes au bras séculier et confisqua leurs biens, meubles et immeubles au profit de la chambre apostolique et des seigneurs haut justiciers du pays (1).

IV. Formation d'une armée pour réduire les Vaudois par la force. — Remplis d'effroi, ces derniers envoient une profession de foi à Cattanée, qui la déclare hérétique (1488).

Il ne restait plus à cette heure qu'à réduire les Vaudois par la force suivant les maximes de l'Église ; on y pourvut. Le parlement de Grenoble, qui ne cessa pas un seul instant d'approuver et de soutenir Cattanée, réunit une armée, à la tête de laquelle il plaça Hugues de La Palud. Le roi Charles VIII, qui approuva l'expédition, nomma Jean Rabot intendant de cette armée par commission du 12 février 1488. Ce dernier, qui était rentré à Grenoble, reprit le chemin des Alpes pendant que Cattanée publiait une croisade, engageant tous les chrétiens de bonne volonté à se joindre aux soldats qui allaient arriver d'un moment à l'autre. L'appel fut entendu, et l'on vit les catholiques de Valcluson venir « en enfants obéissants, dit Fornier (2), en assez grosse troupe, suivant l'enseigne de la croix, au dessein de rendre raison de leur croyance et désavouer et retenir tout le venin qu'ils avaient pu humer du commerce de leurs voisins, et ce en présence du seigneur commissaire et nonce apostolique». Et, pour qu'ils ne fussent pas victimes des confusions et des désordres qui arrivent presque toujours en de pareilles conjonctures, on les avertit en même temps, par lettres, qui furent publiées dans tous les lieux de la vallée, de pourvoir à la sûreté de leurs personnes et de leurs biens. Ces lettres donnaient ordre,

---

(1) Jules Chevalier, *Mémoire*, p. 77-83.
(2) *Histoire* etc., t. II, p. 425.

92

en outre, à tous les catholiques de prendre les armes le 1.er dimanche de carême, 24 février 1488 ; rappelaient les offres de
pardon faites aux Vaudois et la sentence qui les livrait au bras
séculier ; elle frappait d'une amende de 100 francs au profit du
trésor delphinal ceux qui manqueraient au rendez-vous ; enfin,
elles faisaient appel au zèle du gouverneur et des châtelains.

Les Vaudois, alarmés par la publication de ces lettres, demandèrent un sauf-conduit pour leurs barbes, qui discuteraient avec
qui de droit des divers points de leurs doctrines. Ce sauf-conduit leur fut accordé, mais ils n'en profitèrent pas, alléguant
pour excuse, au dire de Fornier (1), la mauvaise volonté de
Cattanée à leur égard. Ils se contentèrent de faire tenir aux
chefs de la croisade un exposé de leur foi, dans lequel ils para-
phrasaient le symbole des apôtres, faisaient part de leurs doutes
à l'endroit du purgatoire et de l'invocation des saints, et décla-
raient croire à l'extrême onction, au sacrement du mariage, à
la transsubstantiation et à la nécessité du baptême. Ils disaient
en terminant que, s'il y avait quelque chose de répréhensible
dans cet exposé, ils étaient disposés à y renoncer pourvu qu'on
leur en montrât la nécessité par les voies de la douceur.

Les Vaudois ayant fait savoir, d'autre part, à Cattanée qu'ils
en avaient appelé de son tribunal à celui de l'archevêque de
Vienne, qui devait les juger en vertu du rescrit du 5 juin 1487
du pape Innocent VIII cité plus haut, les opérations, sur le conseil de l'archevêque d'Embrun, furent retardées de quelques jours.
Le parlement, consulté sur la question, répondit par deux lettres :
l'une adressée à La Palud, l'autre à Rabot. Il disait que l'appel
des Vaudois était nul, parce qu'il ne portait sur aucun point déterminé et parce que l'hérésie des Vaudois était de notoriété
publique. Le parlement ordonnait, en conséquence, à ses deux
commissaires de passer outre et d'éxécuter les ordres qu'ils
avaient reçus.

Cependant les Vaudois de Pragela, qui devaient être attaqués
les premiers par l'armée royale, députèrent quelques-uns de leurs
vieillards à Cattanée pour invoquer sa pitié et lui promettre
l'abjuration de leurs coreligionnaires. L'inquisiteur les reçut
avec empressement à la paix de l'Eglise ; mais pour leur montrer qu'il n'était pas homme à se contenter de simples promesses,

------

(1) *Idem*, t. II, p. 426.

il fit brûler devant eux deux vaudois qui n'avaient pas voulu rétracter leurs doctrines.

Les Vaudois de Mentoulles, Usseaux, Fenestrelles et autres lieux de la Vallée eurent plus de fermeté et de courage que ceux de Pragela. Se chargeant de leurs effets les plus précieux, ils se réfugièrent dans des retraites inaccessibles de leurs montagnes et envoyèrent des députés à La Palud pour lui remettre le manifeste remarquable qui suit:

« Nous, vrais fidèles de Valcluson, tenons à vous dire, révérends et magnifiques Seigneurs, de ne point prêter l'oreille aux accusations de nos ennemis et de ne point nous condamner avant d'avoir entendu la vérité. Nous sommes de fidèles serviteurs du roi et de véritables chrétiens. Les maîtres dans notre loi, personnages également remarquables par la sainteté de leur vie et par la doctrine, sont prêts à vous montrer dans un concile ou dans un synode, avec une clarté aussi grande que celle du jour et d'après les témoignages de l'Ancien et du Nouveau Testament, que nous sommes en possession d'une doctrine parfaitement chrétienne. Bien loin de mériter d'être poursuivis, nous sommes dignes d'éloges. Nous ne voulons pas imiter ceux qui foulent aux pieds l'Évangile et qui ont abandonné les traditions apostoliques ; nous ne voulons point nous soumettre à une institution mauvaise. Ce que nous recherchons, c'est la pauvreté et l'innocence, qui ont présidé à l'établissemeut et aux premiers développements de la foi orthodoxe. Les richesses, le bien-être et ce désir de domination dont nos persécuteurs sont possédés, nous les méprisons. Vous avez résolu, dites-vous, d'étouffer nos croyances et notre secte ; prenez garde d'outrager Dieu et d'attirer sur vous sa colère ; prenez garde, en croyant faire le bien, de vous rendre coupables d'un grand crime, comme l'Écriture le dit de Saint Paul avant sa conversion. Nous plaçons notre espérance en Dieu, nous nous appliquons à lui plaire plutôt qu'aux hommes, et nous ne craignons point ceux qui peuvent bien nous ôter la vie du corps, mais qui ne sauraient nous ravir celle de l'âme. Sachez toutefois que, si Dieu le veut, tout ce déploiement de forces ne pourra rien contre nous » (1).

Cattanée, au lieu de prouver aux Vaudois par l'Écriture, seule règle infaillible de la foi, qu'ils étaient dans l'erreur, leur ré-

---

(1) Dans Cattanée, *Historiæ regum à Pharamundo ad Ludovicum XII epitome* (man. de la Bibl. nationale) ; traduction de M. Jules Chevalier, *Mémoire*, p. 84, 85.

pondit que leurs opinions, cent fois condamnées par les conciles, lui étaient suffisamment connues et qu'ils étaient un sujet perpétuel de troubles et de scandales dans l'Église. Il les engageait donc à faire leur soumission, afin de ne pas être frappés par le glaive de la justice. Les Vaudois ayant demandé un sursis de huit jours pour délibérer et déclarer qu'ils étaient prêts à renoncer à leurs doctrines si on leur démontrait par la Bible qu'elles étaient erronées, on prit jour pour une conférence, mais, suivant Cattanée (1), elle ne put avoir lieu par la faute des Vaudois qui, surexcités par les évènements, accueillirent par des injures les missionnaires qu'ils avaient demandés.

V. Opérations de l'armée royale dans le Valcluson. — Plusieurs morts. — Beaucoup de prisonniers et de fuyards. — Abjuration des premiers. — Retour de plusieurs à leur ancienne foi (1488).

L'armée de La Palud, forte de 8000 hommes suivant Guy Allard (2), se trouva réunie à Césane le jeudi, 6 mars (3). Elle comptait dans ses rangs plusieurs gentilshommes, notamment Humbert de Saint Marcel, seigneur d'Avançon; Pierre, son fils, et Antoine, son frère; Pierre Flotte, seigneur de Jarjayes; Anthelme de Montorcier, coseigneur de ce lieu; Guy Bayle, gentilhomme de Briançon; Jean de Nevache, Hippolyte et Elzéar de Bardonnèche, Antoine de Borelli, Hector de Monteynard et au-

---

(1) Dans Godeffroy, *Histoire de Charles VIII*, p. 277 et suiv.

(2) *Vie de Jean Rabot*, dans Gariel, *Delphinalia*, n° 2, p. 37. Jean Rabot, La *Généalogie de la maison de Rabot*, dans le *Bulletin de la soc. d'archéologie de la Drôme*, 1874, p. 274, dit 7 à 8000 hommes. — M. Jules Chevalier (*Mémoire*, p. 92) abaisse ce chiffre à 1000 hommes, ce qui n'est pas admissible, si l'on tient compte des nombreux volontaires qui se joignirent à l'armée royale et de la crainte qu'inspiraient les Vaudois, montagnards, robustes et courageux, qui pouvaient se défendre comme des lions et avec l'acharnement qu'inspire le désespoir.

(3) Cattanée, Jean Rabot, Guy Allard et Fornier ne s'accordent pas sur cette date, que le premier recule jusqu'au 17 mars et le troisième jusqu'au 27. Nous suivons le dernier qui, malgré quelques erreurs de dates faciles à corriger, semble le mieux informé sur la marche de l'armée royale tant au delà qu'en deçà des monts. La prise d'armes, comme on l'a vu plus haut, ayant été fixée, pour les croisés de Pragela et de Valcluson, au 24 février 1488, premier dimanche de carême, les opérations militaires n'ont pu être retardées jusqu'au 17 ou 27 mars, d'autant que les auteurs cités ne mentionnent aucune recrudescence de froid dans les Alpes dauphinoises à ce moment de l'année.

tres. Divers prélats se joignirent également à l'expédition. Jean Bayle, archevêque d'Embrun, le principal instigateur des poursuites, célébra solennellement la messe à Césane, diverses processions suivirent, les enseignes furent bénites dans l'église paroissiale et une indulgence plénière accordée à tous les combattants qui portaient une croix blanche sur leur épaule droite. Ce mélange de la religion avec le sang innocent qui allait être versé remplit involontairement l'âme d'horreur.

Le même jour, un Vaudois nommé Thomas Villocti, adressa à La Palud une lettre en sa langue ou vieux provençal, où il se plaignait amèrement de l'expédition et la comparait à un massacre de prophètes.

Le Vendredi, 7 mars, Hippolyte de Bardonèche, un des chefs croisés, comme on l'a dit, alla reconnaître, sur l'ordre de La Palud, la baume ou caverne de La Troncha, où 60 vaudois de l'un et l'autre sexe s'étaient retranchés. Les ayant assaillis à l'improviste dès le lendemain, ils furent si surpris qu'ils ne purent se défendre. Faits prisonniers et amenés au général en chef, ce dernier chargea Guy Baile de les faire conduire en prison.

Le dimanche, 9 mars, La Palud fit sommer par un tambour un certain nombre d'autres vaudois qui s'étaient retirés dans une autre caverne, située sur les flancs de la montagne de La Fraisse, « de se rendre à la merci de Dieu, à la volonté du roi et sa justice. » S'y étant refusés, Anthelme d'Avançon les attaqua et, quoiqu'ils fissent rouler sur ses soldats des quartiers de roche, il réussit à en tuer une vingtaine à la pointe de l'épée et en fit pendre deux autres. Le même sort fut réservé à deux blessés, à un nommé Balistène et à une vieille femme.

Le lundi 10. mars, l'armée attaqua les Vaudois de Pragela, Usseaux et Fenestrelles. Des espions, envoyés dans divers sens, les découvrirent sur un rocher abrupte, ressemblant à un lieu muré et attenant à la caverne de Rodel. Antoine de Borelli et Pierre Flotte, seigneur de Jarjayes, qui commandaient 3 ou 400 hommes de pied, après les avoir inutilement sommés de se rendre, les assaillirent avec impétuosité, mais ils furent obligés de battre en retraite dans Fenestrelles à cause des quartiers de rocher que les vaudois faisaient rouler sur eux. Ils eurent 5 hommes tués et une quantité de blessés.

Le mardi, 11 mars, la même troupe s'apprêtant à reprendre l'offensive avec des machines de guerre, un parlementaire vaudois vint déclarer que ses compagnons étaient résolus à se ren-

96

dre. La Palud était allé fouiller divers hameaux dépendant de Fenestrelles et n'y avait rencontré que quelques Vaudois, qui avaient déjà fait leur soumission. A son retour, il vit tous ceux qui s'étaient réfugiés dans la grotte « venir, dit Fornier, (1) et descendre à la file de Rodel et du haut de la spélonque (grotte), la tête nue et les mains jointes, tant hommes que femmes, avec pleurs, cris et gémissements. Ils se soumettent au lieutenant; ils se prosternent à genoux pour attendre les décrets de la justice. Le nombre, tant des hommes que des femmes, montait à onze vingt. Quantité d'autres se sauvèrent par l'habileté de leurs pieds ». Gilles (2) assure que les soldats catholiques contraignirent les Vaudois « par feux et fumées de sortir des cavernes où ils étaient, et les massacraient cruellement; » puis il ajoute: « On a conservé la mémoire des noms de plusieurs particuliers du Val Cluson et Méane qui furent mis à mort cruellement en ces dites persécutions, qui se peuvent lire ès histoires sur ce imprimées. »

La Palud fit enfermer les prisonniers dans diverses maisons de Fenestrelles et manda sur le champ auprès de lui, pour prendre son avis, l'intendant Jean Rabot, qui était resté à Briançon pour ravitailler l'armée. Ces deux officiers, après s'être entendus, donnèrent l'ordre de conduire tous les prisonniers à Mentoulles, où les hommes furent enfermés dans le château et les femmes dans une maison; puis ils décidèrent de recevoir à la pénitence et à l'absolution tous ceux qui en feraient la demande. Les prisonniers s'y résolurent presque tous. Ils confessèrent qu'ils renonçaient « à la pernicieuse secte vaudoise et à toutes ses hérésies, et promirent expressément de ne jamais retirer chez eux aucuns de ces excommuniés, mais de les révéler à l'Eglise et constamment observer tous les autres ordres qu'on leur donnait. » On mit à mort néanmoins un Vaudois, qui passait pour l'un des chefs, et la sœur d'un maître ou barbe. Quant à ceux qui étaient restés dans leurs maisons, on les reçut à miséricorde sur leur demande et les autres furent renvoyés chez eux.

Douze Vaudois connus d'Usseaux et de Fenestrelles qui, plutôt que d'abjurer, s'étaient enfuis dans les Vallées vaudoises du Piémont, furent sommés, sous peine de mort, par La Palud et Rabot de se présenter dans les douze jours devant Cattanée. D'après

---

(1) *Histoire*, t. II, p. 432.
(2) *Histoire*, t. I, p. 38 (éd. de 1881).

Crespin (1), Gilles (2) et Perrin (3), La Palud ne put forcer d'autres lieux de Pragela et de Valcluson, où s'étaient retranchés un certain nombre de Vaudois, et dut se retirer tout confus.

Cependant un grand nombre de ceux qui avaient fait leur soumission et qu'on avait relâchés en eurent un vif regret et, pour ne pas courir le risque d'être appréhendés au corps et livrés au bûcher en qualité de relaps, se cachèrent pendant cinq ans dans les cavernes et les fentes de rochers du pays. On leur fit signifier d'avoir à porter des croix à découvert sur leurs vêtements, devant et derrière, avec défense de se présenter à la porte des églises sans cette marque. Ayant refusé de le faire, ils furent cités à comparaître et, comme ils ne tinrent aucun compte de l'assignation, on les condamna au feu comme relaps. Cette sentence ne les émut pas. Ils persévérèrent dans leur foi, reçurent parmi eux des barbes et des maîtres d'école de leur communion et donnèrent même asile à des excommuniés et des bannis.

Pour en terminer avec eux, nous dirons que, le 1er janvier 1489, le successeur de Cattanée, qui éprouva sans doute le besoin de se reposer de ses exploits sanglants, l'inquisiteur François Plovier, de l'ordre des Frères mineurs, envoya à ces relaps des citations qui demeurèrent également sans effet. Le 28 juin suivant, il les somma de nouveau d'avoir à comparaître devant lui pour s'entendre condamner comme « hérétiques endurcis » à perdre leurs biens et à être livrés au bras séculier. Ils ne se rendirent pas mieux à cette citation qu'aux autres, de sorte que l'inquisiteur, qui n'avait plus de soldats à sa disposition, dut se contenter de défendre à toute personne de leur parler sans une dispense de l'Église.

Les Vaudois de Pragela, qui étaient rentrés dans leurs maisons après avoir abjuré, se repentirent également de leur lâcheté, car nous savons par une déposition du barbe Martin, que nous donnons intégralement plus loin, qu'en 1492 ils lui firent savoir, ainsi qu'à son compagnon, le barbe Pierre de Jacob, qu'ils désiraient les entendre et se confesser à eux (4).

---

(1) *Histoire des martyrs*, fol. 601 (éd. de 1619).

(2) *Histoire*, t. I, p. 38.

(3) *Histoire*, p. 131.

(4) Outre les sources déjà citées, voy. Cattanée, *Origo Waldensium*, dans Léger, *Histoire*, 2.me part. p. 24-26; Chorier, *Histoire générale de Dauphiné*, t. I, p. 501; Jules Chevalier, *Mémoire*. p. 41-59; 73-88; Bérenger, *Vie de Jean Rabot*, Grenoble, 1863, p. 22-29; Crespin, *Histoire des martyrs*, fol. 601.

C'est vraisemblablement aux évènements que nous venons de rapporter que se rapporte ce récit de Crespin: (1) « En la persécution dressée par les Briançonnais, Embrunais et ceux de l'abbaye d'Oulx contre les Vaudois de Valcluson il y a plus de six vingts ans, un vieillard de Pragela, condané à être pendu, fut sauvé par ce que son fils s'offrit à la mort pour le racheter et fut exécuté à sa place. Hugues Champ de Fenestrelles, procureur des Vaudois, constitué prisonnier à Suse, fut de là mené à Turin, où les ennemis lui firent tirer et arracher les boyaux du ventre. Un autre, nommé Le Cornier des Gajots, de Pragela, fut pendu à Grenoble, comme aussi Pierre Berthelot d'Usseaux et Villot Canton, du même lieu, à Fenestrelles. »

VI. Opérations de l'armée royale à Freissinières. — Reddition des Vaudois. — Leur emprisonnement et leur abjuration. — Supplices de quelques-uns (1488).

L'armée qui venait d'opérer en Pragela et Valcluson fut de retour à Briançon le jeudi, 20 mars 1488. Les Vaudois des vallées de Freissinières, Largentière et Vallouise, prévoyant le sort cruel qui leur était réservé, songèrent un moment à réunir toutes leurs forces pour résister à l'ennemi commun, qui aurait eu peut-être beaucoup de peine à les réduire; mais l'hésitation les empêcha de s'entendre et ils demeurèrent chacun dans leurs vallées, à l'exception de ceux qui étaient le plus en vue ou le plus compromis et qui prirent le prudent parti de la fuite.

L'armée, à son retour à Briançon, fut accueillie par Pierre de Rame, seigneur du Poët, et Facion de Rame, son frère, coseigneur de Freissinières, qui annoncèrent à ses chefs qu'ils étaient chargés par les habitants de cette dernière vallée de les assurer de leur soumission et que ses divers consuls avaient promis que, lorsque La Palud, Rabot, Oronce et Cattanée se rendraient à Freissinières, «ils les verraient tous devant eux prosternés en enfants obéissants à notre Saint Père, sujets à leur sérénissime prince et très-chrétien roi dauphin, dociles à la merci de Dieu, à leurs volontés et à leur justice.» Ils ajoutèrent que les habitants des deux autres

---

(1) *Histoire des martyrs*, fol. 839.

vallées de Largentière et de Vallouise étaient dans les mêmes dispositions.

La Palud et ses collègues, n'étant pas dans l'intention d'aller à Freissinières, prièrent Pierre et Facion de Rame de s'y rendre eux-mêmes et de persuader à ses habitants de venir en personne à Briançon pour abjurer leurs erreurs, après quoi ils recevraient l'absolution. Les Vaudois répondirent aux deux gentilshommes qu'ils étaient prêts à se soumettre, mais qu'ils priaient les commissaires de descendre jusqu'à Saint Clément ou tout au moins jusqu'à Embrun, et qu'eux-mêmes seraient au pont de La Roche, entre Rame et Saint-Crépin.

La Palud et Rabot, après un nouveau voyage de Facion de Rame, consentirent à accepter le rendez-vous. Après y avoir attendu de longues heures, ils virent venir à eux un vieillard et un jeune garçon, qui firent leur soumission et déclarèrent qu'ils n'étaient pas certains que leurs coreligionnaires suivissent leur exemple. Nonobstant cela, les deux commissaires les congédièrent en leur recommandant d'amener avec eux à Embrun, le lendemain, les syndics de Freissinières, notamment celui qui avait nom Pellati. Les commissaires n'ayant vu paraître que deux Vaudois, Jean Pellati et Angelin Palloni, qui ne leur apportèrent pas de bonnes nouvelles, les congédièrent également en les chargeant de représenter à leurs coreligionnaires les dangers auxquels ils s'exposaient en se moquant de la sorte de la justice, et de leur dire que, s'ils ne consentaient pas à venir à Embrun, on irait les chercher de vive force. Les deux frères Rame leur transmirent le même message.

D'autre part, Jordan Cœur, procureur fiscal de Briançon, et Facion de Rame furent chargés d'informer les Vaudois des deux autres vallées, Largentière et Vallouise, que les commissaires se dirigeaient vers elles et de remettre à leurs habitants des lettres de leur part. Ayant rencontré en route deux Vaudois, qui revenaient d'Embrun, ils prièrent l'un d'eux de transmettre la commission et les lettres susdites à leurs coreligionnaires de Largentière, et eux-mêmes se rendirent au village de Vallouise dans la vallée de ce nom. Reymond Grand, hôtelier et châtelain du lieu, chez qui ils paraissent être descendus, les mit en rapport avec les frères Jean et Antoine Martin, qui connaissaient très-bien les Vaudois de Vallouise et qui se chargèrent de leur communiquer les lettres des commissaires. C'était le lundi saint, 31 mars 1488. Les Vaudois promirent bien de venir le lendemain

auprès de Jordan Cœur et de Facion de Rame, en compagnie de
Jean de Nevache, leur gouverneur, et d'Antoine Ponci, châtelain
de Largentière, mais personne ne parut, si ce n'est un Vaudois
de Freissinières, qui abjura.

La Palud attendit pourtant jusqu'au surlendemain, jeudi 3 avril,
avant de se préparer à l'attaque à main armée des trois vallées.
C'est alors qu'il apprit que les Vaudois de Freissinières s'étaient
retranchés dans des cavernes, bien résolus à se défendre si l'on
cherchait à se saisir d'eux. Réunissant, sans plus tarder, les 5 à
600 soldats campés à Embrun et un grand nombre d'autres can-
tonnés dans les villages avoisinants, sans compter une quantité
de volontaires, il entra dans la vallée de Freissinières, le samedi,
5 avril, et fit sommer en vain de se rendre un certain nombre
de Vaudois qui, s'étant réfugiés dans la caverne la plus rappro-
chée de l'église, résistèrent pendant quatre heures. Redoutant,
après ce temps, d'être forcés, ils députèrent auprès de La Palud
deux des leurs qui lui promirent que leurs coreligionnaires se
rendraient à discrétion le lendemain, dimanche, 6 avril. C'était
le grand jour de Pâques. Ils vinrent tous, en effet, hommes, femmes et enfants, et furent conduits prisonniers à Saint-Crépin.

L'armée s'apprêtait ensuite à attaquer les Vaudois de Pallons,
puis de Dormilhouse, hameau situé plus haut en remontant la
vallée, quand elle apprit qu'ils avaient l'intention de se rendre.
C'est, en effet, ce qu'ils firent le lundi matin, 7 avril. Ceux qui
pouvaient marcher furent conduits à la chaîne à Embrun comme
des forçats par Humbert de Saint-Marcel d'Avançon et les autres
enfermés à Saint-Crépin, où Rabot et Cattanée étaient revenus.
« Ces misérables esclaves, dit Fornier (1) dans son style toujours
haineux, voire esclaves de la misère, après avoir fait une publique détestation de leurs vies et de leurs apostasies, furent renvoyés à leurs maisons, avec obligation de se trouver à Embrun
au jour marqué pour être absous de leurs censures et recevoir
la pénitence. L'exécution s'en suivit au 17 avril après un sermon
en la place du grand portail de l'Église métropolitaine, là où un
grand nombre de Vaudois fut remis au giron de l'Église et prit
la croix jaune au devant de soi et au dos, à la vue d'une foule
innombrable de peuple, à qui la place, ni les rues, ni les fenêtres
des maisons ne pouvaient suffire. Pour les autres, que la faiblesse
ou la vieillesse avaient détenus en la maison en assez bon nom-

---

(1) *Histoire*, t. II, p. 442.

bre, le commissaire apostolique [Cattanée] se résolut de faire le chemin en personne (1) ou d'y envoyer un autre de sa part (2), à ce qu'il ne restât plus reliquat aucun de cette race de Satan. Les plus revêches et les chefs de ce parti furent retenus en prison pour servir d'exemple contre la rébellion. Et à ceux-là de Capitaneïs alla faire le procès dans la prison, d'où il renvoya les plus criminels au bras séculier et à leurs juges ordinaires. Et, sans délai, le juge eut ordre de venir à l'exécution, qui fut exploitée sur quatre hommes et deux vieilles, plus invétérées dans leurs vices que dans le monde; les uns, dans Embrun comme sur un échafaud plus éminent et un lieu plus hanté; les autres, au lieu de Freissinières pour faire sages les autres, tant à la vue des bûchers des uns que de la potence des autres. Contre les fugitifs fut publié un bannissement de toutes les terres du Dauphiné s'ils ne retournaient dans le terme de douze jours, et défense faite à tout autre de les visiter ou assister; ains (mais) de les prendre, appréhender et présenter à qui ce droit appartient, donnant la moitié des biens meubles de tels Vaudois à ceux qui les avaient saisis. »

VII. Opérations de l'armée royale en Vallouise. — Affaire sanglante de la caverne de Chapelue. — Soumission des Vaudois de Largentière. — Supplices divers (1488).

Cependant l'armée royale redescendit de Freissinières à Saint-Crépin, se reposa un jour et résolut de partir pour la Vallouise dès le lendemain, mercredi, 9 avril. Les Vaudois de cette vallée s'étaient retranchés, au milieu des glaciers du Pelvoux, dans une caverne de la montagne de l'Aile froide (Alo freydo), nommée Chapelue (3). Rabot et Oronce Emé s'arrêtèrent dans le village

---

(1) Il était à Saint-Crépin le 7 et le 8 avril, et y examina un grand nombre de Vaudois.

(2) Le 8 avril, il déléguait ses pouvoirs à Isoard Eymar, curé de Saint-Crépin, pour y continuer les interrogatoires; le 26, à Pierre Grand, qui était chargé d'établir un tribunal à Champcella.

(3) On a dit que ce nom venait de ce que les chapeaux des Vaudois, qui se précipitèrent hors de la caverne, restèrent accrochés à des arbustes ou à des aspérités de rocher. C'est une pure légende. Cette appellation se rencontre aussi dans le Queyras, désignant un hameau de la Combe du Guil entre Guillestre et Château Queyras. Il doit dériver de *Cappa*, qui signifie en basse latinité cape, chape, d'où capuche ou capuchon, et marquerait un rocher qui avance. Le mot *chapa*, en patois briançonnais, désigne un toit qui a ce caractère (Voy Chabrand, *Vaudois et Protestants*, Grenoble, 1886, p. 64-66.)

de Vallouise pour empêcher les soldats de piller le pays. Quant à Jean de Nevache, gouverneur de la vallée, il se rendit auprès des Vaudois avec trois autres personnes d'Embrun pour les sommer de se rendre sur l'heure. Il le fit par deux fois à son de trompe, mais les Vaudois lui répondirent «qu'il n'y avait en cette baume que des femmes et des enfants, et qu'ils ne sauraient ce qu'ils iraient faire devant le commissaire d'Embrun ». Sommés une troisième fois de se rendre le lendemain jeudi, 10 avril, on les prévint qu'ils s'exposaient aux plus grands malheurs s'ils persistaient dans leur révolte. Avertis encore le vendredi, 11 avril, que l'armée approchait, ils répondirent que «leurs gens étaient en chemin, revenant de la Cour et de la part du roi dauphin » ; qu'ils attendaient leur retour et qu'ils régleraient leur conduite sur la réponse qu'ils recevraient d'eux.

En présence de ce refus, le général en chef rejoignit le même jour son logement, qui était établi à une heure de la caverne, et fit crier à son de trompe que tous ceux qui étaient en état de prendre les armes eussent à se tenir prêts à partir le samedi, 12 avril, qui était le surlendemain. A 9 heures du matin, l'armée avait opéré sa concentration. La messe fut célébrée et les enseignes bénies par l'inquisiteur Cattanée. Rabot recommanda aux soldats de ne faire aucun mal aux femmes et aux enfants, non plus qu'à ceux qui étaient restés dans leurs maisons.

La Palud, se mettant à la tête de 50 ou 60 soldats et accompagné de tous les catholiques du Vallouise (1), qui étaient venus en armes ou en simples curieux, s'approcha de la caverne et commença l'attaque, mais ce fut en pure perte, à cause des quartiers de roche que les Vaudois faisaient rouler sur ses soldats et qui en tuèrent et blessèrent plusieurs (2). Il battit donc en retraite après quatre heures d'un combat infructueux, mais ordonna à ses gens de faire bonne garde autour de la caverne pendant tout le dimanche (13 avril), promettant de revenir le surlendemain avec des échelles, des cordes et autres machines de guerre.

Dans l'après-midi de ce même dimanche, 13 avril, 28 catholiques déterminés de Vallouise, joints à 4 ou 5 de Briançon, après

---

(1) Fornier dit (t. II, p. 442): « tout le peuple de Vallouise », mais il ne peut être question que des catholiques.

(2) Guy Allard (Vie de Jean Rabot, dans Delphinalia, N° 22, p. 38), dit que 200 catholiques y périrent. Cela paraît exagéré.

avoir attaché une corde de 60 toises (1) (112 mètres) à la crête du rocher qui dominait la caverne, s'étaient glissés par derrière jusqu'à celle-ci sans être aperçus et, y faisant subitement irruption (2), « avaient tué, dit Fornier (3), hommes et femmes, qui s'y étaient rencontrés, tandis que les autres s'étaient précipités du haut de cette roche au bas et que tous étaient morts de cette chute à la réserve de trois vieilles femmes et de deux enfants, et quelques autres qui étaient échappés au nombre de huit ou neuf. » Perrin, qui suit Crespin (4), et qui a été lui-même suivi par Chorier (5), accuse un nombre très considérable de victimes. « Cela, dit-il, a été tenu pour chose certaine entre les vallées circonvoisines qu'il mourut alors plus de trois mille personnes de la dite vallée, hommes ou femmes (6). Et de fait ils y furent entièrement exterminés, en sorte que, depuis ce temps-là que la dite vallée fut peuplée de nouveaux habitants, il n'y a eu aucune famille des dits Vaudois qui y ait pris pied : preuve certaine que tous les hommes d'icelle de tout sexe y moururent en même temps ». Perrin ajoute (7) qu'«on trouva dans les dites cavernes quatre cents petits enfants étouffés en leurs berceaux ou entre les bras de leurs mères mortes ». Nous croyons, comme nous l'avons dit dans une note précédente, que cet auteur a confondu la grotte de l'Aile froide avec celle de La Fraisse en Valcluson, et que le chiffre de 3000 Vaudois tués en Vallouise est exagéré. Un pareil nombre de personnes, auxquelles il faut ajouter la population catholique, aurait eu de la peine à vivre dans cette val-

---

(1) Cattanée dit 300 coudées (135 mèt.), Chorier 300 brasses (540 mèt.), le curé Albert et la Relation anonyme publiée par Faucher Prunelle (*Bullet. de l'Acad. delphinale*, t. I,) 140 toises (273 mèt.).

(2) Fornier (*Histoire*, t. II, p. 449) dit que Perrin (*Histoire*, p. 130) manque de bonne foi, parce qu'il avance que La Palud « fit appliquer quantité de bois à l'entrée des dites cavernes et y mettre le feu », ce qui obligea les Vaudois à se précipiter du haut des rochers pour ne pas être étouffés; mais Perrin ne s'est trompé que de temps et de lieu, car, ainsi qu'on l'a vu plus haut, les soldats de La Palud recoururent à ce stratagème pour se défaire des Vaudois de la caverne de La Fraisse en Valcluson, et Guy Allard raconte lui-même, comme on l'a aussi vu, qu'en l'an 1440 les catholiques avaient déjà pratiqué ce système de destruction dans ces mêmes lieux. Le fait n'a par lui-même rien de bien surprenant, puisqu'on a vu encore de nos jours, le général Pélissier enfumer 3000 Arabes dans une grotte de l'Algérie.

(3) *Histoire*, t. II, p. 443-444.

(4) *Histoire des martyrs*, fol. 601, édit. de 1619.

(5) *Hist. génér. de Dauphiné*, t. II, p. 502.

(6) Cattanée dit 90, la *Relation Anonyme* susmentionnée 70.

(7) *Histoire*, p. 130.

lée, qui ne compte encore de nos jours que 2300 ámes environ.
On se rappelle, du reste, que les Vaudois de la caverne de Cha-
peluc avaient eux-mêmes déclaré à leur gouverneur Nevache
qu'ils n'avaient avec eux que des femmes et des enfants (1).

Pour ne pas interrompre le récit de l'affaire de l'Aile froide,
nous n'avons pas parlé des Vaudois de la vallée de Largentière,
qui se soumirent avant cet évènement. Ayant été visités quelques
jours auparavant par Cattanée, qui les avait déclarés en masse
hérétiques, ils s'étaient réfugiés dans la baume d'Oréac (2), située
au midi du village de Largentière, mais ils n'y avaient séjourné
qu'une nuit, parce qu'ils reconnurent qu'ils ne pouvaient y opposer
une résistance sérieuse. Plusieurs Vaudois de Vallouise s'étaient
joints à eux. Ils redescendirent donc dans leur bourg de Largentière. Hector de Monteynard, qui en fut instruit par son père
Lanthelme, seigneur du lieu, vint à son tour le mercredi, 9 avril,
à l'heure du dîner, en informer les chefs de l'armée et, croyant
avoir assez de crédit pour ramener à l'obéissance les vassaux de
son père, il prit les devants et fut bientôt suivi par La Palud,
Rabot, Cattanée et un grand nombre de gentilshommes, qui se
firent accompagner seulement de 50 à 60 soldats d'infanterie,
parce qu'on leur avait donné l'assurance que 200 hommes suffi-
raient, avec les catholiques du pays, pour réduire les Vaudois de
la vallée. Ceux-ci n'attendirent pas d'être attaqués et firent leur
soumission incontinent. « Ils s'attroupèrent, dit Guy Allard (3), et,
marchant solennellement en procession, ils suivirent Rabot et
Monteynard jusqu'à Embrun. » Les hommes furent gardés dans
le palais épiscopal et les femmes dans une maison de la ville.

La Palud et ses collègues, après l'affaire de la caverne de Cha-
peluc, rentrèrent par Saint-Crépin à Embrun. « Là, dit Fornier (4),
le sieur Hector de Monteynard présenta au commissaire [Cattanée]
tous ceux de Largentière qui avaient pu marcher, tant hommes
que femmes, garçons et filles, bien fidèles à leur promesse pour
faire de ce grand peuple dévoyé une réconciliation avec Dieu et
accomplissement des volontés du roi et de sa justice... On procéda juridiquement à l'encontre d'eux et, après avoir leur confession publique et le désaveu des fausses doctrines qu'ils avaient

(1) Voy. la dissertation de Chabrand dans *Vaudois et protestants*, p. 53 à 59.

(2) Il existe encore aujourd'hui dans cette vallée un pic de montagne qui porte le nom
de *Tête d'Oréac*.

(3) *Vie de Jean Rabot* dans *Delphinalia*, N° 2, p. 38.

(4) *Histoire*, t. II, p. 444, 445.

humées, ils furent remis en grâce dans la cathédrale d'Embrun, à la réserve de quelques-uns, dont certains étaient relaps et les autres plus malins et les porte-enseigne de la rébellion. Ceux-là furent renvoyés au bras séculier et à la sentence du juge de Largentière qui, après que le procès eût été formé par le commissaire, fit aussi promptement son devoir et ordonna que le relaps fût brûlé dans Embrun, pour avoir plus d'éclat, et que l'autre fût étranglé par la potence. Le demeurant des fugitifs, par l'ordre des commissaires et par la sentence du juge, fut proscrit dans tout le Dauphiné, au cas qu'ils ne se présenteraient point dans douze jours, avec inhibition, après ce terme expiré, de leur donner secours ou conseil, sous les peines de fauteurs des hérésies et d'hérétiques ou de la hart, voire même avec commandement de les empoigner et les présenter à qu'il en touche sous promesse de la moitié des biens meubles de ceux qu'ils auront empoignés ».

Un manuscrit, qui porte la date de 1488 (1), nous apprend que les Vaudois de Freissinières, Largentière et Vallouise, vraisemblablement après leur excommunication en masse par Cattanée, le 8 mars 1488, mirent tout en œuvre pour conjurer le péril qui les menaçait. Ils envoyèrent des députés à Grenoble au gouverneur du Dauphiné pour essayer d'obtenir de lui des lettres de sauvegarde; à Vienne, pour prendre conseil de l'archevêque qui les avait protégés jusque là, et à Rome pour prier le pape de les relever de la sentence d'excommunication prononcée contre eux par son nonce. De plus, ils firent de grands présents au roi et au gouverneur du Dauphiné; ils offrirent même à La Palud 19 écus et un florin d'Allemagne pour le détourner de l'expédition projetée contre eux. Les Vaudois de Freissinières payaient la moitié des dépenses occasionnées par ces démarches et ceux de Largentière et de Vallouise l'autre moitié. On a vu que rien n'y fit.

Le même manuscrit nous apprend encore que les inquisiteurs entendirent en témoignage contre les Vaudois des prêtres, « accusés de mauvaise vie », et qu'ils mirent à la torture divers prisonniers pour savoir s'ils avaient contribué aux dépenses que leurs coreligionnaires avaient faites pour leur défense; et encore qu'un barbe, nommé Simon, exhortait les Vaudois à ne pas aller à la messe, et que ceux-ci furent examinés, sans compter Catta-

(1) Biblioth. de Dublin, texte latin, vol. VIII (clas. c, tab. 4, N° 8); texte français, vol. IX (clas. c, tab. 1, N° 6).

106

née, par les inquisiteurs Pierre Jale, Fazy Fabri, Claude Martin
et Palloni et par les moines mineurs Baïllocq et Jean Rémond.
Ce dernier, paraît-il, plus humain que les autres, leur donnait
facilement l'absolution, après quoi ils reprenaient leurs anciennes
doctrines.

Quant à Cattanée, on perd ses traces à partir du 4 juillet 1488,
alors qu'il était à Embrun informant contre un jeune Vaudois.
Il est vraisemblable qu'il ne tarda pas à quitter le Dauphiné et
alla rendre compte de sa mission au pape Innocent VIII, qu'il
fit rajeunir d'aise, selon l'expression de Fornier (1); quelques-
uns de ses procès sont insérés dans deux manuscrits latins des
Archives départementales de l'Isère et dans d'autres déposés aux
bibliothèques de Cambridge (2) et de Dublin (3). Leur analyse,
même sommaire, nous entraînerait trop loin. Disons seulement
que, durant le mois d'avril de l'année 1488, Cattanée ou ses
délégués entendirent plus de 200 personnes.

La Palud et Rabot, de leur côté, retournèrent à Grenoble, où,
dit encore Fornier (4), ils racontèrent « leurs succès ». Triste
succès que celui d'avoir fait périr par le fer et par le feu de
pauvres montagnards inoffensifs (5) ! Inutile succès, peut-on ajouter, car les centaines de Vaudois, qui, par crainte des tourments,
rentrèrent dans le giron de l'église catholique, abjurèrent leur
foi des lèvres seulement, comme on le vit par la suite. Il n'y
avait qu'une extermination complète de leur race qui eût pu
anéantir leurs doctrines, mais, pour l'honneur de l'humanité, le
fait ne s'est pas reproduit souvent. Il est du reste rarement
possible (6).

---

(1) *Histoire*, t. II, p. 445.

(2) Manuscrits 112 et 113.

(3) Man. vaudois, vol. VIII (clas. c, tab. 4, n° 18) et vol. IX (clas. c, tab. 1, n° 6).

(4) *Histoire*, t. II, p. 445.

(5) Un magistrat, bon catholique, qui s'est acquis une juste célébrité par sa défense de
la moralité publique, M. Bérenger, reconnaît lui-même que l'expédition de La Palud « doit
conserver le caractère d'une persécution, puisque l'emploi des armes s'y joignit aux exhortations des prédicateurs » (*Vie de Jean Rabot*, par Bérenger, avocat général ; Grenoble,
1863, in 8°).

(6) Outre les auteurs cités dans cette section, voy. encore Gilles, *Histoire*, t. I, p. 35,
38, et Jul. Chevalier, *Mémoire*, p. 130, 131.

VIII. Confiscation et partage des biens des Vaudois suppliciés ou contumaces. — Ordonnances de Charles VIII. — Rapacité des seigneurs de Monteynard (1488-1489).

Nous avons vu plus haut que l'inquisiteur Cattanée, devant le refus de la grande majorité des Vaudois de Pragela, Valcluson, Freissinières, Vallouise et Largentière de se rendre à ses assignations réitérées, les avait déclarés en masse excommuniés, hérétiques et relaps le 16 novembre 1487 et le 8 mars 1488, puis livrés au bras séculier en prononçant la confiscation de leurs biens au profit de leurs seigneurs et de la Chambre apostolique. Cette confiscation ne s'opéra, paraît-il, qu'après les opérations militaires de La Palud. On vit alors Pierre et Facion de Rame, coseigneurs de Freissinières, Lanthelme de Monteynard, seigneur de Largentière, et Jean de Nevache, gouverneur de Vallouise, se saisir de la totalité ou d'une partie des biens des Vaudois des trois vallées susdites et l'archevêque d'Embrun Jean Baile, représentant la Chambre apostolique, s'adjuger des vignobles situés à Saint-Clément, Saint-Crépin et Chanteloube, et plusieurs prairies sises à Châteauroux. La Palud et Rabot avaient pourtant modifié la sentence de l'inquisiteur en ne prononçant la peine de la confiscation qu'à l'encontre des Vaudois personnellement déclarés hérétiques ou contumaces. Tout ceux qui avaient abjuré étaient tenus pour convertis et bons catholiques et demeuraient propriétaires de leurs biens. Cela ressort clairement de l'ordonnance du roi Charles VIII du 25 juin 1488, datée d'Angers, et de deux autres du même monarque de mars 1489, datées de Chinon (1). La première fut enregistrée par le parlement de Grenoble, le 28 avril suivant.

Dans sa lettre du 25 juin le roi dit ceci : « Les Vaudois ont été prononcés et déclarés hérétiques et, après, remis au bras séculier et les biens *d'aucuns* déclarés confisqués et nous appartenir » ; dans la deuxième : La Palud et Rabot « ont dit et déclaré [hérétiques] *une partie* des susdits Vaudois et, par ce, confisqué envers nous tous et chacun leurs biens qu'ils ont en notre dit pays de Dauphiné » ; dans la troisième enfin : « Nous

___

(1) Chaix, *Préoccupations statistiques*, p. 459 et 460 ; Arch. de l'Isère, B, 2992, fol. 142 et suiv.

avons commis les sieurs La Palud et Baron pour prendre, saisir et mettre en notre main tous les biens et choses quelconques *d'aucuns* habitants d'icelui pays de Dauphiné, appelés Vaudois ». Dans ces trois ordonnances il n'est pas question des seigneurs temporels des Vaudois et de la Chambre apostolique. La confiscation des biens d'un certain nombre de Vaudois fut donc prononcée par les commissaires et le roi lui-même au profit de la Couronne. Charles VIII avait mis une armée sur pied et fait des frais de guerre considérables. Aussi considérait-il comme une chose toute naturelle de s'approprier les dépouilles de ses sujets rebelles et vaincus.

Par la première ordonnance le roi chargea La Palud de vendre à l'enchère les biens des Vaudois déclarés hérétiques et de faire rentrer les amendes. Pour l'aider dans sa tâche, il lui adjoignit de Pons, conseiller au parlement de Grenoble, et Claude Baron, maître des requêtes de la dite Cour et son maître d'hôtel. Si ces commissaires s'étaient conformés de tous points à la teneur des ordonnances royales qui instituaient Charles VIII propriétaire des biens des Vaudois hérétiques, ils eussent dû contraindre les deux seigneurs de Rame, de Monteynard, de Nevache, et l'archevêque d'Embrun de restituer les biens qui leur avaient été adjugés par Cattanée, mais ils n'en firent rien. C'est ce qui explique pourquoi Perrin (1) a pu dire, sans manquer de bonne foi, comme l'en accuse Fornier (2), que le lieutenant du roi, La Palud, « donna les biens et possessions de la dite Vallée (Vallouise) à ceux que bon lui sembla ».

On a peu de renseignements sur les ventes que Pons et Baron passèrent des biens des Vaudois. On sait seulement que ceux de Louis Trobat et d'Etienne Gay furent acquis aux enchères par Claude de Bardonnèche, habitant des Vigneaux, hameau de Vallouise, et que la plus grande partie des propriétés vaudoises disponibles de cette vallée furent achetées par les syndics des communautés du pays, agissant au nom et au compte de celles-ci.

Nous savons, d'autre part, qu'un certain nombre de Vaudois de Valcluson, condamnés par contumace ou autrement, se voyant à la veille d'être dépossédés de leurs biens et ne pouvant se résoudre à ce sacrifice, dirent ou firent dire aux commissaires qu'ils tenaient à cette heure et avaient l'intention de tenir la

---

(1) *Histoire,* p. 121.
(2) *Histoire,* t. II, p. 448.

foi catholique sans jamais retourner à leurs erreurs et à la damnable secte vaudoise. Ils les requirent, en conséquence, plusieurs fois de « supercéder à l'exécution de leur dite commission, les traiter bénignement et humainement, et les recevoir et admettre à quelque bonne composition, afin qu'ils ne demeurassent du tout déshérités et déjetés de leurs biens ». Ils les prièrent, en outre, d'obtenir du roi leur « grâce, quittance, abolition et pardon » ; et cette demande était accompagnée d'une requête à Charles VIII tendant aux mêmes fins. Les commissaires, après avoir pris l'avis d'hommes compétents et s'être assurés que les suppliants persévéraient dans la foi catholique, accédèrent à leur demande, sauf l'approbation du monarque, qui y fit droit par son ordonnance de mars 1489, datée de Chinon, et sur les attestations que lui fournit le nouvel inquisiteur Plovier, dont nous allons parler et qui avait ramené « à la sainte foi » les Vaudois de Valcluson. Charles VIII approuva aussi les ventes, promesses et compositions que les commissaires avaient déjà consenties et celles qu'ils pourraient consentir encore. Il ratifia enfin l'abolition, pardon et rémission que Plovier avait accordés aux susdits Vaudois et leur conserva leurs biens.

La faiblesse des commissaires Pons et Baron à l'égard des usurpateurs des biens des Vaudois les enhardit. Lanthelme et Hector de Monteynard, père et fils, seigneurs de Largentière, non seulement s'approprièrent les biens de leurs vassaux, qui étaient considérables et représentaient le tiers des terres soumises à l'impôt, mais encore ne voulurent payer celui-ci qu'à dater du jour où les dites terres étaient entrées en leur possession. Or, comme il y avait un arriéré d'impôt considérable à solder, les agents du fisc voulaient obliger les Vaudois de Largentière, nouveaux catholiques et amnistiés, à payer, outre l'impôt de leurs propres terres, celui des terres de leurs anciens coreligionnaires confisquées par les deux Monteynard. Se considérant comme grièvement lésés par cette prétention, ils en appelèrent au parlement de Grenoble qui, par arrêt du dernier février 1491, leur donna gain de cause ; mais quand un officier de justice signifia cet arrêt à Hector le 23 mars suivant, ce dernier ne consentit à payer que la moitié de la somme due, sous prétexte que son père, propriétaire d'une portion des biens des Vaudois, était responsable de l'autre moitié. Il fallut que le parlement, par un second arrêt du 29 avril suivant, le déclarât solidaire et le sommât de s'exécuter dans le plus bref délai (1).

IX. Inquisiteur : Plovier de Valence, qui poursuit surtout les Vaudois de Freissinières et surenchérit en rigueur sur Cattanée. — Nombreuses victimes (1489-1498).

Cattanée eut pour successeur François Plovier, de Valence, en 1489, comme nous l'avons déjà dit. Il « commença, dit Perrin (2), à informer de nouveau contre les Vaudois de Freissinières en l'année mille quatre cent huitante neuf. Il les cita à comparaître par devant lui à Embrun et, à faute de comparaître, les excommunia, aggrava et réaggrava, et enfin les condamna comme hérétiques, partiaux et relaps, à être livrés au bras séculier, leurs biens confisqués. A ce jugement assista de la part de la cour de parlement du Dauphiné, un certain conseiller d'icelle, nommé Ponce (3), afin que ce jugement mixte fût sans appel. La sentence en fut prononcée au grand temple d'Embrun, puis affichée à la porte de la dite église en un grand tableau et au bas d'icelle il y avait trente deux articles de la croyance des dits Vaudois, savoir contre la messe, le purgatoire, l'invocation des saints, les pèlerinages, l'observation des fêtes, la distinction des viandes à certains jours, et autres choses qui étaient affirmées par les dits Vaudois... Cette persécution fut extrême, car les Vaudois, [étant] condamnés par l'inquisiteur comme hérétiques, Ponce, conseiller, et Oronce, juge, les envoyaient au feu sans appel ; et ce qui le plus augmenta le nombre des persécutés fut que quiconque se mêlait d'intercéder pour eux, quoique ce fût l'enfant pour le père, ou au contraire, était promptement emprisonné comme fauteur d'hérétiques ». Chorier (4) ajoute que « tous ceux qui tombèrent entre leurs mains furent envoyés au feu. Il n'y eut ni trêve ni relâche jusqu'à la mort du roi Charles VIII [en 1498]. Etre *Chagnards* (c'était le nom qu'on donnait aux Vaudois), c'était être indigne de vivre et être déjà condamné ». Le

---

(1) Arch. de l'Isère, B, 2992, fol. 243 et suiv.; Jules Chevalier, *Mémoire*, p. 102-109.
(2) *Histoire*, p. 131, 132, 134.
(3) C'est évidemment le même que Pons, cité naguère.
(4) *Hist. générale de Dauph.*, t. II, p. 502 et 500.

même historien dit ailleurs : « Souvent il y avait plus de sévérité dans les procédures faites contre eux [les Vaudois] que la charité ne semblait le permettre».

Quoique, d'après ce qui précède, Plovier (1) ait fait de nombreux procès aux Vaudois de Freissinières, on ne connaît que celui qu'il intenta à Pierre Valet du dit lieu. Ses biens furent confisqués et lui-même livré au bras séculier pour être brûlé. L'auto-da-fé eut lieu le 31 mars 1489 (2).

Les pauvres persécutés ne furent pas abandonnés par les barbes dans leurs détresses. On verra plus loin, par la déposition de l'un d'eux, que Pascal de Pasco et Pastuchin de Jaco « s'efforcèrent de consoler les bannis autant qu'ils le purent », dans l'année 1491.

X. Procès des barbes Martin et Pierre de Jaco (1492).

En 1492, sous la cruelle persécution de Plovier, deux barbes vaudois, François de Gérondin, de Spolète, appelé le barbe Martin, et Pierre de Jacob (ou plutôt de Jaco), son compagnon, qui se rendaient d'Oulx à Pragela, furent arrêtés par les officiers delphinaux de la première localité au col de Costeplane. Perrin (3) a donné quelques extraits du procès qui fut fait à Martin. Nous croyons, à cause de son importance, devoir le reproduire en entier en le traduisant du latin, quoiqu'il ait été interpolé et étendu suivant la mode des inquisiteurs (4). C'est le premier de ce genre qui paraît dans notre langue (5). Il contient d'ailleurs des faits intéressants pour l'histoire des Vaudois.

« L'an du Seigneur mil quatre cent nonante deux et le septième jour du mois d'août, à Oulx, le vénérable sieur Barthélemi Paschal, chanoine et quittancier, substitut du vénérable sieur de

---

(1) Fornier, avec sa grossièreté ordinaire *(Histoire*, t. II. p. 449), prétend que Perrin a menti en parlant des persécutions de Plovier, qui, d'après lui, n'a jamais existé. En outre des sources citées, en voici une nouvelle. Facion de Rame dit dans son *Livre de raison*, fol. 50 : « Item, ay paya por lou daryer vyage que Mons. Mesier Pons aube frayre Francez Plovier de Valense.. » (Arch. de M. Vallentin à Montélimar).

(2) Biblioth. de Cambridge, man. 113.

(3) *Histoire*, p. 132-134.

(4) Voy. Marc Vulson, *De la puissance du pape*, etc.; Gen. 1635, p. 207.

(5) Il a été inséré dans Allix, *Some Remarks*, p. 307-317, et se trouve à la Biblioth. de Dublin, man. vaudois, Vol. VIII et Vol. IX (clas. C, tab. 1 et 4, N° 6 et 18), et à la Biblioth. de Cambridge, man. 113.

Turel, vicaire général du Révérendissime Père et sieur en Christ, le sieur Jean Michel, par la miséricorde divine, évêque de Palestrine, cardinal de Saint-Ange, administrateur et commanditaire du célèbre monastère d'Oulx, assisté des spectables et distingués sieurs Pons de Pons, conseiller delphinal, et Oronce Émé, juge de Briançon, — a procédé à l'examen de François Girondin, de Spolète, appelé barbe Martin, détenu dans les prisons delphinales d'Oulx.

« Il a dit d'abord que, seize ans auparavant, Girondin, son père, lui enseigna, à lui qui parle, la foi et l'hérésie des Vaudois, et qu'il commença de le mener à travers le pays.

« Interrogé sur les pays et contrées où il l'a mené: il a dit que ce sont les pays et contrées d'Italie, savoir Gênes, Bologne, Lucques et la montagne de la Marche d'Ancône; et que son père, qui était barbe, allait confesser les gens et prêcher dans ces montagnes.

« Interrogé sur ceux avec qui il fut, dans quelles contrées et sur ceux avec qui il demeura et vécut: il a dit qu'à partir de la deuxième année il alla apprendre la dite doctrine des Vaudois avec un autre barbe, nommé Barnovo, qui était du lieu de Pérouse (Perugia) et de la juridiction de Camerino, et qui le mena l'espace de deux ou trois ans par les lieux susdits.

« Interrogé sur celui avec qui, depuis le dit Barnovo, il a suivi la dite doctrine, il a dit que ce fut avec un certain autre barbe, nommé Josué, qui était d'un lieu saint, de la juridiction de Camerino, près du lieu de Camerino, à trois milles de Charetto.

« Disant, en outre, qu'après qu'il fut allé avec le dit Josué pour confesser et prêcher la dite secte et par les lieux susdits, un certain autre barbe, nommé André, le conduisit auprès d'un de leurs grands-maîtres, qui s'appelle Jean d'Antoine, et qui a sa résidence dans le lieu de Cambro, de la juridiction du pape.

« Interrogé sur ce que lui dit le dit grand-maître: il a dit qu'il lui recommanda surtout de faire serment sur leur foi, et qu'en outre il lui recommanda sur toutes choses que, pour rien au monde, il ne dévoilât et ne fît connaître d'aucune façon les choses qu'il voulait lui dire ; lui disant que faire connaître et dévoiler leur foi était un péché inexpiable et irrémissible ; disant au même que, s'il voulait tenir et suivre la dite secte, il lui ferait beaucoup de bien.

« Interrogé s'il y avait quelques autres [grands maîtres]: il a dit que oui, [savoir] ceux qu'il appelait barbes, et que lui-même était appelé leur grand barbe; il disait aussi que tous tenaient la dite foi et qu'ils la tenaient secrètement.

« Il disait, en outre, [que c'était] le grand-maître qui les exhortait à garder leur foi pour être sauvés; et ainsi il prêchait que tous ceux qui suivraient leur foi seraient sauvés et que ceux qui ne suivraient pas la même foi seraient, non sauvés, mais damnés.

« Interrogé sur le principe fondamental de leurs foi et secte: il a dit que leur maître disait — ainsi que les dits barbes trouvent en allant par le monde — que, à cause de la mauvaise et très méchante vie du pape, des cardinaux, des évêques, des prêtres, des religieux et de tous les autres ecclésiastiques, les barbes suivent eux-mêmes cette foi et ont découvert une infinité d'erreurs, parce que les dits pape, cardinaux, évêques et ecclésiastiques pratiquent et suivent tous l'avarice, la luxure, l'orgueil, la pompe, le péché de la bonne chère et de la colère; en cela tous les ecclésiastiques pèchent; et ce qui fait principalement la force des barbes, c'est que les ecclésiastiques vivent mal et très méchamment.

« Disant, en outre, que, puisque les ecclésiastiques sont en péché mortel, ils ne peuvent administrer les sacrements, et que les choses qu'ils font n'ont aucune valeur, parce que, lorsqu'ils sont consacrés prêtres, ils font serment de chasteté, de pureté et de virginité, et que, quand ils commettent des péchés, ils violent leur foi et leur serment et, par suite, perdent toute espèce de pouvoir, parce que, quand la lampe qui brille s'éteint, elle ne peut en allumer une autre.

« Disant, en outre, qu'il n'y a ni pape, ni cardinal, ni évêque, ni ecclésiastique quelconque, qui n'aient le plus souvent une maîtresse et un bardache qui dorment avec eux.

« Disant, en outre, que le dit grand-maître recommanda aux mêmes de prêcher et d'augmenter leur croyance, et d'y amener des gens autant que possible, parce qu'en faisant cela ils gagneraient la vie éternelle, puisque tous les adeptes de leur foi sont sauvés, tandis que les autres sont damnés.

« Disant que, lorsque leur grand-maître... les appelle à faire partie de leur collège, qu'il les institue barbes et leur donne le pouvoir, il change leur nom; et que lui-même, avant qu'il eût été institué barbe et reçu dans leur collège, s'appelait François, et que, quand il fut institué barbe, il lui donna le nom de Martin.

« Disant, en outre, que, lorsqu'ils sont institués barbes et qu'un office de barbe vient à vaquer et qu'un barbe meurt, un autre est substitué à sa place.

114

« Interrogé s'ils ont des provinces, il a dit que non, mais qu'ils vont ça et là par le monde.

« Interrogé sur ce que leur maître leur recommandait de plus et sur ce que les barbes avaient l'habitude de prêcher dans le monde, il a déclaré qu'il disait et que les barbes avaient l'habitude de prêcher qu'il ne faut adorer qu'un seul Dieu, qui a créé le ciel et la terre, la lune, le soleil et les étoiles, et l'eau; et qu'ils croient seulement les choses qu'ils voient.

« Interrogé sur ce que son maître disait des saints aux mêmes barbes et sur ce qu'eux-mêmes prêchent relativement aux saints, il a dit qu'ils croient à S. Pierre et, après lui, en S. Grégoire, en Sylvestre (1), en S. Jean l'Evangéliste, mais qu'ils ne croient point en S. Paul, parce qu'il a été assassin (2).

« Interrogé pour quels motifs ils croient mieux en S. Pierre qu'en S. Paul, il a dit que c'est parce que Dieu a institué le même S. Pierre son vicaire et lui a donné le pouvoir d'absoudre et de lier, et parce que S. Pierre a fait de son vivant des miracles; et ainsi ils croient en lui entre tous.

« Interrogé sur les miracles qu'il a faits, il a dit que, lorsque S. Pierre faisait construire l'église de Saint-Pierre à Rome, le diable vint à lui et lui dit: « Je ferai construire une plus belle maison que toi en moins de temps », ajoutant que ce serait le lendemain; et que, peu après, le diable dit à S. Pierre: « Viens voir la maison que j'ai faite pendant...., mais, quand tu entreras dans la maison que j'ai faite, il est convenu que tu ne feras pas le signe de la croix ». Alors S. Pierre vint visiter la dite église ou maison et, lorsqu'il fut en présence de la dite maison, qui est maintenant appelée Sainte-Marie de la Rotonde, il fit secrètement le signe de la croix, en mettant la main à sa barbe et en disant: « Par cette sainte barbe »; puis, en la plaçant sur son estomac et en disant: « Par cette sainte fontaine »; enfin, [en mettant la main] sur son bras droit et sur son bras gauche, en disant: « Par ces branches d'arbre, cette maison est belle ». Le signe de la croix fini comme dessus, le diable voulut détruire la maison, mais S. Pierre l'en empêcha en l'adjurant; et comme le dit S. Pierre était entre les battants de la porte de l'église, le diable ne put sortir; mais, plantant ses pieds en terre, il disparut et sortit par un trou qu'il fit au sommet de l'église.

---

(1) Sur la mention de ces deux papes, voy. les remarques de la fin de la section.
(2) Voy. idem.

Ce trou existe encore maintenant et n'a pu, depuis, être réparé ; et, à cause du dit miracle, qui se voit à l'œil, ils croient en S. Pierre, mais ils ne croient pas aux autres saints, parce qu'ils ont été pécheurs et qu'on n'a point vu leurs miracles (1).

« Disant, en outre, qu'ils croient aux anges, aux archanges, aux chérubins et aux séraphins, parce qu'ils furent créés par Dieu le Père pour la vie éternelle.

« Quant à la Vierge Marie, il a dit que, puisqu'il faut adorer Dieu seul, ils ne sont pas certains que la Vierge Marie entende nos prières, parce qu'elle a été une créature humaine ; et que l'*Ave Maria* n'est pas une prière, mais une manière de s'annoncer et une salutation, et qu'ainsi, dans la pénitence, il n'est pas recommandé à ceux qui sont de leur secte de dire *Ave Maria*. Seul le *Pater noster* est une véritable prière, parce que cette prière a été faite par Dieu.

« Touchant le purgatoire, il a dit qu'il n'y en a point, mais que les ecclésiastiques, à cause de leur avarice, l'ont inventé, afin d'extorquer de l'argent pour dire des messes et des prières qui ne servent de rien, parce qu'après que l'homme est mort, il est sauvé ou damné.

« Touchant l'eau bénite, il a dit qu'ils prêchent, disent et croient que, toutes les années, depuis le mois de mai et le jour de l'Ascension de notre Seigneur, Dieu bénit le ciel, la terre, l'eau, les herbes, les fleuves, les fontaines et tous les fruits, et que cette bénédiction est plus sûre que celle qui se fait par les prêtres, parce que celle-ci n'a de valeur que s'ils sont purs et nets de tout péché ; et comme les prêtres surtout sont pécheurs, ainsi qu'il a dit plus haut, ils ne croient point par conséquent, et pour cette raison, aux autres sacrements administrés par les ecclésiastiques.

« Disant, en outre, qu'il vaut tout autant prier dans une étable que dans un temple, parce que Dieu est partout.

« Quant aux solennités, il a dit que les fêtes qui sont ordonnées par Dieu, comme le jour du Seigneur, la fête de la nativité du Seigneur, la fête de Pâques, l'Ascension, la Pentecôte, doivent être célébrées ; mais que les autres fêtes, [savoir] celles de la Vierge Marie et des saints, sont de petites fêtes ; et que celui qui ne veut pas les célébrer n'est pas tenu de le faire, parce que ce ne sont pas des commandements ; et qu'il ne faut pas jeûner les veilles de ces mêmes fêtes.

------

(1) Voy. idem.

« Quant au corps de Christ, ils disent que, parce que les ecclésiastiques, comme il a dit plus haut, sont méchants, de très mauvaise vie et pécheurs, ils ne peuvent consacrer le corps de Christ et que la consécration faite par eux n'a pas de valeur; et qu'ainsi les barbes et tous ceux qui sont de leur secte ne reçoivent point l'eucharistie, mais, à la place de l'eucharistie, on bénit le pain; et ils disent que cette bénédiction a une plus grande vertu que la dite consécration, parce que plus la bonté et la pureté de quelqu'un sont grandes, plus il a de pouvoir.

« Quant au péché de la chair, il a dit principalement qu'en allant par le monde et en prêchant la nuit ils tiennent des réunions et des synagogues dans lesquelles la prédication est surtout faite par les barbes et que, la prédication terminée, ils commencent de se livrer à des fêtes, des divertissements et des danses, courant les uns à la suite des autres dans le lieu où ils sont, la lampe allumée et se tenant les uns les autres par la main; que, lorsque ces fêtes et ces divertissements sont terminés, l'un d'eux (on ne sait qui) éteint la lumière et que, celle-ci étant éteinte, chacun livre son corps au péché de la chair selon l'occurrence, et que là on n'a égard ni au père, ni à la mère, ni au fils, ni à quoi que ce soit; disant que si un fils est engendré dans la dite synagogue, ce fils sera un jour plus apte que tout autre à exercer l'office de barbe, savoir la prédication et la confession, parce qu'il est engendré dans la dite synagogue. La synagogue faite, chacun se retire.

« Disant, en outre, que la synagogue se fait une fois l'année dans chaque contrée et que le barbe, qui est de la contrée où se fait la synagogue, y assiste, parce qu'il a là des parents; et que, s'il n'est pas de la contrée, il prêche seulement, puis s'oppose à ce que la synagogue ait lieu entre les auditeurs, parce qu'il ne pourrait pas se mêler à des parents; autrement, il n'assisterait pas à la synagogue s'il ne s'y trouvait pas des parents.

« Ils disent, tiennent et prêchent que, en dehors de la synagogue, le péché de la luxure n'est pas un péché, à moins qu'il ne s'agisse du commerce de la mère avec le fils, du père avec la fille, du compère avec la commère, mais non au-delà; donnant pour raison que la défense du commerce du fils avec la mère a Dieu pour auteur, car, lorsque Dieu monta au ciel, il dit clairement et formellement: *Croissez et multipliez*, et Saint Jean: *Gardate et doue sarili salhiti una voulla non toriale più;* c. à

d. garde-toi de ne plus retourner au lieu d'où tu seras une fois sorti (1).

« Interrogé sur ce que signifiaient ces paroles, il a dit que Dieu, en montant au ciel, prononça les susdites paroles; [le dit barbe] entendant que l'homme ne doit pas retourner vers le sein d'où il est sorti, et il disait : « Regardez S. Jean Baptiste, parce que S. Jean Baptiste a baptisé Christ ». [D'après lui], il résultait des paroles susdites que le commerce du fils avec la mère est défendu par la loi divine, mais que tout autre commerce charnel est permis parce qu'il n'est pas défendu par Dieu, mais seulement par l'Église; ainsi, ils se connaissent indifféremment les uns les autres et usent du dit commerce charnel, et ne se contrarient pas les uns les autres, parce qu'il vaut mieux se marier que de brûler.

« Disant, en outre, que c'est un honneur pour eux quand les barbes connaissent les filles de la même secte vaudoise.

« Et, en outre, si quelqu'un de leur secte demande quelque femme, ils ne s'y opposent pas, parce que ce n'est pas un péché; et ils ne regardent pas si ce sont des parents, sauf dans les cas ci-dessus.

« Disant que ceux de la secte ont un article entre eux, [portant] que l'un doit aider l'autre, par où les femmes n'osent ni se dérober ni s'opposer aux mêmes hommes (2).

« Quant au serment, il a dit qu'il ne faut point jurer du tout; qu'ils ne jurent entre eux d'aucune façon, ni pour le vrai ni pour le faux, car c'est un péché mortel.

« Disant en outre que nul ne doit être livré à la mort, pour quelque crime que ce soit, sauf qu'il sagisse d'un homicide.

« Disant, en outre, que lorsque des barbes sont établis pour être leurs compagnons et leurs maîtres, un maître convoque quelques autres barbes de la secte, comme il a dit plus haut et que (ajoutant à ce qu'il a déjà déposé), ces mêmes barbes disent et

---

(1) Cette citation est inintelligible dans Allix ; elle ne l'est guère moins, telle que nous la donnons ci-dessus d'après le manuscrit de Cambridge. Perrin (Hist. des Vaudois, p. 133 s.) la rend plus facile, en l'exprimant à la 2.e personne du singulier, mais là même nous n'avons ni de l'italien, ni du patois vaudois. Au reste les dépositions contradictoires de ces alinéas sont si surprenantes et si manifestement contraires à ce que nous savons des mœurs des anciens Vaudois, que nous aurions mieux fait peut-être de ne pas leur accorder l'honneur de la réimpression.

(2) Sur cette partie étrange et contradictoire de la déposition du barbe Martin, voy. les remarques de la fin de la section. Voyez aussi Perrin, p. 133 s.

118

prêtent le serment suivant: (1) « Toi, un tel, jure sur ta foi
de maintenir, multiplier et accroître notre profession et de ne
la dévoiler à personne au monde; et tu promets de ne jurer au
nom de Dieu en aucune façon, d'observer le dimanche, de ne
faire à ton prochain aucune chose que tu ne voudrais pas qu'on
te fît, et de croire en Dieu, qui a fait le soleil et la lune, le
ciel et la terre, les chérubins et les séraphins, et tout ce que tu
vois »; puis, quand le dit serment est fait, le grand maître donne
au même barbe ainsi établi à boire un peu de vin, puis il lui
change son nom, en disant: « Dorénavant tu t'appelleras ainsi »;
et que lui qui parle était appelé autrefois François et que maintenant il est appelé Mártin parmi eux; et que cette solennité
tient lieu de baptême.

« Disant, en outre, que, lorsque ces mêmes barbes entendent
la confession secrète des gens de leur secte, ils ne la communi-
quent pas aux prêtres et ne reçoivent l'eucharistie que d'une
manière feinte et simulée, et recommandent à leurs gens de
tenir la dite secte.

« Disant, en outre, qu'après avoir exercé en Italie la fonction
de barbe de la dite secte pendant l'espace de six ans ou environ, il a passé par les montagnes depuis deux ans en ça, se dirigeant vers la province de Provence et le royaume de France.
Une première fois [c'était] avec un autre barbe, nommé Antoine
de Philocalie, de Spolète, et, une année après, eux d'eux, [lui et
André] (2), traversèrent le mont Cenis et vinrent au royaume
de France et furent dans les provinces du Bourbonnais, à Rodes (3),
Forez, Auvergne et Marche, jusqu'à la contrée du Bordelais;
et, dans les dites provinces, ils prêchèrent leur secte et confessèrent plusieurs personnes de leur secte et lui amenèrent le
plus de personnes qu'ils purent.

« Disant, en outre, qu'il se trouvait d'autres barbes au lieu
de Limoges, savoir de Colla de Jean Baptiste, de Thomasso, Paul
de Malacarne, Barthélemy de Mocarello, Bastian Luce, tous du
pays de Spolète, qui l'instruisirent lui qui parle et son compagnon [André], et d'autres encore de leur secte, et leur indiquè-
rent les lieux où ils pourraient se rendre pour y prêcher; et,

---

(1) Cette déposition est dans une flagrante contradiction avec la précédente.

(2) Donné plus haut comme le compagnon de Martin; il est aussi nommé quelques
lignes plus loin.

(3) Peut-être Roanne, qui se dit en latin *Rodumna*.

depuis lors, ils les aidèrent à prêcher dans les dites contrées et pays ci-dessus.

« Interrogé comment on appelle tous ceux qui tiennent cette secte, il a dit qu'au-delà des monts, dans le royaume de France, on les appelle *Pauvres de Lyon*, tandis que en deçà des monts, dans le pays d'Italie, on les nomme *Pauvres du monde;* que, la même année, il partit avec le barbe André, également son compagnon, et qu'ils vinrent dans le pays de Gênes, puis à Nice et dans la ville d'Aix [en Provence], ensuite dans le pays du Vivarais, où ils trouvèrent quelques-uns de leur secte. De là, dans les montagnes d'Aubenas et de Privas, et, depuis, vers l'Auvergne, à Clermont; de là à la montagne du Mont d'Or, où il y a plusieurs personnes de la dite secte. Là, on en trouve beaucoup, et leur nombre s'y accroît considérablement à cause de la mauvaise vie que mènent les ecclésiastiques.

« De même, il a dit, en outre, que cette secte croît et pullule dans les localités de Noirétable, à Craponne et à Sinéria (1) dans la même région d'Auvergne; et également dans la contrée de Forez, dans les montagnes de Fourneaux en Forez et de S. Symphorien [de Lay]; il vint ensuite dans le pays de Trévoux (2), où fleurit aussi la dite secte; de là, dans les lieux ou montagnes proches de la ville de Beaujeu et de Villefranche. Du lieu de Beaujeu ils vinrent à Lyon et, lorsqu'ils furent dans la ville de Lyon, où ils arrivèrent le dernier jour de mai naguère écoulé, ils furent logés derrière S. Nizier, dans le dit lieu, à l'enseigne du Scorpion; et ils se trouvèrent là huit barbes par suite d'une délibération prise entre eux. Les autres six, avec eux d'eux, se nomment Pascal de Pasco, Jacques de Laro, Pierre fils de Matthieu de Capriano, Hucho de Andrea, Pastuchin de Jaco, avec le susdit Pierre de Jaco, qui est maintenant détenu avec lui qui parle; lesquels tous huit sont du pays de Spolète; et là, réunis les uns aux autres, ils eurent une conférence sur ce qu'ils avaient fait et devaient faire, racontant les lieux d'où ils venaient et où ils allaient.

« Interrogé sur celui des six qui rendait compte du pays de Dauphiné, il a dit que c'étaient Pascal et Pastuchin, qui disaient qu'ils avaient été en Dauphiné et qu'ils avaient trouvé beaucoup

---

(1) Nous n'avons pu découvrir ce lieu, qui est sans doute mal transcrit.

(2) Le texte latin porte *Relvosii*, qui probablement est une mauvaise lecture pour **Trevosii.**

120

de gens de la secte vaudoise dans les montagnes du Valentinois.
Ils furent aussi dans la contrée d'Embrun et de Gap, où ils en
trouvèrent aussi un grand nombre qui avaient été bannis de
leur pays et chassés de leurs maisons (1); et que quelques-uns
d'eux, à cause des grandes tribulations qu'ils avaient eues, disaient qu'ils voulaient garder la bonne foi, tandis que d'autres
disaient qu'ils croyaient avoir un soulagement [à leurs maux] et
qu'ils voulaient persévérer dans leur secte.

« Disant, en outre, que, lorsque lui et André, l'autre barbe son
compagnon, passèrent par la Provence au mois de mars dernier,
ils trouvèrent près de la cité d'Aix trois [personnes de la secte]
qui disaient être du Dauphiné et qui les reconnurent, eux barbes,
à leurs vêtements, savoir à leurs manteaux, et ils échangèrent
quelques mots touchant leur secte. Ces trois mêmes hommes dirent qu'ils étaient bannis et qu'ils attendaient leur grâce et leur
réintégration dans leurs biens et dans leur pays, et [la faculté]
de continuer dans leur première résolution.

« De même, il a dit que Pascal et Pastuchin, qui furent en
Dauphiné, disaient qu'ils s'étaient efforcés, autant qu'ils l'avaient
pu, de consoler ceux qui avaient été bannis et expulsés du Dauphiné; mais que ceux-ci, à cause de la dure et trop grande persécution, découragés et las, souffraient en commun ; d'autres au
contraire avaient la mauvaise volonté de rentrer [dans leurs
foyers] espérant leur grâce.

« Disant, en outre, que les deux barbes sus-nommés disaient
avoir de grands persécuteurs dans le pays même du Dauphiné
en la personne du révérendissime Seigneur l'archevêque d'Embrun, du sieur Pons de Pons, conseiller, et du sieur Oronce Emé,
juge de Briançon; lequel sieur Pons ils menaçaient de mettre
à mort, s'ils le trouvaient.

« Disant, en outre, que les huit barbes quittèrent tous la ville
de Lyon; que lui qui parle changea de compagnon et qu'à la
place du dit barbe André, il prit le dit barbe Pierre, détenu
présentement, et que les autres barbes se retirèrent et retournèrent dans leur pays à la suite d'une délibération prise entre
eux, comme ils disaient.

« Or, le dit barbe Pierre, son nouveau compagnon et lui qui
parle retournèrent à Notre Dame du Puy, comme il a dit plus
haut, et dans les autres lieux de l'Auvergne, du Forez, de Beau-

____

(1) Ceci se rapporte à la persécution de Cattanée.

jeu, se dirigeant vers la ville d'Autun en Bourgogne, où se trouvent deux vallées et une autre vallée, dans le voisinage de laquelle est une rivière (1), qui coule vers le fleuve de la Loire. Dans cette vallée il y a quelques personnes de la dite secte. De là, ils vinrent dans le pays de Beaujeu et près de la ville du dit Beaujeu et de Villefranche, où il y a de même beaucoup d'associés de leur secte, et ils y demeurèrent. De là, ils revinrent à Lyon à la dite auberge. Ensuite ils prirent la route de la Bresse et de Saint-Claude, et ils furent à Saint-Claude et dans quelques montagnes de deça et delà, où se trouvent plusieurs personnes de la secte. Ils leur prêchèrent et les entendirent en confession. Après quoi, ils se retirèrent et allèrent à Gênes et à Nice, et de Nice au lieu d'Aiguebelle, d'Aiguebelle à La Chambre, et là, près de La Chambre, ils trouvèrent quelques personnes de leur secte. Ensuite ils vinrent à la montagne du Vallon (2), à Nevache (3), et à Bardonnèche ; de Bardonnèche au lieu d'Oulx, et de là à Jouvenceaux (4), et à Sauze d'Oulx, jusque près du col de Costeplane se rendant à Pragela. C'est sur cette montagne qu'ils furent pris, ramenés, conduits et reconduits de l'autre côté à la ville d'Oulx par les officiers delphinaux d'Oulx, comme il appert du procès qui leur est fait sur ce point.

« Interrogé s'il savait qu'il y eût dans la vallée de Pragela quelques-uns de leur secte, il a dit que oui par la voix de la renommée, et que si les dits de Pragela avaient voulu se confesser à eux, ils les auraient entendus, et que, dans cet espoir, ils s'étaient rendus au dit lieu pour y exercer leurs fonctions et consoler les dits Vaudois qui y demeuraient.

« Interrogé sur la manière dont ils ont l'habitude d'absoudre ceux qu'ils ont entendu en confession, il a dit et répondu qu'ils ne suivent point la coutume des prêtres, mais qu'ils leur disent de tenir fermement leur secte et leur recommandent, en outre, de réciter plusieurs fois, en signe de pénitence, *Notre Père*, mais non *Ave Maria*, et de faire des aumônes pour l'amour de Dieu, mais qu'ils ne permettent point les pélerinages d'Italie.

« Interrogé s'il fut délibéré entre les mêmes barbes de cette

---

(1) Cette « rivière qui coule vers le fleuve de la Loire » est sans doute l'Arroux. Pour ce qui est des deux autres vallées, il est vraisemblable qu'elles sont formées par le Creusevaux et un autre affluent de la Loire plus méridional que l'Arroux.

(2) Ces trois dernières localités sont en Savoie.

(3) Hautes Alpes.

(4) Fraction de la commune d'Oulx.

122

secte de se retrouver dans quelque lieu, il a dit que deux autres
[barbes], savoir Jean de Christophoro et Liberatus de Coqueto,
devaient se retrouver avec eux deux, savoir lui qui parle et son
compagnon, dans le lieu de Tortone en Lombardie.

« Interrogé sur le temps où il eut une conférence avec les deux
[barbes] précédemment nommés, Jean de Christophoro et Liberatus de Coqueto, il dit que ce fut avec ce même Pierre, son compagnon, ici détenu.

« Interrogé sur les péchés que ceux de leur secte qu'il en-
tend en confession avouent le plus souvent, il a dit que c'était
la cohabitation du fils avec la mère, du père avec la fille et de
la commère avec le compère, mais en dehors de la synagogue,
et que plusieurs avouaient qu'ils persévéraient dans les dits péchés et cohabitaient avec les mêmes personnes.

« Disant, en outre, qu'ils entendaient en confession sur les sept
péchés mortels et non sur les autres ».

Telles sont les dépositions, que les inquisiteurs ou leur greffier
mettent dans la bouche du barbe Martin. Plusieurs d'entre elles
sont si étranges et si absurdes, d'autres si contradictoires, qu'il
est impossible de croire à leur authenticité. Les barbes se nourrissaient des Saintes Lettres et des écrits des Pères de l'Eglise
qui ne leur tenaient pas un pareil langage. Le long et important
Mémoire, que le barbe Morel adressa aux Réformateurs de la
Suisse et de l'Allemagne, ne renferme que des choses honnêtes et
sensées (1). On a de plus un nombre considérable d'écrits vaudois qui témoignent tous du sain jugement et des connaissances
de leurs auteurs. Plusieurs ont été imprimés et chacun, en les
lisant, peut juger de la différence qui existe entre leur contenu
et certaines parties des dépositions attribuées au barbe Martin.
Ainsi, dans la raison que ce dernier est censé donner de la préférence que les Vaudois accorderaient à S. Pierre au détriment de S. Paul, on voit, suivant la juste remarque du savant
Jacques Basnage (2), « le génie des inquisiteurs, qui tâchent de
rendre leurs ennemis odieux ou ridicules. On ne peut rien imaginer de plus fou que ce roman; et il est d'autant plus extrava-
gant qu'on n'y garde pas seulement les bienséances, car on fait.

---

(1) Bibl. de Dublin, *Man. Vaud.*, Vol. II, clas. c, tab. 5, n° 18; trad. en latin dans
Scultetus, *Annal. evang. passim per Europam... decas secunda*; Heidelberg, 1620, p. 294-
300; des fragments dans Perrin, *Histoire*, p. 211-213; Léger, *Histoire*, l. I, p. 203. — Nous
l'avons reproduit dans notre dernier Mémoire.

(2) *Histoire de l'Eglise*; Rotterdam, 1699, p. 1441.

dire aux ministres vaudois qu'ils croient à S. Sylvestre. Cependant ce pape était le premier qu'ils rejetaient comme un faux pape, parce qu'il avait fait entrer les richesses dans l'Eglise. Ils n'avaient pas meilleure opinion de Grégoire premier; cependant on leur fait préférer ridiculement ces deux papes à S. Jean l'Evangéliste. Les Vaudois ne rejetaient pas S. Paul, comme on le dit, puisqu'ils suivaient exactement ses épîtres. Enfin, ils n'avaient garde d'occuper S. Pierre à bâtir un temple et à en conserver un autre bâti par le démon, puisque ce ministre Martin assure, dans le même interrogatoire, « qu'il est aussi utile de prier dans une étable que dans un temple, parce que Dieu est partout ». Il faut donc rejeter cet article sur le compte de l'inquisiteur qui l'a inventé ».

Pour ce qui est des théories et des faits immoraux que le barbe Martin, d'après l'interrogatoire des inquisiteurs, impute à ses coreligionnaires, ils ne méritent pas plus de créance. Ils sont, en effet, dans une contradiction complète avec d'autres paroles prononcées par le même barbe. Ce dernier dit, comme on l'a vu, que « plus la bonté et la pureté de quelqu'un est grande, plus il a de pouvoir ». N'est-il donc pas inepte de mettre dans la bouche du même ministre des propos qui se contredisent si formellement? Ailleurs, Martin déclare que, dans la contrée du Mont d'Or, les membres de sa secte augmentent beaucoup « à cause de la mauvaise vie que mènent les ecclésiastiques ». Est-il admissible que des gens, révoltés de l'immoralité du clergé, se fussent jetés dans une secte qui aurait érigé en principe cette immoralité même et l'aurait pratiquée scandaleusement? Ce qui achève la démonstration, c'est le Mémoire authentique, non revu par les inquisiteurs, que le barbe Morel, comme nous l'avons dit, adressa aux réformateurs de la Suisse et de l'Allemagne en l'an 1530 et dans lequel il dit: « Lorsque quelqu'un est tombé dans le péché de la chair, il est exclu de notre société. On lui interdit le ministère de la prédication et nous lui ordonnons de gagner son pain à la sueur de son visage »... « Il est rare qu'il y en ait (des Vaudois)... qui fréquentent les lieux de débauche » (1).

Marc Vulson (2), conseiller au parlement de Grenoble, qui a eu entre les mains le procès de Pierre de Jaco, le collègue de

<hr>

(1) Scultetus, *Annalium Evangelii passim per Europam decimo sexto salutis partæ seculo renovati decas secunda;* Heidelbergæ, 1620, p. 298, 501.

(2) *De la puissance du Pape,* etc.; Genève, 1635, p. 207.

Martin, raconte que Nicolas Paris, le greffier qui écrivit l'interrogatoire et les réponses de ce second barbe, « a ajouté plusieurs choses et les a étendues à son plaisir, faisant dire au dit de Jaco des choses contraires et absurdes, même concernant la dite paillardise. Ce qui est vérifié par le plumetis (1) ou premier *sumptum* écrit de sa main, auquel n'y a rien du tout de cela, comme j'ai fait voir à plusieurs catholiques romains et l'ai joint et attaché aux dites réponses étendues... Et il lui était fort aisé de faire de telles additions et faussetés, parce qu'en ce temps-là ni les parties, ni les juges, ni les témoins ne signaient point, mais le greffier seul. Aussi ès autres procès esquels le dit Paris n'a point servi de greffier, il n'y a rien de tel, quoique aucuns des prévenus aient abjuré leur religion et declaré tout au long ce qu'ils avaient cru, dit et fait ».

XI. Supplice de cinq barbes. — Emprisonnement de l'archevêque d'Embrun et sa mort (1494).

Nous ne savons si le barbe Martin et son compagnon Pierre de Jaco furent martyrisés. Il est possible que les inquisiteurs aient tenu compte au premier de ses aveux et même de ses délations. Mais on l'ignore, et le contraire paraît même plus vraisemblable, car il n'est pas dit que les deux barbes aient apostasié; ce qui est certain, c'est que quatre barbes furent décapités à Grenoble vers le même temps (2). On sait aussi que le roi Charles VIII, se rendant en Italie en septembre 1494 et passant à Oulx, interrogea un barbe après son dîner comme passe-temps et le livra au bras séculier. Ce malheureux, qui était originaire de la Pouille, fut convaincu d'hérésie et pendu publiquement à un gros arbre (3).

L'archevêque d'Embrun, Jean Bayle, qui avait été l'instigateur et comme l'âme de tous ces procès pendant son épiscopat, trop long pour les malheureux Vaudois (1457-1494), subit avant de mourir une grande humiliation, qui fut comme le châtiment de sa dureté de cœur et de son orgueil. Quoique Charles VIII, comme

---

(1) Ou *plumitif*, minute que le greffier écrivait à la hâte quand le juge prononçait à l'audience. Vulson étend ce terme à la minute, où le même greffier recueillait la déposition des inculpés.

(2) François Marc, *Decisiones aureœ;* Lyon, 1584, t. II, p 362.

(3) Godefroy, *Histoire*, etc., p. 105.

on l'a vu plus haut, eût approuvé d'une manière générale l'expédition armée du comte de La Palud et l'inquisition de Cattanée, il paraît ne pas avoir été tout-à-fait indifférent à la façon impitoyable, dont l'un et l'autre accomplirent leur mission et aux confiscations échouées qui la signalèrent. Ces violences eurent sans doute du retentissement dans le Dauphiné et à la Cour, et le roi, pour contenter l'opinion et faire droit aux Vaudois qui firent parvenir leurs doléances au pied de son trône, dut sans doute manifester l'intention de prendre connaissance des procédures des inquisiteurs, que Jean Bayle avait si fort patronnés. C'est du moins ce que l'on peut conjecturer du fait que le chancelier Adam I Fumée fit arrêter à Lyon cet archevêque, ainsi que son secrétaire, « jusqu'à ce que le dit Adam Fumée eût les dits originaux des procès, qui furent environ une charge de mulet, sans souffrir que le dit secrétaire en retînt un double » (1). Cet évènement se passa sans doute en l'année 1494, au moment où Charles VIII traversa la France pour se rendre en Italie. L'archevêque était, en effet, allé à Lyon cette même année et y mourut en septembre ou en octobre. Il est même permis de croire que cette humiliante détention ne fut pas étrangère à sa mort et la hâta. Quant aux pièces des procès que l'archevêque fit remettre au chancelier de France, nous ignorons si c'est leur examen qui décida Charles VIII à se montrer équitable envers les Vaudois ; toujours est-il qu'il les releva des sentences portées contre eux à la condition qu'ils vivraient comme bons catholiques à l'avenir (2). Cette sentence emportait la restitution de leurs biens.

1496-1501.

I. Les Vaudois de Freissinières réclament au roi Louis XII la restitution de leurs biens. — Ils sont absous conditionnellement par le pape, qui nomme des commissaires pour réviser leurs procès (1496-1501).

Rostain d'Ancezune, successeur de Jean Bayle, ne fit son entrée solennelle à Embrun que le 31 mai 1496. Il « s'était per-

---

(1) *Mémoire de Rostain d'Ancezune*, dans Perrin, *Histoire*, p. 142; copie du temps à la Biblioth. de Dublin, *Man. vaud*, vol. VIII, clas. c, tab. 4, n° 18, et vol. IX, clas. c, tab. 1, n° 6; et à la Biblioth. de Cambridge, Man. 112.

(2) Perrin, *Histoire*, p. 138.

suadé, dit Chorier (1), que c'était le sien [devoir] de purger son
diocèse des sentiments corrompus dont quelques esprits y étaient
encore infectés ». Perrin se borne à dire ceci: (2) Il « voulut savoir à son arrivée ce qui s'était passé jusqu'alors contre les Vaudois de son diocèse, et, trouvant que ceux qui habitaient en la
vallée de Freissinières avaient été excommuniés par les inquisiteurs qui leur avaient fait leur procès, et qu'ils avaient été livrés
au bras séculier, rien n'ayant empêché l'exécution des sentences
prononcées contre eux que leur fuite, il ne voulut entrer en la
dite vallée, quoiqu' il en fût instamment requis par un certain
Fazion Gay, habitant de la dite vallée; disant qu'ils avaient été
condamnés *authoritate Pontificis Romani* (3), et pourtant qu'il
ne pouvait s'acheminer à eux *inconsulto Pontifice* (4); mais,
quand le saint Père *laxabit mihi manus* (5), disait-il, et qu'il me
constera de leur absolution, j'irai les visiter.

« Fazion Gay, parlant pour les dits habitants qui faisaient profession de vouloir vivre comme bons catholiques, disaient-ils, répondit que le roi les avait relevés de telles peines, pourvu qu'ils
vécussent comme tels à l'avenir. L'archevêque ajouta qu'il n'y
ferait autre chose qu'il n'eût envoyé au Pape, et que, pour cet
effet, il lui députerait un certain maître en théologie, nommé
frère Jean Columbi, et écrirait au Pape et cardinaux, leur en-
verrait le verbal de ce qui s'était passé contre eux et demande-
rait avis comment il se conduirait pour ce regard; mais il leur
fit entendre qu'il n'avait pu avoir aucune réponse.

« Sur ce, le roi Charles huitième du nom, roi de France, étant
décédé, le dit archevêque s'achemina au sacre du roi Louis
douzième en l'année mille quatre cent nonante huit (27 mai),
ce qu'étant venu à notice aux susdits habitants de Freissinières
et reconnaissant bien qu'il ne fallait pas qu'ils attendissent que
de Rome vînt aucune chose en leur faveur et que l'archevêque
était bien aise de jouir des biens qui avaient été confisqués par
ceux qui, l'ayant précédé, avaient annexé à son archevéché des
biens qu'il lui fâchait de vendre, ils se résolurent d'envoyer au
roi Louis douzième et lui présenter requête aux fins qu'il leur

---

(1) *Histoire de Dauphiné*, t. II, p. 500.

(2) *Histoire*, p. 137-139.

(3) Par l'autorité du pontife romain.

(4) Sans consulter le pontife.

(5) Me lâchera les mains.

fît restituer leurs biens, lesquels le dit archevêque, les moines inquisiteurs et plusieurs autres lui détenaient.

Le roi renvoya cette affaire à son chancelier et à son conseil. Quand le chancelier en parla au dit archevêque, il répondit que la restitution qu'ils demandaient ne le touchait en rien, d'autant que les dits biens avaient été confisqués par les inquisiteurs longtemps avant qu'il fût appelé à l'archevêché d'Embrun; mais que lors était à Paris un président de Grenoble et le conseiller Rabot, lesquels pourraient répondre sur le dit article, d'autant qu'ils les avaient condamnés. Les Vaudois, au contraire, faisaient instance qu'il fût enjoint au dit archevêque notamment de leur restituer leurs biens, d'autant que plusieurs belles pièces de leurs dits biens étaient annexées au domaine du dit archevêché, et que, quand ils les demandaient, il les renvoyait au Pape, au préjudice de ce que le feu roi en avait ordonné.

« Le grand Conseil ayant pris connaissance du dit affaire ordonna que rien ne serait innové en ce qui concernait les Vaudois de Freissinières que le roi n'en eût écrit au pape pour avoir commissaires apostoliques, joints avec le dit archevêque comme Ordinaire, pour y mettre fin une fois ».

Louis XII était un monarque juste et bon, qui savait à quoi s'en tenir sur la valeur morale des Vaudois, car, pressé par le pape d'exterminer ceux de Provence, il n'avait voulu prendre aucun parti sans faire faire une enquête qui fut toute à leur avantage. Il fit donc exposer au pape Alexandre VI par son ambassadeur Robert Guibé, évêque de Tréguier, que plusieurs habitants des montagnes du Dauphiné avaient été accusés de faire partie des Pauvres de Lyon et que, quoiqu'ils eussent protesté d'être des chrétiens apostoliques, les commissaires pontificaux, les juges des ordinaires diocésains et les inquisiteurs de la foi avaient procédé contre eux: ce qui les avait disposés à se plaindre auprès de lui de la manière dont ils étaient traités. Louis XII, qui ne voulait pas qu'il y eût désormais dans ses États aucune race d'hérésie, priait donc le pape de confier l'examen des griefs articulés par les Vaudois dans leur requête à des théologiens et des juristes compétents (1).

Les habitants de Freissinières, de leur côté, jugèrent prudent

------

(1) Ch. Dumoulin, *La première partie du traicté de l'origine et excellence du royaume et monarchie des françois et couronne de France;* Lyon, 1561, p. 63; Crespin, *Histoire des Martyrs,* fol. 601, édit. de 1619.

de faire tous leurs efforts pour se rendre le pape favorable et
s'apprêtaient à lui envoyer des députés, afin d'obtenir, si possible, leur absolution, « mais il leur fut donné conseil, dit Perrin (1),
de n'aller à Rome, ains (mais) de retirer bulle d'absolution du
cardinal légat en France George [d'Amboise] du titre de Saint
Sixte, laquelle suffirait et s'obtiendrait à moindres frais. A quoi
obtenir leur servit le commissaire confesseur du roi [Laurent
Bureau] ». Etienne Roux, qui fut député par eux au légat, rapporta par son intermédiaire deux bulles du pape. La première,
datée du 1.er avril 1501, promettait aux Vaudois leur absolution
à condition qu'ils abjureraient leurs erreurs et donnait au légat
le « pouvoir de décider de tout ce que ceux mêmes qui avaient
été députés du saint siège ou subdélégués avaient connu, voire
même où il y aurait appel ». Le légat, en conséquence, prononçait l'absolution de « tous ceux qui auraient été condamnés en
telle sorte ». La seconde bulle, datée du 5 avril suivant, « donnait absolution de simonie, larcin, meurtre, usure, adultère, mauvaise détention de bénéfices, destruction de biens ecclésiastiques,
de la violence contre les clercs en les battant, de serments illi-
cites, parjures, fraudes, voleries, voire même aux apostats et
hérétiques, et à quiconque aurait commis des crimes pour énor-
mes qu'ils fussent » (2).

D'autre part, les commissaires apostoliques, nommés par le pape
en suite de la démarche de Louis XII et par rescrit du 15 mars
1501, furent le carme Laurent Bureau, professeur de théologie,
évêque de Sisteron et confesseur du roi, comme nous l'avons dit
plus haut; Geoffroi Boussard, professeur de théologie et ancien
recteur de l'université de Paris; Jean Sannico, docteur en droit
canon et official du diocèse d'Autun; enfin Thomas Pascal, docteur en droit et canon official du diocèse d'Orléans. Ils avaient
reçu la mission de revoir, réformer et confirmer, s'il y avait
lieu, de concert avec les Ordinaires diocésains, les procès intentés aux Vaudois, de telle façon que la plaie de l'hérésie disparût
complètement. Sur le conseil des députés vaudois, ils prièrent
Louis XII d'enjoindre au parlement de Grenoble de leur livrer
toutes les pièces de ces procès, notamment les procédures faites

____

(1) *Histoire*, p. 147.

(2) Copies du temps des deux bulles dans les bibliothèques de Cambridge (Man. 113)
et de Dublin (*Man. vaudois*, Vol. IX, clas. c, tab. 1, n° 6) — Perrin s'est trompé sur leur
date: il les place un an trop tard pour le moins (*Histoire*, p. 147).

par les conseillers de Fays, Antoine de Lestang et autres (1).
Le parlement répondit qu'il n'avait pas ces dernières; qu'il possédait, à la vérité, les registres de Cattanée, mais que ceux-ci étaient trop considérables pour être copiés dans le délai voulu et que les règlements de la Cour souveraine interdisaient le prêt des originaux.

Là-dessus les commissaires vinrent à Grenoble au mois de juin 1501 et présentèrent au parlement les lettres du roi et du pape qui définissaient et consacraient leurs pouvoirs. Le parlement les enregistra et autorisa les commissaires à agir en dehors de l'archevêque d'Embrun, sauf lorsqu'ils auraient à prononcer la peine de la prison et de la torture, ou encore une sentence d'absolution. Dans ces trois cas l'assistance de l'archevêque était de rigueur (2). Le parlement ne rendit pas, paraît-il, cette ordonnance de bonne grâce, car Bureau raconte plus loin qu'il fut obligé de recourir à son égard aux commandements et aux censures.

II. Les commissaires Bureau et Pascal à Embrun. — Leur sentence d'absolution en faveur des Vaudois. — Protestation de l'archevêque d'Embrun. — Ordonnance favorable de Louis XII (1501).

Deux commissaires seulement se rendirent à Embrun, Bureau et Pascal. Ils y arrivèrent le 4 juillet 1501 et, désireux de conserver leur indépendance, ils descendirent à l'hôtellerie de l'Ange et firent présenter leurs lettres à l'archevêque, qui se déclara disposé à y obtempérer, invita les commissaires à loger chez lui et leur envoya de son vin. Ces derniers, en lui témoignant leur reconnaissance, le prièrent de ne plus leur faire de présent, car cela pourrait les rendre suspects aux yeux des Vaudois, et de souffrir qu'ils ne logeassent pas à l'archevêché, où ces derniers ne consentiraient certainement pas à se rendre.

Après dîner, l'archevêque, accompagné de l'abbé de Boscodon, de quelques-uns de ses chanoines et de ses officiers, vint rendre ses hommages aux commissaires, qui étaient entourés d'un certain nombre de Vaudois et de laïques, et leur offrit de nouveau

(1) Nous n'avons pas parlé de ces procédures précédemment parce qu'elles n'ont été ni retrouvées ni analysées par les historiens.

(2) François Marc, *Decisiones aureae*, éd. de 1660, t. II, p. 362.

l'hospitalité. Ces derniers, après leur avoir communiqué leurs commissions, le requirent de s'adjoindre à eux. Rostain accéda à leur vœu et s'offrit à leur transmettre les pièces des procès qu'il avait dans ses archives. Puis le confesseur du roi, le prenant de très haut avec l'archevêque, blâma avec une grande vivacité les agissements des inquisiteurs qui avaient procédé contre les Vaudois et somma le prélat, sous peine d'excommunication, d'avoir à lui livrer tous les procès qu'il avait entre les mains, « car, disait-il, il faut que je sois de retour auprès du roi le jour de Notre-Dame d'Août ».

Rostain, voyant que Bureau, contre la forme du droit canon, selon lui, le menaçait d'excommunication avant même de l'avoir suspendu, quand lui, archevêque, était institué par les commissions susdites juge des procès aussi bien que le confesseur du roi et l'official d'Orléans, demanda au premier le double de ses pouvoirs et un délai pour y répondre. Ce dernier lui repartit qu'ayant usé de semblables commandements et censures quelques jours auparavant à l'égard de la cour de Grenoble, il pouvait bien agir de même à son égard; que les ecclésiastiques comme lui ne connaissaient qu'une partie du droit canon et « voulaient entreprendre de supprimer la théologie; » enfin que le roi l'avait prévenu que « l'archevêque d'Embrun serait contraire à sa commission et partie formelle contre les Vaudois ». Rostain ayant répliqué qu'il ne croyait point que le roi eût cette opinion de lui, car il n'avait jamais agi et ne voulait jamais agir que poussé par de bons mobiles, Bureau lui dit: « Vous êtes venu vers moi à la manière des Scribes et des Pharisiens quand ils accusaient le Christ devant Pilate, entouré d'un grand nombre d'ecclésiastiques pour m'intimider, mais je ne dépends en rien de votre juridiction et je ne vous crains en rien ». Rostain s'étant défendu en disant qu'il n'avait amené avec lui que les personnes qui l'accompagnaient d'habitude lorsqu'il sortait dans la ville, le confesseur du roi lui répéta le propos que Louis XII avait tenu sur son compte et sur les autres prélats du Dauphiné, et fit sortir tous les laïques qui étaient dans la salle; après quoi, il releva l'archevêque des censures qu'il avait prononcées contre lui, disant qu'il n'avait agi de la sorte qu'à cause des laïques et surtout des Vaudois présents à l'audience (1).

---

(1) *Mémoire de Rostain d'Ancezune* (Bibl. de Cambridge, man. 112, et de Dublin, *Man. vaudois*, Vol. VIII, clas. c, tab. 4, N° 18; Vol. IX, clas. c. tab. 1, N° 6; Perrin, *Histoire*, p. 140-143). — Fornier, (*Histoire*, t. II, p. 469-476), accuse encore ici Perrin d'avoir

Les commissaires se mirent aussitôt à l'œuvre, assistés de l'archevêque et d'un nommé Sifferius, et ordonnèrent la révision des procès intentés aux Vaudois depuis l'année 1478. Ils entendirent un grand nombre de témoins (1), pris non seulement parmi les Vaudois, mais encore parmi les prêtres et les moines de la faction de l'archevêque. Ils demandèrent aux Vaudois s'ils étaient de bons catholiques et les interrogèrent sur l'eucharistie, le purgatoire, l'invocation des saints et plusieurs autres points de la foi catholique. Satisfaits, paraît-il, de leurs réponses, ils prononcèrent une sentence d'absolution à l'égard de tous les Vaudois fugitifs condamnés par contumace et les réconcilièrent avec l'Église, mais « sans préjudice de la cause principale et du droit dévolu à chacun ». L'archevêque protesta contre cette décision, accueillie par les Vaudois avec la plus grande joie, et ne voulut pas la signer, disant que Pascal, l'official d'Orléans, « avait montré par ses propos qu'il favorisait les dits Vaudois, notamment ayant dit au logis de l'Ange à Embrun qu'il eût désiré d'être aussi bon chrétien que le pire de la Freissinières ».

Les commissaires passèrent outre à la protestation de Rostain et quittèrent Embrun, emportant avec eux, dit Fornier « tous les volumes des pièces qui avaient aboli cette hérésie ». De retour auprès du roi Louis XII, ils lui dirent que les Vaudois étaient des gens probes et religieux, et qu'ils les avaient absous de la sentence de contumace portée contre eux. En conséquence, Louis XII rendit de Lyon le 12 octobre 1501, l'ordonnance qui suit:

« Louis, par la grâce de Dieu, roi de France, etc. Parce qu'il nous est venu à notice que les habitants de Freissinières ont

interpolé le Mémoire de Rostain. Il se fonde principalement sur cette formule dont s'est servi Bureau pour sommer l'archevêque d'avoir à lui remettre les pièces des procès vaudois : *Semel, bis, ter, sub pœnâ excommunicationis latœ sententiœ, trina et canonica monitione prœcedente.* Il fait remarquer que, suivant le droit canon, les trois admonitions ne se faisaient pas coup sur coup et que la *sententia lata* se disait de la sentence rendue et non à rendre. Sans vouloir trancher une question de ce genre qui nous est complètement étrangère, nous ferons remarquer que Bureau, qui était professeur de théologie, reprocha précisément à Rostain de ne connaître qu'une partie du droit canon et de vouloir, comme ses confrères, supprimer la théologie.

(1) Voici leurs noms: Fazii (Fazion) Gay, Francis Ruffus (Roux), Anthony Pau, D. Fazius Rippert (tous quatre de Freissinières), sieur Jean (John) Lager, vicaire d'Orcières en Champsaur, Peter Raymondus, John Arnoux, Angelinus Palon, John Bartholem, Hugh Jacques, John Faber, Pierre Jourdan, Hippolite Blen, Jacques Pari, Thomette, femme de Fazius Rippert, Marie, femme de William Bret (Brette), Jacq. Bonnefoy, Hunet Julian de Valle, Anthonius Baridon de Castro Rodulpho, Johannes de Burgo de Sancto Crispino, Claudius Humbert, Honoratus de Burgo, Giraud Ruffi (Roux) et Jacques Chambon.

souffert des grands maux et vexations, peines et travaux, désirant leur subvenir et qu'ils soient restitués en leurs biens, meubles et immeubles, commandons par ces présentes à tous ceux qui détiennent les dits biens, qu'incontinent et sans délai ils se désistent et départent des dits biens, et les rendent et restituent aux susdits suppliants ou à leurs procureurs, pour eux chacun en son endroit; et, en cas d'oppositions, refus ou délai, nous, ayant égard à leur pauvreté et misère, où ils ont été longuement et sont encore détenus, sans pouvoir avoir justice, désirant de tout notre cœur icelle leur être administrée, en voulons connaître en propre personne; ajournons les opposants et dilayants à certain jour compétent par devant nous, etc. Donné à Lyon le douzième d'octobre, mil cinq cent un ».

Cette ordonnance fut suivie, le 17 octobre suivant, d'un commandement relatif à son exécution et d'une lettre que le roi adressa à l'archevêque d'Embrun pour lui rappeler les confiscations faites par son prédécesseur et lui enjoindre de restituer les biens indûment ajoutés à la mense épiscopale (1). Dans une autre séance de son grand conseil, Louis XII rendit une ordonnance semblable à celle du 12 octobre en faveur des Vaudois de Vallouise (2).

Quelques jours auparavant, une troisième bulle du pape du 7 octobre 1501 étant arrivée, qui absolvait les Vaudois « de toutes sortes de crimes et de péchés, et particulièrement de celui d'hérésie (3) », rien ne paraissait plus s'opposer à ce que les Vaudois fussent réintégrés dans leurs biens, mais ils n'étaient pas au terme de leurs tribulations, comme on va le voir.

III. Opposition du parlement de Grenoble à l'ordonnance royale. — Les Vaudois en appellent derechef au roi, qui rend une nouvelle ordonnance en leur faveur. — Ils assignent leurs spoliateurs devant le Conseil du roi, qui les déboute de leur plainte (1501-1509).

Le parlement de Grenoble refusa d'enregistrer l'ordonnance du roi, lorsqu'elle lui fut présentée par un huissier du grand Conseil

---

(1) Perrin, *Histoire*, etc., p. 145, et Bibl. de Cambridge, Man. 113, et de Dublin, *Man. vaud.*, Vol. IX, cl. c, tab. 1, N.° 6.

(2) François Marc, *Decisiones aureae*, t. II, p. 193.

(3) Bibl. de Cambridge et de Dublin, *Idem, Idem.*

portant le « petit bâton blanc », et déclara, le 23 octobre 1501,
que le roi de France, d'après les statuts et libertés du Dauphiné,
n'avait pas le droit de rendre des jugements relatifs à cette province en dehors de ses frontières et d'assigner les parties au jour
et au lieu qui lui plaisait (1). L'archevêque écrivit de son côté
au grand conseil « qu'il ne tenait aucuns biens de ceux de Freissinières; seulement certains biens avaient été annexés à son archevêché à bonne et juste cause, et incorporés à son église par
son prédécesseur, étant les dits biens aux terres et juridictions
d'icelle, auxquelles nul mandement du roi n'a jamais accoutumé
d'être exécuté; par quoi n'est à croire aucunement qu'il soit procédé de la volonté du roi comme protecteur des églises et en
suivant ses grands prédécesseurs; mais ce néanmoins, voulant
icelui archevêque complaire au roi, notre Sire, sera content bail-
ler aux dits habitants de Freissinières les dites vignes pourvu
que les autres sieurs delphinaux leur baillent ce qu'il ont eu de
leurs dits biens, alors l'archevêque rendra ce que lui et son
église en auront » (2).

Devant ces refus plus ou moins déguisés de l'archevêque et du
parlement de Grenoble de rendre justice aux Vaudois, ceux-ci
eurent de nouveau recours à Louis XII, comme les y autorisait
du reste son ordonnance du 12 octobre 1501, et obtinrent, à la
date du 27 mai (3) 1502, une lettre, son grand Conseil entendu,
portant restitution de leurs biens aux Vaudois de Freissinières,
Largentière et Vallouise, et aux autres habitants du Dauphiné
rentrés dans le giron de l'Église; et ordonnant aux détenteurs
de ces biens de les «vider ». Le même jour, Louis XII écrivit au
parlement de Grenoble et à l'archevêque pour leur notifier et
confirmer son ordonnance et leur enjoindre de s'y soumettre (4).

Ces lettres et cet arrêt n'ayant pas eu plus de résultats que
les précédents, les Vaudois assignèrent nominativement devant le
roi et son conseil, l'archevêque Rostain, Pons de Ponce, conseiller au parlement; Pierre de Rame, écuyer, seigneur du Poët;
Facion de Rame, coseigneur de Freissinières; Hector de Monteynard, seigneur de Largentière; Arrouard de Bonne et plusieurs
procureurs fiscaux, notaires, prêtres ou bourgeois d'Embrun et

---

(1) François Marc, *Id., Id.*
(2) Perrin, *Histoire,* etc., p. 145, 146.
(3) Marc Vulson. *De la Puissance du Pape,* etc., p. 207, dit le 27 mars.
(4) Biblioth. de Cambridge. Man. 112, et de Dublin, Man. Vaudois, Vol. IX, clas. c, tab.
3, N.° 6.

de Briançon. Ces divers personnages, qui, directement ou indirectement avaient contribué à dépouiller les Vaudois de leurs
biens et dont plusieurs en étaient les détenteurs, firent agir auprès de la cour toutes les influences dont ils disposaient et déclarèrent qu'ils ne pouvaient restituer aux Vaudois leurs biens
aussi longtemps que le pape n'aurait pas relevé ces derniers de
la sentence de condamnation prononcée contre eux par les inquisiteurs. Leur excuse fut admise et le grand Conseil débouta les
Vaudois de leur demande. C'était remettre en question, et même
démentir, les ordonnances de Louis XII, qui n'eut pas la fermeté
de résister jusqu'au bout. L'archevêque disait bien qu'il était prêt
à rendre les biens dont ses prédécesseurs avaient enrichi la mense
épiscopale dès que le pape aurait donné l'absolution aux Vaudois;
mais quand ceux-ci lui avaient fait signifier les trois bulles d'absolution pontificales mentionnées plus haut et délivrées par l'entremise du légat du pape, le cardinal Georges d'Amboise, « l'archevêque, dit Perrin (1), se moqua de ces bulles, disant qu'elles
avaient été obtenues par surprise et importunité, et qu'il fallait
avoir l'absolution du pape même. Ainsi ne voulut-il rien rendre
ni tous les autres à son exemple », et l'on vit ce phénomène
étrange de trois monarques absolus, Louis XI, Charles VIII et
Louis XII, et d'un légat du pape, bien résolus à rendre justice
aux Vaudois, échouer contre l'intolérance et la cupidité de quelques ecclésiastiques, gens de robe et gentilshommes (2). Mais il
est un fait plus étrange encore, c'est de voir à la fin du XIXᵉ
siècle, et après les ruines morales et matérielles de toutes sortes
accumulées sur la France et ailleurs par l'absolutisme ecclésiastique, regretter encore le temps où l'Église avait le pouvoir de
réduire par la force brutale ceux qui ne pensaient pas comme
elle, ériger ce pouvoir en principe et en proclamer la légiti-
mité (3).

____

(1) *Histoire,* p. 148.

(2) Fornier, dont l'*Histoire* abonde en détails sur les Vaudois, a passé sous silence ces
derniers faits, qui, dit-il, « ne seraient à aucun profit » (t. II, p. 240)!

(3) *Syllabus* de Pie IX; Jules Chevalier, *Mémoire,* p. 97, mentionné plus haut.

IV. Sentence de réhabilitation de Vaudois par les commissaires Boussart et Pascal. — Un arrêt réparateur du parlement de Grenoble (27 février et 9 novembre 1509).

Les persécutions dirigées contre les Vaudois de Freissinières, Largentière, Vallouise et Valcluson ne cessèrent pas après que le Conseil du roi eut rendu son arrêt relatif à la restitution de leurs biens, lequel était plutôt fait pour enhardir leurs ennemis que pour les modérer, car ces derniers, en continuant de prouver que les Vaudois étaient des hérétiques, rendaient cette restitution de moins en moins probable et possible. Espérant jusqu'à la fin en la justice de Louis XII, les Vaudois firent de nouveau parvenir leurs doléances aux pieds de son trône. Ce ne fut pas en vain. Le roi chargea ses anciens commissaires de reprendre leur œuvre de réparation. Bureau, son confesseur, étant mort depuis le 5 juillet 1504, ses collègues Boussart et Pascal, dit M. Guillaume (1), « citèrent alors, par devant eux à Vienne en Dauphiné, l'archevêque d'Embrun, l'évêque de Turin ou son vicaire le prévôt d'Oulx et les détenteurs des biens des Vaudois, savoir : les héritiers de Lanthelme de Monteynard, seigneur de Largentière, Pierre de Rame et les héritiers de Facion de Rame, coseigneurs de Freissinières, Raymond Emé, Hippolyte de Bardonnèche et plusieurs autres encore pour contredire, s'ils le jugeaient bon, l'enquête faite par [Bureau], évêque de Sisteron, et le susdit Thomas Pascal. Quelques-unes seulement des personnes citées comparurent à Vienne et déclarèrent que cette affaire ne les regardait point.

« Les commissaires apostoliques, considérant que les parties intéressées ne devaient pas être appelées hors de leurs diocèses respectifs, se rendirent à Embrun. Là, Geoffroy Boussart et Antoine de La Colombière, docteur ès droits et subdélégué de Thomas Pascal, en présence du vicaire de l'archevêché d'Embrun, du prévôt d'Oulx et de Jean Richan, procureur de la foi, entendirent un grand nombre de témoins à charge et à décharge. Ils

---

(1) *Analyse de la sentence de réhabilitation des Vaudois des Alpes françaises,* dans le *Bullet. histor. et philol. du Comité des travaux histor. et scientifiq.;* Paris, 1891. p 248-255. La sentence, qui est en latin, est aux *Arch. des Hautes Alpes,* G, 751. Voy. aussi Fornier, *Histoire,* t. III, p. 409-423.

136

annoncèrent ensuite qu'ils rendraient leur sentence définitive à Paris, après la fête de S. Jean-Baptiste (24 juin 1508).

« La procédure se poursuivit à Paris, où les commissaires entendirent de nouveaux témoins, puis à Rouen (8 octobre 1508), où derechef ils citèrent à comparaître l'archevêque d'Embrun, le prévôt d'Oulx, les inquisiteurs Albert de Cattanée et François Plovier, et le procureur de la foi. Copie de la citation fut affichée aux portes de Notre-Dame d'Embrun.

« Lors de la fête de la purification (2 février 1509), les formalités juridiques recommencèrent à Paris en présence de Jean Saulay, chanoine de Notre-Dame et vicaire général d'Etienne de Poucher, évêque de Paris.

« C'est là enfin que, sur les instances de quatre délégués vaudois, Ange Palon et Pierre Pélegrin de Freissinières, Antoine Marie de Vallouise et Daniel Flote de Pragela, les commissaires apostoliques prononcèrent solennellement leur sentence.

« L'an de notre Seigneur Jésus-Christ, indiction XII, le 27 février, et du pontificat de Jules II, l'an 6 (ce qui, d'après notre mode actuel de compter, revient au 27 février 1509), en présence de Pierre Cordier, docteur ès droits, de frère Hugues de Méléset, licencié en droit, prieur de Sainte Céline (?) près de Meaux de Pierre Bonnet, avocat au tribunal ecclésiastique de Paris, d'Adrien Rubache et Nicolas Marin, notaires de la cour épiscopale de Paris, et de plusieurs autres témoins, les commissaires apostoliques Thomas Pascal, président du parlement, et Geoffroy Boussart, professeur de théologie, à la requête de quatre députés vaudois, déclarent contumaces l'archevêque d'Embrun, le prevôt d'Oulx, le procureur de la foi et tous les autres que cette affaire pouvait intéresser.

« Puis, attendu que les prescriptions de droit n'avaient pas été exactement remplies lors des procédures précédemment faites contre les habitants de Freissinières, de Largentière, de Vallouise, de Valcluson et leurs adhérents, ils prononcent la nullité de ces procédures. Les susdits habitants sont rétablis dans l'état où ils étaient avant l'appel de 1487 (1) et tout ce qui a été fait postérieurement devant l'archevêque d'Embrun et les inquisiteurs Albert de Cattanée et François Plovier. Bien plus, suivant les informations faites, soit par Laurent Bureau, soit par eux-mêmes,

---

(1) C'est la date de la bulle du pape Innocent VIII investissant Cattanée du titre de nonce et d'inquisiteur de la foi.

les commissaires certifient que ces habitants n'ont pas été trouvés hérétiques.

« Toutefois ils exhortent vivement les ordinaires diocésains à être prudents et à se conduire en bons pasteurs. Ils leur recommandent de visiter fréquemment leurs ouailles, soit par eux-mêmes soit par le moyen de personnes instruites, d'extirper les vices et de faire germer les vertus ; d'éloigner les faux apôtres, pleins de ruses et de fourberies, qui, par leurs prédications clandestines trompent les esprits simples et peu défiants. Ils doivent chasser de la bergerie ces faux apôtres et employer au besoin, non seulement les armes spirituelles, mais même les armes matérielles ».

Les commissaires décidèrent enfin que les dépenses, qui avaient été faites de part et d'autre dans le procès, seraient compensées.

En conséquence de cet arrêt, qui absolvait les Vaudois du crime d'hérésie, leurs biens devaient leur être restitués. Le furent-ils ? Les historiens ne le disent point. On sait seulement, par une pièce manuscrite, que le parlement de Grenoble, cette même année 1509, rendit justice à certains Vaudois de la vallée de Freissinières, qui se plaignirent de ce que Pierre de Rame, seigneur du Poët, coseigneur de Freissinières, et Facion de Rame, coseigneur du même lieu et de Savine, s'étaient rendus coupables à leur endroit de plusieurs violences, incendies, vols et homicides ; les avaient chassés de leurs habitations et même de leur vallée, et s'étaient emparés de leurs biens. Les seigneurs de Rame répondaient que, si certains biens mobiliers et immobiliers avaient été enlevés aux Vaudois, cela avait été fait, non par eux, mais par autorité de justice et sur l'ordre de Hugues de La Palud, qui remplaçait pour lors le gouverneur du Dauphiné. Ils niaient, d'autre part, qu'ils eussent commis aucun attentat contre les personnes et les biens des habitants de Freissinières et ajoutaient que ces derniers étaient les auteurs de plusieurs incendies et autres crimes, dont leurs gens avaient été les victimes.

Le parlement, les parties entendues, rendit, le 7 novembre 1509, l'arrêt suivant : « Les sieurs de Rame laisseront les dits habitants de la Freissinières, leurs sujets et parties adverses, jouir et user pour eux et leurs successeurs, paisiblement et sans contredit, les temps à venir, de leurs mas, maisons et autres biens immeubles... Et touchant les biens immeubles, que le seigneur du Poët dit avoir acquis de Marcellin et Michel Romain frères et de Vigile, mère d'Angelin Pallon, et autres cohéritiers du second lit, leurs frères et sœurs, prétendant révocation et annullation du dit contrat et les dits biens être restitués, le dit sieur du Poët remettra et laissera les dits biens aux dits vendeurs ou autres leurs cohéritiers, à tout le moins en lui rendant le prix par lui déboursé...'» Quant aux dommages réclamés de part et d'autre pour les incendies, meurtres et autres crimes commis, le parlement décida qu'il n'y avait pas lieu d'accorder des indemnités aux parties et que le tout devait être oublié (1).

V. Persécutions des Vaudois de la Vallée d'Oulx (1501, 1502).

Nous avons vu plus haut que les Vaudois de Bardonnèche et d'Oulx avaient presque tous disparu en 1434 à la suite d'une violente persécution. C'est ce qui explique pourquoi il n'est plus parlé d'eux à partir de cette époque. Mais, depuis l'expédition militaire de La Palud, ces Vallées paraissent s'être repeuplées, du moins en partie. Il est vraisemblable, en effet, que les rèchappés de Freissinières, Largentière et Vallouise, réduits à la dernière misère par suite de la confiscation de leurs biens meubles et immeubles, cherchèrent des terres à défricher dans les vallées d'Oulx et de Bardonnèche. Ainsi s'expliquerait la présence de nombreux Vaudois sur leur sol en 1501. Gilles dit bien (2) que les Vaudois de Freissinières se réfugièrent, vers cette époque, dans la ville de Volturara et dans la Capitanate, non loin des bourgs de Monlione, Montavato, Faito, La Cella et La Motta, qui avaient été fondés par des Vaudois de Provence cent ans auparavant; mais cette émigration n'exclut point celle que nous considérons comme très probable. Quoi qu'il en soit, les Vaudois établis dans la vallée d'Oulx ne tardèrent pas à être persécutés, même cruellement, l'année même où Louis XII rendait sa première ordonnance en faveur des Vaudois de Freissinières, c'està-dire en 1501. Le vibailli de Briançon, Oronce Emé, faisait confisquer les biens d'Eynarde Jullian de Chantemerle, et d'Antoinette Rogier de Saint Chaffrey. En 1502, il condamnait à mort et à la confiscation de leurs biens Marie, veuve de François Jac-

---

(1) Manuscrit des archiv. du baron de Coston de Montélimar, analysé et communiqué par M. Jules Chevalier.

(2) *Histoire*, t. 1, p. 30.

ques; Marguerite, veuve de Pierre Gontier, d'Exilles; Angéline, femme d'Eymeric Bochi, de Salbertrand (1).

1514.

Progrès de la secte Vaudoise dans la Vallée de Bardonnèche. — Conclusion.

Malgré ces sévérités, et peut-être à cause d'elles, car la persécution produit souvent l'effet contraire de celui qu'elle se promet, la secte vaudoise fit de rapides progrès dans la vallée de Bardonnèche, qui débouche du nord-ouest dans celle d'Oulx. « Antoine de Lestang, évêque d'Angoulême, dit Chorier (2), y fut envoyé pour l'arrêter. Il se porta à Bardonnèche, qui était le principal siège du mal naissant, avec Guillaume Cotte, vicaire de Louis de Maziis prévôt d'Oulx, et trois avocats : Louis de Varennes, Louis Jacob et Etienne Binet. Etant dans l'église de cette paroisse, le 5 du mois d'avril de l'an 1514, il fit publier un règlement, à l'issue de la messe paroissiale, qu'il avait concerté avec ceux qui l'avaient accompagné et même avec les coseigneurs de cette terre, car elle n'était pas entre les mains d'un seul. Il fut enjoint aux chefs de famille de déclarer à leurs curés ceux qu'ils soupçonnaient d'hérésie dans leurs maisons, soit que ce fussent leurs enfants, soit que ce fussent leurs domestiques, et aux curés d'en informer en même temps le prévôt d'Oulx. La peine de ceux qui, étant accusés, demeureraient dans l'obstination, fut laissée aux termes du droit et de l'ancien usage. Mais elle fut nouvelle et jusque là inouïe dans cette province, à l'égard de ceux qui auraient un vrai et solide repentir de leur faute. Il leur fut commandé de porter à l'avenir sur leur robe une croix blanche si la robe était jaune, ou jaune si la robe était blanche. C'est ce qu'on appelait en Espagne le *Sambénil* (3). Les seigneurs de cette terre y consentirent. C'étaient Ozias de Bardonnèche, Louis de Nevache, Gabriel de Nevache, Gabriel de Bardonnèche, Esprit de Bardonnèche, son frère. Mais cette nouveauté ayant choqué tous les esprits, il n'en resta aux coupables que la peur et aux autres que l'indignation ».

(1) *Invent. de la Chambre des comptes de Grenoble*, vol. Briançon.

(2) *Histoire générale*, etc. t. II. p. 512.

(3) Chorier se trompe sur la nouveauté de ce travestissement. Il avait été déjà employé par l'inquisiteur de Monts. Voy. plus haut les années 1347 et 1348.

A dater de cette époque les sources se taisent sur le sort des Vaudois jusqu'à l'heure de la Réformation, qui ne tarda pas, du reste, à sonner ; ce qui porterait à croire qu'ils jouirent de la paix pendant ce laps de temps. Leurs seigneurs temporels et les archevêques d'Embrun, restés maîtres de leurs biens, se considérèrent sans doute comme satisfaits et ne les poursuivirent plus. Il faut croire aussi que les troupes nombreuses de soldats qui, à dater de 1515, passèrent par la vallée de la Haute Durance, le Mont Genèvre, la vallée d'Oulx et les autres cols des Alpes, pour les besoins de la guerre d'Italie, empêchèrent la persécution. Celle-ci eût pu, en effet, devenir périlleuse si les derrières de l'armée d'invasion n'avaient été pleinement assurés.

Quoiqu'il en soit, les années de paix, dont nous parlons, favorisèrent le développement de la secte. Les Vaudois, qui avaient abjuré, revinrent à leurs premiers sentiments, qu'ils n'avaient jamais, du reste, abandonnés que des lèvres ; les fugitifs, qui le purent, rentrèrent dans leurs foyers, et, lorsque la Réforme de Luther éclata, elle recruta de nombreux adhérents dans les vallées de Freissinières, de Pragela, de Valcluson et d'Oulx, où de belles églises furent fondées. Le mouvement vaudois prit même, sous cette nouvelle forme, une force d'expansion considérable, car plusieurs habitants catholiques des vallées de Largentière et de Vallouise, qui ne renfermaient plus aucun Vaudois ou presque plus, embrassèrent le protestantisme. Il en fut de même d'un grand nombre de catholiques des quartiers d'Embrun, du Queyras et de Briançon.

Eugène Arnaud.

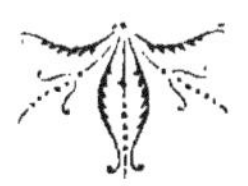

RÉCIT HISTORIQUE

DE LA

CONVERSION AU PROTESTANTISME

DES

VAUDOIS DES ALPES

———

I

Quand les Vaudois du Piémont, qui étaient « fort affec-tionnés à la Parole de Dieu » (1), ouïrent parler du mou-vement religieux qui, à la voix puissante de Luther et des autres réformateurs, remuait l'Allemagne et la Suisse et poussait les peuples à secouer le joug de la Rome papale pour revenir aux saines traditions des premiers siècles de l'Église, et surtout au Christianisme biblique primitif, défiguré par des erreurs séculaires, — ils en éprouvèrent une grande joie et députèrent dans ces deux pays le barbe Martin Gonin, du val de Luserne, accompagné, suivant la coutume vaudoise, d'un de ses collègues plus jeune, nommé Guy ou Guido, pour s'enquérir plus exactement des doctrines nouvelles. On ignore les détails de leur mission, mais on sait que Martin, au retour de son voyage qui s'effectua en 1526, rapporta un grand nombre d'écrits luthériens et raconta les choses merveilleuses que Dieu

______

(1) Crespin, *Histoire des martyrs*, édition de 1619, fol. 118.

faisait pour la restauration de l'Évangile dans les contrées qu'il venait de visiter (1).

Les Vaudois de Dauphiné et de Provence, mis au courant du résultat de la mission du barbe Martin, et lecteurs assidus des livres de Luther, et même d'Érasme, députèrent de leur côté, quatre ans plus tard, en 1530, deux de leurs barbes auprès des réformateurs de la Suisse et de l'Allemagne, non pas tant pour s'informer des doctrines de ces derniers, qu'ils connaissaient suffisamment, que pour leur exposer leurs propres croyances et coutumes, et conférer avec eux sur quelques points particuliers de celles-ci qui leur laissaient des doutes. « Si peu de vraie lumière qu'ils avaient, dit Crespin (2), ils tâchaient de l'allumer davantage de jour en jour; tellement que, pour ce faire, ils n'épargnaient rien, fût à avoir livres de la Sainte Écriture ou faire instruire gens de bon esprit : à envoyer çà et là, voire jusque bien loin, où ils oyaient dire qu'il se levait quelque rayon de lumière ».

Les deux barbes députés par les Vaudois étaient George Morel, de Freissinières (3), et Pierre Masson (4), de Bourgogne. Le premier, plus âgé que le second, suivant la coutume dont nous avons parlé plus haut, était un homme « bien instruit », que les Vaudois avaient « entretenu aux

(1) Gilles, *Histoire ecclésiastique des églises vaudoises*, édition de 1881, t. 1, p. 47.

(2) *Histoire des martyrs*, fol. 141. — Les premières éditions de l'*Histoire* de Crespin accusent davantage les divergences qui existaient entre la doctrine des Vaudois et celle des réformateurs. Elles disent : « Quand la lumière de l'Évangile commença de paraître, les Vaudois connurent que plusieurs choses concernant la véritable religion et piété laissaient à désirer dans leurs églises, et qu'ils retenaient la plupart d'entre elles qui avaient été admises par ignorance et avec le temps, et qui s'éloignaient de la pure doctrine de l'Évangile et de la discipline de l'Église. »

(3) Il était proprement natif de Chanteloube, hameau de Saint-Crépin, situé au sud de Freissinières. Il y a encore à Chanteloube une famille du nom de Morel (J.-A. Chabrand, *Vaudois et protestants des Alpes*, p. 76, note 2).

(4) En latin *Latomus*, qui signifie maçon.

écoles » (1). Il connaissait le latin et traduisit dans cette langue le mémoire (2), écrit d'abord en vieux provençal (3), dont il avait arrêté sans doute le texte avec ses collègues, et qu'il comptait mettre sous les yeux des réformateurs.

Morel et Masson se rendirent d'abord à Neûchatel, où le célèbre Farel faisait habituellement sa résidence, et de là à Morat, puis à Berne, où ils virent le réformateur Berthold Haller. Ils partirent ensuite pour Bâle et remirent leur mémoire à Œcolampade, le réformateur de cette ville. Voici la traduction aussi littérale que possible de ce document important et curieux, qui n'a jamais passé intégralement dans notre langue :

« A monsieur Œcolampade, qui est béni.

« Le bruit étant parvenu à nos oreilles, sur le rapport de plusieurs personnes, que celui qui peut tout t'a accordé la bénédiction de son Esprit, comme on peut facilement le connaître par ses fruits, ainsi nous venons vers toi, d'un pays lointain, dans un très grand tressaillement de cœur, avec l'espoir et la ferme confiance que le susdit Esprit nous illuminera par ton moyen et éclairera plusieurs points, qui sont douteux et même tout à fait obscurs pour nous par suite de notre ignorance et de notre paresse; et cela, je le crains, à notre détriment et pour la perte du peuple que nous enseignons d'une façon si insuffisante; car, sache-le une fois pour toutes, nous sommes les docteurs d'un pauvre et petit peuple qui, depuis plus de quatre cents ans, et même depuis le temps des apôtres, comme les nôtres le racontent fréquemment (4), est de-

---

(1) Crespin, *op. cit.*, p. 141.

(2) Ce *Mémoire* a été imprimé par Scultet, dans ses *Annal. Evang. passim per Europam... decas secunda;* Heidelberg, 1620, p. 294-306.

(3) Ce *Mémoire* original se trouve à la bibliothèque de Dublin, *Man. vaudois,* vol. 11, clas. C, tab. 5, n° 18. — Perrin (*Hist. des Vaudois,* p. 211-213) a donné la traduction du commencement avec des variantes.

(4) Perrin, qui ne croyait pas à la descendance apostolique des Vaudois,

meuré dans de cruelles épines, non point cependant sans éprouver la grande faveur du Christ, comme tous les fidèles pourraient facilement en témoigner. Il a été aiguillonné et tourmenté par elles, mais délivré par la même faveur. Si donc tu as de l'affection pour nous, écoute quels sont nos usages et l'ordre que nous suivons entre nous ministres; et cela, pour que tu nous conseilles et nous affermisses dans notre faiblesse, car un frère est soutenu par un autre frère comme par une forte tour.

« Tous ceux qui doivent être reçus parmi nous [barbes], lorsqu'ils sont encore auprès des leurs, le demandent tout d'abord à genoux, dans le seul but de faire acte d'humilité; ils demandent, dis-je, à ceux des nôtres qu'ils rencontrent et qui sont déjà reçus, de les admettre au ministère, si cela leur plaît, et d'intercéder pour eux auprès de Dieu pour qu'ils deviennent dignes d'un si grand ministère. Puis, lorsque nous nous réunissons, nous faisons part de leur demande à tous les frères présents, et, s'ils jouissent d'un bon témoignage, ils sont admis à l'instruction par l'assentiment de tous les frères. Or, nos récipiendaires sortent presque tous de la classe des bergers ou des agriculteurs. Ils sont âgés de vingt-cinq ans et la plupart de trente, et tout à fait illettrés. Si leur conduite est irréprochable, nous les éprouvons pendant trois ou quatre ans au plus, mais seulement deux ou trois mois de l'hiver, durant lesquels on leur enseigne à épeler les lettres et à lire, et on leur fait apprendre de mémoire tous les chapitres de Matthieu et de Jean, les épîtres dites canoniques et une bonne partie de Paul. Après cela, les susdits récipiendaires sont conduits dans un lieu déterminé, où plusieurs de nos femmes, que nous appelons *sœurs*, vivent dans le célibat. Ils demeurent dans le lieu susdit un an et quelquefois deux, vaquant surtout à des occupations

---

a supprimé ce membre de phrase. Cet historien a commis plusieurs fraudes pieuses de cette sorte.

terrestres, comme je dois l'avouer sincèrement. Ce temps passé, les susdits disciples sont admis à l'office du presbytère et de la prédication par le sacrement de l'eucharistie et l'imposition des mains; puis, instruits et enseignés de cette manière, ils sont envoyés deux à deux pour évangéliser.

« Nous observons pourtant la coutume suivante : celui qui a été reçu le premier a entièrement et toujours le pas sur celui qui vient après quant à l'honneur, la dignité et le ministère, et est établi son maître. Celui qui suit n'ose pas, sans la permission de celui qui l'a précédé, toucher à la moindre chose, comme, par exemple, boire de l'eau. Toutefois, nous ne croyons pas qu'il y ait péché si celui qui vient après fait autrement qu'il est dit; mais comme tout doit se faire honnétement et suivant l'ordre, nous pratiquons dans ce but ce qui vient d'être dit.

« Parmi nous personne ne se marie. Cependant, pour te l'avouer sincèrement (car je te parle de tout avec beaucoup de confiance), on n'agit pas toujours chastement avec nous (1). La nourriture et les vêtements nous sont fournis gratuitement, en quantité tout à fait suffisante et à titre d'aumône, par le petit peuple que nous instruisons. Nous nous livrons à divers travaux manuels pour condescendre au peuple et éviter l'oisiveté; mais, à dire vrai, absorbés par eux plus qu'il ne faut, nous ignorons les Écritures. Tous les matins et tous les soirs, avant et après le repas, à l'heure de midi et quelquefois la nuit, lorsque nous sommes réveillés, et après la prédication dans l'assemblée du peuple, nous avons l'habitude de faire des prières à genoux et dans l'humiliation pendant l'espace d'un quart d'heure environ; et quand nous voulons boire ou manger, nous disons presque tous l'oraison domini-

---

(1) *Non semper castè nobiscum agitur*, ce qui signifie, sans doute, qu'on induisait quelquefois en tentation les barbes vaudois et qu'il leur arrivait d'y succomber.

cale. Et, en vérité, nous ne prions pas ainsi par superstition ou par vaine foi, ou par respect pour un certain temps : nous sommes seulement poussés par la gloire de Dieu et l'utilité de l'âme. Tous nos biens temporels, qui sont assez abondants par le fait des aumônes du susdit petit peuple, comme j'ai dit, nous assurent une abondante nourriture et sont communs entre nous ministres. Les vivants, et fréquemment ceux qui sont à l'article de la mort, nous offrent beaucoup d'argent et d'autres biens, mais je n'ai jamais eu le cœur d'en accepter des mourants. En cela, et en beaucoup d'autres choses, je te demande ton avis.

« Nous, ministres, nous nous réunissons tous une fois chaque année pour traiter de nos affaires en conseil général, et nous changeons de résidence deux à deux, car nous ne demeurons pas plus de deux ou trois années dans le même lieu, à moins qu'il ne s'agisse de vieillards, à qui on accorde quelquefois de rester dans le même lieu jusqu'à la fin de leur vie. En outre, tout l'argent qui nous est donné par le petit peuple est mis en commun dans le susdit conseil général et est recueilli par nos chefs. Une portion est destinée aux voyages, selon que ces derniers le jugent nécessaire, et l'autre portion est quelquefois distribuée aux pauvres. Avant de nous séparer dudit conseil, nous demandons pardon de nos fautes, chacun à notre tour. Lorsque quelqu'un est tombé dans le péché de la chair, il est expulsé de notre société. On lui interdit le ministère de la prédication, et nous lui ordonnons de gagner son pain à la sueur de son visage. Sur ce point encore je te demande expressément ton avis.

« Ainsi se passent les choses entre nous ministres. Nous avons extrêmement besoin, en ce qui les concerne, des lumières de ton esprit, comme je l'ai connu et appris depuis mon arrivée dans ce pays (1).

(1) Une partie de ce qui précède a été publié par Perrin dans son *Histoire*

« Nous croyons que Dieu est trois et un ; que l'humanité de Christ est une créature, et partant inférieure au Père ; que, par elle, le Père a voulu racheter le genre humain, mais que Christ est vrai Dieu et vrai homme.

« Nous croyons que les sacrements sont seulement les signes des choses sacrées ou la forme visible d'une grâce invisible, et qu'il est bon que les fidèles usent quelquefois, si possible, de ces signes et de cette forme. Nous tenons pourtant qu'on peut être sauvé en dehors de ces signes et de cette forme. Nous avons erré ici, comme je l'apprends, vu que nous admettons plus de deux sacrements.

« Nous tenons sans hésiter qu'il n'y a point d'autre intercesseur que Christ auprès du Père tout puissant ; que la Vierge Marie, en ce qui la concerne, a été sainte, humble et pleine de grâce ; qu'il en est de même des autres saints, qui attendent la glorification de leurs corps à la résurrection des morts.

« Nous croyons fermement qu'après cette vie, il y a seulement une patrie céleste et un enfer : niant radicalement le purgatoire, inventé par l'Antechrist.

« Nous regardons comme utile la confession auriculaire des péchés, mais sans avoir égard à aucun temps et seulement suivant l'ordre de la Sainte Écriture, pour apporter aide et consolation aux faibles et aux ignorants qui demandent des conseils.

« Nous suivons cette gradation dans l'amour : que chacun aime Dieu par dessus toutes choses, même plus que son âme ; après lui, sa propre âme, plus que toutes les autres choses ; après sa propre âme, l'âme du prochain plus que son propre corps ; après l'âme du prochain, son propre corps plus que celui du prochain ; après son propre corps, le corps du prochain, plus que son propre bien.

des Vaudois (p. 70-73) et dans celle des Albigeois qui la suit (p. 227-230). Le texte est en vieux provençal, qui était la langue des Vaudois, et accompagné d'une traduction française, mais on y signale quelques différences avec le texte latin.

« Nous tenons constamment comme des abominations devant Dieu, toutes les choses inventées par les hommes, comme les fêtes de tous les saints, les vigiles, l'eau qu'on appelle bénite, les abstinences pratiquées aux saints jours et autres choses semblables, mais surtout la messe.

« Comme notre petit peuple est répandu dans divers villages, nous le visitons une fois par an. Nous entendons secrètement les gens en confession. Nous exhortons les époux à user honnêtement de ce qu'ils se doivent l'un à l'autre comme d'un remède et non pour assouvir leur passion, à s'abstenir du devoir conjugal *tempore menstrui et puerperii et cum jam instant partus,* et à prendre garde autant qu'ils le peuvent, de ne pas scandaliser leur famille en cela et le reste. Enfin, nous les avertissons tous dans ladite confession, selon leur qualité et capacité, de s'abstenir du péché suivant leurs forces; leur inculquant, autant que nous pouvons, la doctrine du péché originel.

« Lorsque quelqu'un est malade et que nous sommes appelés, nous le visitons pour le consoler par nos exhortations et nos prières. Quelquefois, lorsque nous connaissons leur pauvreté et quoique nous ne soyons pas appelés, nous les visitons afin de les secourir spirituellement et temporellement.

« Quand nous prêchons, nous sommes assis deux en même temps; le plus âgé parle le premier, l'autre ensuite.

« Comme nous n'avons pas, parmi les nôtres de magistrature et de pouvoir temporel et que notre petit peuple, qu'il le veuille ou non, dépend nécessairement de l'autorité des infidèles, nous exhortons les nôtres à élire parmi eux deux ou trois hommes probes pour vider leurs différends réciproques.

« Nous retranchons des affaires du peuple (1), de la

---

(1) *A prasi populi.* Le deuxième terme, qui n'est pas latin avec cette orthographe, est mis sans doute pour *praxi,* ablatif de *praxis,* qui signifie pratique, action, usage, exercice.

prédication de la Parole de Dieu, pour qu'ils soient confondus, ceux qui refusent opiniâtrement et obstinément de déférer à nos remontrances et à nos doctrines. Nous disons que les choses saintes ne doivent pas être données aux chiens et qu'il ne faut pas mettre les perles devant les pourceaux. La plupart des nôtres, en effet, méprisent l'excommunication lorsqu'on les admet à écouter la Parole.

« Ce n'est pas nous qui administrons les signes des sacrements à notre petit peuple : ce sont les membres de l'Antechrist. Pourtant nous lui expliquons le sens spirituel des sacrements autant qu'il est en nous et nous l'exhortons à ne mettre en aucune manière sa confiance dans des réunions antichrétiennes et à prier pour que le fait qu'il est contraint d'aller entendre et voir les abominations de l'Antechrist ne lui soit point imputé comme un péché; qu'une abomination de cette sorte soit bientôt confondue, que la vérité prenne sa place et que la Parole de Dieu ait son cours.

« Nous défendons, en outre, à notre petit peuple tous les jurem011ts, les danses de toute espèce, toutes sortes de jeux, excepté l'exercice de l'arc et des autres armes; de ne prendre plaisir à aucune chanson vaine ou licencieuse, et de ne porter aucun vêtement à plusieurs couleurs, ample, à petits carreaux, délicat ou découpé.

« Notre petit peuple est généralement simple et rustique. Il tire son pain du travail des champs; il est dispersé en beaucoup de lieux à cause des fréquentes persécutions et séparé par de grandes distances, car d'une extrémité à l'autre, il y a plus de huit cent milles (1). Ils sont soumis

(1) Perrin (*Histoire*, p. 106) lit 800,000 en chiffre et croit que ce nombre désigne celui des Vaudois de l'Europe entière. Nous pensons au contraire que Morel parle d'une mesure topographique, savoir de milles romains, et veut dire qu'il y a entre les pays extrêmes habités par les Vaudois 800 de ces milles, soit 1,183 kil. 400 mètres, ou 236 lieues de 5 kilomètres, à raison de 1,479 mèt. 26 centimètres par mille romain. D'autre part, si Morel avait eu

partout à l'autorité des prêtres infidèles. Pourtant il n'arrive presque jamais, par la grâce de Dieu, que quelqu'un d'eux, homme ou femme, soit frappé par cette autorité. Il est rare qu'il y en ait qui soient pendus et punis par elle ou qui fréquentent les lieux de débauche.

« Voici des points qui sont très douteux et très obscurs pour nous :

« Premièrement, faut-il établir dans la charge du ministère de la Parole de Dieu des degrés hiérarchiques, par exemple, des évêques, des prêtres et des diacres? Ils paraissent avoir été ordonnés par l'apôtre à Timothée et à Tite. Christ établit Pierre comme chef sur les autres apôtres et, parmi les apôtres eux-mêmes, il en est quelques-uns qui furent appelés des *colonnes;* mais nous n'usons pas de ces degrés entre nous. Y a-t-il une décision à prendre au sujet de ces ministres?

« Deuxièmement, est-ce que Dieu ordonne que les autorités ou les magistrats doivent punir de mort les homicides, les larrons et malfaiteurs de cette sorte, ou bien la conservation de leur vie et une sévère pénitence les rendent-ils meilleurs? Quelques personnes pensent que l'autorité porte le glaive pour infliger une punition de cette nature, mais non la peine de mort, et que Dieu veut, non pas la mort du pécheur, mais qu'il se convertisse et qu'il vive.

« Troisièmement, les lois civiles et autres de cette sorte, qui ont été établies par les hommes et qui régissent le monde pour les choses temporelles, ont-elles de la valeur devant Dieu, puisqu'il est écrit : « Les lois des peuples sont vaines? »

« Quatrièmement, nous est-il permis de conseiller à notre petit peuple de mettre à mort les faux frères et les traîtres qui se rencontrent assez souvent parmi ledit petit peuple, attendu que nous ne disposons d'aucune autorité

---

en vue des personnes, il aurait mis *mille,* tandis qu'il emploie le mot *milliarium,* qui ne se dit que des pas géométriques des Romains.

temporelle qui nous permette de punir de pareils traîtres?
Il se produit, en effet, au sein du petit peuple, comme tu
le comprends bien, de faux frères qui vont trouver secrètement les membres de l'Antechrist, par exemple les
moines, les évêques, les autorités temporelles et autres de
cette sorte, en leur disant : « Combien voulez-vous nous
« donner et nous livrerons entre vos mains les docteurs
« des Vaudois? Nous savons où ils se cachent. » Nous
n'osons pas, en effet, nous montrer en public partout.
Lorsqu'ils se sont ainsi entendus, les susdits membres
viennent de nuit avec une troupe armée pour nous prendre,
sans que souvent personne en sache rien : ce qui fait
qu'une grave persécution frappe notre petit peuple et que,
nous, misérables, nous sommes le plus souvent brûlés, et
quelquefois aussi plusieurs de ceux de notre petit peuple,
à moins qu'une grosse somme d'argent ne soit comptée
aux susdits membres.

« Cinquièmement, est-il permis à celui de qui on détient
injustement des objets de première nécessité et qui ne pourrait les ravoir d'aucune façon, de les reprendre, si cela lui
est possible, à l'insu de celui qui les détient? Est-il permis
aux fidèles de comparaître devant des juges infidèles pour
terminer un procès, quand cela paraît leur être défendu
par Paul?

« Sixièmement, l'héritage des petits enfants qui meurent
sans testament, devient-il de droit à leur mère, quand il
est écrit : « Si un homme meurt sans fils, l'héritage passe
à sa fille; s'il n'a pas de fille, ledit héritage passe aux frères
du mort; s'il n'y a pas de frères, tu donneras l'héritage au
père, et s'il n'y a pas de père, le parent le plus rapproché
héritera? » Dans ce passage, il semble que la mère est
exclue. L'apôtre dit : « Les enfants ne doivent pas
amasser pour leurs parents, mais les parents pour leurs
enfants. » En outre, un grand héritage pourrait être dévolu
[à la mère] pour quelque temps et, après de secondes noces,
passer au fils du second mari.

« Septièmement, tout ce qu'on ajoute au capital est-il de l'usure, comme on le dit? Tout commerce, au moyen duquel on réalise un gain, excédant le travail, est-il un péché, comme dit Chrysostome? Tout serment est-il défendu sous peine de péché mortel, suivant cette parole de Christ : « Ne jurez pas du tout, mais que votre oui soit oui et votre non, non; tout ce qui est de plus vient du malin? »

« Huitièmement, la doctrine relative aux péchés originel, véniel et mortel, et aux péchés qui sont le résultat de l'ignorance involontaire, de la négligence et de la grossièreté, est-elle légitime?

« Neuvièmement, est-il permis de pleurer pour les morts, quand on lit quelque part que les saints ont pleuré pour eux-mêmes et ailleurs que cela leur est défendu?

« Dixièmement, les enfants qui ne sont pas parvenus à l'âge de raison sont-ils, quelle que soit leur nation, sauvés par la grâce de Dieu et le mérite de la passion de Christ, puisqu'il est dit : « N'empêchez point les petits enfants de venir à moi, parce que le Royaume des cieux est à ceux qui leur ressemblent? » Par contre, tous ceux qui sont parvenus à l'âge de raison et qui n'ont pas la foi en Christ sont-ils réprouvés, puisqu'il est écrit : « Il est impossible « de plaire à Dieu sans la foi, » et « Celui qui ne croit pas « au Fils ne verra pas la vie, mais la colère de Dieu « demeure sur lui? »

« Onzièmement, les jeunes femmes qui veulent et demandent de vivre dans la virginité, doivent-elles être introduites en religion? Les mariages peuvent-ils être contractés librement à tous les degrés entre consanguins, en dehors de ceux qui sont indiqués au dix-huitième du Lévitique?

« De plus, il n'y a rien qui nous trouble davantage, nous autres, gens faibles (je reconnais pourtant que c'est la faute de notre ignorance), que ce que j'ai ouï dire et ce que j'ai lu dans Luther, touchant le libre arbitre et la prédestination. Nous croyons, en effet, que Dieu avait déposé quelque vertu naturelle dans tous les hommes, dans l'un pourtant plus que dans l'autre, comme l'atteste l'expérience qui montre qu'un homme diffère d'un autre homme, comme semble l'insinuer la parabole des talents et comme nous le voyons par l'expérience des herbes, des plantes, des pierres et de tous les autres êtres qui possèdent naturellement quelque vertu particulière, que Dieu a mise en eux et qui sert à divers usages. De même, nous voyons que les hommes peuvent quelque chose par cette vertu innée susdite, surtout quand Dieu la stimule et l'excite, comme il dit lui-même : « Je me tiens à la porte et je frappe », et que celui qui ne veut pas ouvrir par cette vertu déposée en lui et excitée « recevra à la fin selon ses œuvres ». S'il n'en est pas ainsi, je ne vois point comment on peut entendre tant de préceptes affirmatifs et négatifs, comme Érasme le fait remarquer.

« Quant à la prédestination, nous croyons que le Tout puissant, infiniment avant la création du ciel et de la terre, a connu d'avance tous ceux qui doivent être sauvés et réprouvés, que pourtant il a créé tous les hommes pour la vie éternelle et que les réprouvés sont devenus tels par leur faute, savoir, parce qu'il n'ont pas voulu obéir et garder les commandements. Mais si toutes choses arrivent nécessairement, comme Luther dit, et que ceux qui sont prédestinés à la vie ne puissent devenir des réprouvés, et réciproquement, parce que la prédestination n'est pas vaine, à quoi bon tant d'écrits, de prédicateurs et de médecins du corps? car ils ne feront pas qu'il n'arrive rien de moins ni rien de plus, puisque tout arrive nécessairement.

« Tu diras, en outre, si tu le veux bien, quels sont les préceptes cérémoniels et les préceptes juridiques; comment on les distingue et s'ils ont été tout à fait abolis par l'avènement du Christ; s'il faut admettre les sens allégoriques et s'ils sont utiles pour l'enseignement du peuple; quels sont les véritables livres canoniques de la sainte Écriture, comme on les appelle, dans l'un et l'autre Testament;

quels sont les ouvrages que nous devons acheter pour l'explication de ces livres, tant pour notre utilité que pour celle du petit peuple, et quelle méthode nous devons suivre pour instruire ce dernier.

« Sur tous ces points, nous espérons, nous avons confiance et nous souhaitons beaucoup d'être dirigés, conduits et éclairés par le Saint-Esprit et par ton moyen; car nous désirons vivement que tu sois le pasteur de nos brebis comme tu l'es des tiennes, puisqu'il y a un seul troupeau et un seul berger. Et comme [Paul], le vase d'élection, se reconnaissait le débiteur de tous, ainsi nous estimons que tu es véritablement son imitateur; car, ici comme là, il s'agit de la cause de Dieu. Et comme pour lui il n'y a pas d'acception de personne, ainsi il n'y en a pas davantage pour toi, qui es véritablement son vicaire par rapport aux brebis de Christ. Oh! que nous soyons unis ensemble par une ferme unité! Et nous traiterons toutes choses par ton conseil et celui de tes semblables, comme nous en avons grandement besoin. Nous sommes d'accord avec vous en toutes choses et, depuis le temps des apôtres, nous avons toujours eu les mêmes sentiments que vous touchant la foi, différant seulement en ceci que, par notre faute et la paresse de notre esprit, nous n'entendons pas les saintes Écritures aussi bien que vous. Ainsi, nous venons à toi pour être dirigés, instruits et enseignés. Dieu est le même pour tous. »

II

Ce Mémoire est remarquable par l'humilité, la droiture et l'abandon filial dont il est empreint. Morel confesse ouvertement que les barbes, en général, ignorent les Écritures, qu'ils se sont rendus coupables de paresse spirituelle, qu'ils manquent de lumières et que quelquefois ils n'ont pas gardé le devoir de la continence. Ce Mémoire respire aussi un grande délicatesse de sentiments et dénote chez son auteur une intelligence très développée et un bon jugement, mais on ne saurait nier qu'il ne renferme des choses subtiles, qui rappellent la scolastique du moyen âge; des préoccupations théologiques et morales puériles et des lacunes, qui étaient la conséquence d'une éducation biblique et d'une vie spirituelle insuffisantes.

Pour ce qui est de la doctrine proprement dite, il est manifeste que les Vaudois du XVI° siècle n'étaient pas encore parvenus à une complète intelligence de la dogmatique chrétienne. On ne trouve pas trace dans le Mémoire de Morel des grands principes de la justification par la foi aux mérites expiatoires de Jésus-Christ crucifié et de la régénération par le Saint-Esprit, qui sont les deux pôles de la vie chrétienne. Ils rejetaient sans doute la messe, le purgatoire et autres nouveautés de l'église romaine, mais ils admettaient plus de deux sacrements et n'étaient pas au clair sur l'Eucharistie.

La conduite des Vaudois dans leurs rapports avec l'Église catholique manquait également de logique ou plutôt de droiture, car, tout en n'ayant aucune confiance dans les prêtres, ils assistaient à leurs offices, leur faisaient baptiser leurs enfants et recevaient de leurs mains l'hostie consacrée. Aussi reconnaissaient-ils que « leurs églises, dit Crespin (1), étaient mal réglées en plusieurs choses et comme enrouillées par l'ignorance et les ténèbres du siècle précédent ». On ne peut dire néanmoins avec Monastier (2) que les Vaudois du XVI° siècle étaient inférieurs comme « connaissance du salut » et « profession de la foi évangélique », à ceux du XII°. Le contraire paraît être démontré par le chapitre sur les doctrines des Vaudois primitifs, qui termine notre *Essai historique et critique sur l'origine des Vaudois*, et, pour les siècles

(1) *Histoire des martyrs*, fol. 118.
(2) *Histoire de l'Église vaudoise*, t. I, p. 195.

postérieurs, par les diverses dépositions des prisonniers vaudois rapportées dans notre *Histoire des persécutions* endurées par ce peuple au moyen âge. Le Mémoire de Morel renferme moins de subtilités et de puérilités que ces dépositions souvent singulières, l'exposition de la doctrine y est plus nette et plus exacte, l'intelligence des choses religieuses plus saine; si bien qu'on serait tenté de croire que les Vaudois de Dauphiné et de Provence, avant de consulter les réformateurs de la Suisse et de l'Allemagne, avaient déjà subi l'influence de leurs doctrines.

Par contre, ce qu'on est obligé de constater avec peine, c'est que ces mêmes Vaudois, à la veille de la Réformation, montrèrent moins de piété et de constance religieuse que leurs ancêtres, comme on peut le voir en consultant celui de nos *Mémoires* que nous venons de citer en dernier lieu. Ils renièrent en grand nombre leur foi pour sauver leurs biens et leurs vies. Ce ne fut évidemment que du bout des lèvres qu'ils firent cette abjuration, mais ce jeu est toujours dangereux pour la conscience, et les Vaudois en éprouvèrent les funestes effets. Ce n'est qu'après leur conversion sincère au Protestantisme qu'ils reconquirent la forte vie religieuse et les mâles vertus des premiers jours, car elle concorda pour eux avec une nouvelle effusion des grâces d'En-haut. Mais reprenons notre récit.

III

Œcolampade répondit aux Vaudois, sur la demande des deux barbes, la lettre consultative qui suit (1). Nous la

---

(1) Elle a été imprimée dans le t. IV des *Lettres d'Œcolampade et de Zwingle*, Bâle, 1536, et dans l'ouvrage de Scultet, cité plus haut, p. 306. — Morel traduisit cette lettre en vieux provençal pour l'usage de ses coreligionnaires. On la trouve à la bibliothèque de Dublin, *Man. vaudois*, vol. II, clas. C, tab. 5, n° 18. — Perrin (*Histoire*, p. 46 et 214) l'a donnée en français, mais en la coupant en deux parties comme si c'était deux lettres différentes,

traduisons également du latin le plus fidèlement possible. C'est aussi la première fois qu'elle paraît en français.

« Jean Œcolampade aux chers frères en Christ.

« La grâce vous soit donnée de la part de Dieu le Père par notre Seigneur Jésus-Christ, dans le Saint-Esprit. Amen.

« Ce n'est pas sans une grande joie en Christ que nous avons appris de Georges Morel, le très fidèle ministre de votre salut, quelle est la doctrine et les rites de votre religion, et nous rendons grâce à notre très bon Père, qui vous a appelés à une si grande lumière en ces siècles où de très épaisses ténèbres couvrent presque tout l'univers par la puissance de l'Antechrist, qui grandit au delà de toute mesure. Nous reconnaissons certainement que Christ est en vous. C'est pourquoi nous vous aimons comme frères, et plût à Dieu que nous pussions vous faire ressentir les effets de l'affection de notre cœur pour vous! Que ne serions-nous pas disposés à faire, quelque difficile que ce fût! Maintenant nous vous prions de comprendre que ce que nous pensons devoir vous proposer dans notre zèle fraternel, nous ne vous l'écrivons pas par un tyrannique orgueil, mais nous vous le suggérons par une compassion amie. Le Père de notre Seigneur Jésus vous a donné plus qu'à beaucoup d'autres une connaissance excellente de la vérité et vous a bénis d'une bénédiction spirituelle. Et pour que vous ne cessiez pas d'être reconnaissants, il est encore riche, et peut vous enrichir de plus grands trésors pour que vous grandissiez jusqu'à la mesure de la stature de Christ; car de même que nous approuvons en vous plusieurs choses, de même il en est plusieurs autres que nous voudrions amender.

« Vous savez qu'il faut croire de cœur pour la justice et

encore la seconde moitié est-elle abrégée. — Voy. aussi Léger, *Histoire*, liv. I, p. 105.

qu'il faut confesser de bouche pour le salut, et que ceux
qui auront honte de confesser Christ devant le monde ne
seront pas reconnus un jour par son Père. Puisque notre
Dieu est la vérité, il veut que ceux qui le servent le fassent
en vérité et sans déguisement ni dissimulation. Il est
jaloux et ne souffre point qu'ils portent son joug avec celui
de l'Antechrist. Il n'y a aucune part entre lui et Bélial et
les ténèbres. Or, nous apprenons que, par crainte de la
persécution, vous dissimulez votre foi et la tenez secrète,
à ce point que vous avez communion avec les infidèles et
que vous assistez à leurs abominables messes, dans lesquelles vous avez appris que la mort et passion de Christ
sont blasphémées. En effet, lorsqu'ils se glorifient de satisfaire par leurs sacrifices pour les péchés des vivants et
des morts, que reste-t-il si ce n'est que Christ n'a pas satisfait par son unique sacrifice et qu'il n'est pas Jésus et
Sauveur, mais qu'en quelque sorte il a souffert pour nous
en vain ? Si nous sommes participants de cette table souillée
et que nous professions que nous devenons un seul corps
avec les impies, c'est la marque d'un cœur méchant. Et
lorsque nous disons amen à leurs prières, est-ce que nous
ne renions pas Christ ? Quelle mort ne fallait-il pas préférer ? Quel sacrifice ne fallait-il pas plutôt souffrir ? Bien
plus, dans quel profond abîme infernal n'est-ce pas entrer
que de rendre témoignage contre la conscience aux
blasphèmes des impies ? Je sais votre faiblesse, mais il
convient que ceux qui connaissent qu'ils sont rachetés
par le sang de Christ soient plus courageux. Il faut
craindre davantage celui qui peut jeter dans la géhenne
l'âme avec le corps. Pourquoi sommes-nous ainsi inquiets
pour notre vie ? Serait-elle plus précieuse que Christ ?
Serions-nous contents des charmes de cette vie et ne nous
hâterions-nous pas vers les joies éternelles ? Les couronnes
s'approchent et nous détournerions d'elles nos visages ?
Qui croira sincère notre foi, si elle fait défaut dans l'ardeur de la persécution ? Nous prions que Dieu augmente

notre foi, nous aimerions bien mieux mourir que d'être
vaincus par cette tentation.

« En conséquence, frères, nous vous exhortons d'examiner les choses avec plus de soin, car, s'il est permis de
cacher la foi sous l'Antechrist, ce sera aussi permis avec le
Turc! Il sera même permis avec Dioclétien d'adorer les
autels de Jupiter et de Vénus, et peut-être avec un moindre
danger! Par conséquent, il eût été également permis à
Tobie d'adorer le veau à Béthel! Quelle est donc notre
espérance dans le Seigneur? Je crains que si nous n'honorons pas le Seigneur comme nous le devons, tout le reste
de notre vie ne soit imprégné d'un levain de dissimulation.
Comment nous glorifierons-nous dans la croix du Sauveur,
si, par crainte de la persécution, nous ne glorifions pas la
croix du Sauveur? Il n'est pas permis, ô frères, de
regarder hors de la charrue; il n'est pas permis d'écouter
la voix de l'épouse, qui donne de mauvais conseils, je veux
dire de la chair, qui, quoiqu'elle porte beaucoup de choses,
fait pourtant naufrage au port.

« Nous avons bien connu autrefois les dogmes de votre
fraternité par les réponses que vous avez faites, il y a quelques années, à Vladislas, roi de Hongrie (1), lesquelles, en
ce qui concerne Christ, sont tout à fait catholiques et
admises par nous. Vous croyez, en effet, avec nous en un
seul Dieu, Père, Fils et Saint-Esprit. Vous croyez que le
Fils de Dieu, — antérieur aux siècles, conçu par le Saint-
Esprit dans le sein de la Vierge Marie, quand les temps
ont été accomplis, devenu notre frère, mort pour nos
péchés, — est ressuscité dans son corps; qu'il est monté
dans les cieux, qu'il s'est assis à la droite du Père et qu'il
reviendra comme juge des vivants et des morts. Vous

(1) Allusion à la lettre que les Vaudois des Alpes adressèrent en faveur de
leurs frères de Bohême au roi Vladislas VI, le Clément, qui régna sur la
Bohême et la Hongrie de 1490 à 1516. — Elle est rapportée et traduite en
partie par Perrin (*Histoire*, p. 14) et se trouve à la bibliothèque de Dublin,
Man. Vaudois, vol. V, clas. C, tab. 5, n° 25.

croyez que le Saint-Esprit a été envoyé aux apôtres; que, par sa vertu, ils ont fondé son église, dans laquelle est aussi la rémission des péchés. Vous croyez enfin que la vie pour les fidèles et la mort pour les impies seront éternelles. Nous adhérons bien à cette foi.

« Quant aux symboles sacrés, nous croyons les mêmes choses. Il convient que, par eux, nous soyons réunis dans la sainte Église, et que nous ne soyons point de part avec ceux qui y répandent des poisons. Nous ne rebaptisons pas ceux qui ont été baptisés par les papistes, comme font les anabaptistes. Loin de là, mais nous repoussons leur eucharistie. Nous ne connaissons point d'intercesseur en dehors de Christ.

« Nous avons en abomination, comme véritablement antichrétiennes, les inventions humaines par lesquelles les consciences sont enchaînées et qui portent préjudice à la liberté de l'esprit.

« Nous écoutons le magistrat séculier dans les choses qui ne sont point contre Dieu; nous l'honorons même, et nous croyons que le serment peut être chrétien, s'il est exigé. Nonobstant cela, nous ne nions point ce qui est dans Matthieu. Christ, en effet, n'y a rien défendu qui ne soit un péché en soi. Il a défendu la mauvaise conscience, l'avarice, la colère et le désir de la vengeance, tout mensonge et le parjure. Dire, en effet, qu'un frère est un insensé (comme Paul et tous les prophètes l'ont fait lorsqu'ils ont invectivé rudement les pécheurs), ce n'est point contre l'esprit de l'Évangile, non plus que jurer en jugement avec vérité et justice, comme on le voit dans Jérémie; car Dieu jura lui-même, ainsi qu'Abraham et Paul, et ils ne sont point répréhensibles.

« Pareillement, nous ne sommes pas si rigoureux que nous appelions usuriers tous ceux qui prêtent et qui en retirent quelque profit. Christ, en effet, condamne l'avarice du cœur, que nous ne voyons point. Il veut que nous interprétions tous les autres préceptes par la loi de la charité.

« De même, nous ne pensons point que ce soit contraire à la loi divine que les juges et les magistrats séculiers châtient les hommes dissolus et défendent par le glaive la patrie, les veuves et les orphelins; car ils ne font pas cela en leur nom, mais ils sont les vicaires de Dieu et ils ont reçu le glaive de lui et non d'eux-mêmes. Au contraire, ceux qui se défendent eux-mêmes par l'épée, dans l'ardeur de la vengeance et pour leur propre cause, n'agissent nullement selon l'Évangile, parce qu'il ordonne que nous possédions nos âmes par la patience et que nous tendions la joue droite à celui qui frappe la gauche.

« Outre cela, nous disons que les lois civiles, qui ne sont pas opposées à la foi et à la charité, ne doivent pas être méprisées. Nous pouvons, en effet, nous servir de celles de Moïse pour les choses qui regardent la justice. Nous ne disons point que ces choses soient abolies, si l'on tient compte de l'esprit du législateur. Or, l'esprit du législateur, c'est que la justice et l'honnêteté publiques soient maintenues, lesquelles le sont chez quelques peuples beaucoup plus par les lois de César que par celles de Moïse. Moïse, en effet, eut égard à son peuple. Comme les lois cérémonielles sont abolies en tant qu'elles étaient une ombre, ainsi nous avons le corps, savoir Christ et la justice de la foi qu'il a enseignée. D'autre part, nous n'avons pas encore compris comment un chrétien peut poursuivre un infidèle devant une justice infidèle. Paul veut certainement que nous ne poursuivions pas un frère ou que nous n'ayons pas de procès devant un juge infidèle. Les fidèles font bien s'ils accommodent leurs différends entre eux.

« En ce qui concerne les ministres de la Parole, nous approuvons que vous choisissiez, non le premier venu, mais les adultes et des hommes d'une piété éprouvée. Nous vous donnerons toutefois un avertissement avec votre autorisation. Ces ministres nous paraissent parfois s'attacher aux travaux manuels plus qu'il ne faut et employer à leurs métiers des heures qu'ils doivent consacrer à la lecture. C'est une chose sainte de travailler de ses mains, mais c'est une chose encore plus sainte de s'occuper de la Parole. Paul donne ce précepte à Tite : « Applique-toi à la lecture ». Nous ne devons pas tenter Dieu, comme si, sans étude, il devait, à l'instar des apôtres, nous instruire admirablement. Ce n'est pas que nous leur conseillions des sciences superflues, philosophiques et mondaines : ils auront assez de travail en étudiant l'un et l'autre Testament.

« Il paraît ensuite conforme à l'esprit des apôtres que, tous les trois ans, vous placiez les ministres de la Parole de Dieu dans d'autres lieux. Il y a, en effet, une différence entre les apôtres et les docteurs. Les apôtres sont envoyés, les évêques et les pasteurs doivent demeurer avec leurs brebis. Ainsi, l'apôtre a établi des anciens dans chaque ville, quoique ceux-ci soient institués très utilement visiteurs d'église à la place des apôtres.

« Pour ce qui est de la défense qui leur est faite de se marier, nous ne pensons point qu'elle soit conforme à l'esprit de Christ, car ce don, qui est le plus élevé et la vie évangélique dans la chair, n'a pas été accordé à beaucoup de gens. De là vient que la conscience de bien des personnes est en mauvais état et que de très grandes tentations surviennent. N'estimons pas si haut une sainteté accompagnée d'un aussi grand péril. Il y a dans le mariage une conscience qui plaît beaucoup à Dieu. Des prophètes et des apôtres ont été mariés, et ils n'ont pas été moins diligents dans l'exercice du ministère de sa Parole. Ce n'est pas le mariage qui perd les prêtres, mais un lâche amour de leur ventre et la peur de la croix. Nous avons le même sentiment à l'égard des vierges qui vivent en communauté. Elles brûlent parfois au point de tomber dans de très grandes tentations. Il leur suffirait de se marier, nonobstant leur vœu insensé et infidèle, qui ne les lie point et n'est pas agréable à Dieu; car, lorsqu'il se glisse en elle une si grande hypocrisie, toute leur religion périclite, tout ce qui était doux en Jésus auparavant devient amer, et un joug, qui était léger autrefois, devient pesant. Nous faisons certainement un grand cas de la virginité, mais nous savons que celle qui est feinte est en abomination devant Dieu. Qu'elle disparaisse donc, afin qu'un salut, rendu si facile à cause des biens temporels, soit abandonné. Ce sera plus utile d'être pauvre et continent dans le mariage que riche au sein d'un célibat honteux. Tous les biens des ministres néanmoins pourront être en commun. Que les femmes et les enfants soient nourris en commun et que des travaux soient prescrits à chacun d'eux.

« Enfin, quoique les ministres de la Parole soient dépourvus de ces titres, rangs et dignités, qui sentent la pompe et le faste papals, il n'y a aucun danger à ce qu'il y ait des ministres qui président et qui gouvernent, qui soient visiteurs ou évêques; ecclésiastes ou prédicateurs et ministres de la Parole; que d'autres, qui apprennent encore, soient disciples.

« Il ne nous appartient pas de prescrire une règle sur la méthode qu'il faut suivre pour instruire le peuple : seulement, qu'on lui enseigne les choses qui tendent à la foi et à la charité, qu'on se rende recommandable de même par l'humilité et la patience de la croix. Que ce qui est apocryphe soit laissé de côté, de même que les questions contentieuses et curieuses qui engendrent les disputes, la haine et l'orgueil. Qu'on n'ait qu'un seul but : prêcher beaucoup la gloire de Christ, faire naître une vie pure et terrasser les vices, surtout l'hypocrisie et l'orgueil intérieur qui engendre les hérésies et trompe beaucoup de gens.

« Nous comptons au nombre des Écritures canoniques : cinq livres de Moïse; Josué, Juges, Ruth; quatre livres des Rois, deux Paralipomènes, un Esdras et un Néhémie : ce sont les livres historiques; Job, le Psautier, les Proverbes, le Cantique et l'Ecclésiaste de Salomon; Ésaïe, Jérémie, Ézéchiel, Daniel et les douze petits prophètes : Osée, Joël,

Amos, Abdias, Jonas, Michée, Nahum, Habakuk, Sopho-
nie, Aggée, Zacharie et Malachie. Nous les tenons comme
des écritures inspirées par le Saint-Esprit. Nous ne méprisons pas Judith, Tobie, l'Ecclésiastique, Baruch, les deux
derniers livres d'Esdras, les trois livres des Macchabées,
les deux derniers chapitres de Daniel; mais nous ne leur
accordons pas une autorité divine comme aux autres
livres. Dans le Nouveau Testament, nous recevons les
quatre Évangiles avec les Actes des apôtres; les quatorze
épîtres de Paul et les sept épîtres catholiques, avec l'Apocalypse, quoique nous ne mettions pas en parallèle avec
les autres livres, l'Apocalypse, les épîtres de Jacques et de
Jude, la seconde épître de Pierre et les deux dernières
épîtres de Jean.

« Nous admettons les allégories qui ont leurs fondements
dans l'Écriture, qui concordent avec l'analogie de la foi et
qui ne portent pas atteinte à la dignité de l'Écriture; mais
nous ne pensons pas qu'il faille parler sans réflexion
suivant les rêveries de chacun.

« Nous admettons volontiers toute doctrine qui exalte
la grâce de Christ.

« Nous n'approuvons pas le libre arbitre en tant qu'il
répugne à la grâce, mais pour cela nous n'enseignons pas
la nécessité du péché, car celui qui pèche, pèche de plein
gré et volontairement. Le péché originel a sa raison d'être.
Et notre vertu n'est pas plus grande parce qu'un grand
nombre de commandements sont établis; mais grande est
la vertu de l'Esprit par lequel nous faisons la volonté de
Dieu, et grande est notre paresse qui nous fait juger
comme des indignes. Il y a une raison nécessaire en Dieu,
parce qu'elle est immuable, quoique toutes choses nous
paraissent muables. Mais il faut être attentifs, non pas au
mystère de Dieu, mais à sa Parole, à laquelle nous devons
avoir confiance et par laquelle nous serons sauvés. Nous
ne pouvons nier la prédestination. Il est très certain
qu'elle ne peut être mise en doute. Mais quoi? Est-ce que

Dieu est injuste? Est-ce que pour cette raison il n'est pas véridique? Humilions-nous donc sous sa majesté. Elle abaisse le cou des orgueilleux, mais sa miséricorde vient au secours du cœur contrit et de ceux qui cherchent leur aide en Dieu seul et non dans la chair et dans leur jugement, afin que la gloire de Dieu demeure en toutes choses. Que nous fait, du reste, la dispute d'Érasme et de Luther? Notre perdition vient de nous; le salut est seulement en notre Dieu.

« Puis donc, mes frères, que vous avez reçu un si grand talent du Seigneur, continuez et ne regardez pas en arrière, mais proclamez la gloire de Dieu, en vivant justement, sobrement et pieusement; et que la chair soit, non pas victorieuse pour sa perdition, mais vaincue pour sa gloire, car si nous l'avons perdue ici-bas pour Christ, nous la retrouverons à la résurrection des justes dans la vie éternelle, qui nous est accordée à tous par la grâce de Christ.

« Je vous prie de ne pas mépriser cette remontrance fraternelle, car je n'ai pas voulu dire ou écrire quelque chose qui, à mon sens, doive être condamnée par Christ. Georges Morel, que nous aimons et respectons en Christ, vous dira le reste. Priez Dieu pour nous et pour notre église, car, nous aussi, nous nous souviendrons de vous dans le Seigneur.

« Bâle, le 13 octobre de l'année 1530. »

IV

Morel et Masson lurent avec soin la consultation d'Œcolampade et, se disant qu'Homère pouvait avoir fait quelques vers boiteux et que deux yeux valent mieux qu'un seul (1), ils se rendirent auprès de Wolfgang Capiton et

---

(1) *Livre* ou *Mémoires de George Morel*, bibliothèque de Dublin, *Man. vaudois*, vol. II, clas. C, tab. 5, n° 18.

Martin Bucer, réformateurs de Strasbourg. Ils leur présentèrent une copie du Mémoire (1) qu'ils avaient déjà montré à Œcolampade, mais après en avoir modifié une partie suivant les nouvelles lumières qu'ils venaient d'acquérir. Œcolampade, qui était la modestie même, leur avait remis une lettre de recommandation pour Bucer en date du 17 octobre 1530 (2). « Les Vaudois, disait-il, qui sont des hommes très pieux, viendront auprès de toi pour prendre aussi tes conseils sur plusieurs points. Ils te montreront ce que je leur ai répondu. Pour ne pas perdre du temps en conversations nombreuses, lis les choses que j'ai écrites, soit pour dire des choses plus exactes qu'elles, soit pour les approuver par quelque petite recommandation, afin que, renvoyés en paix par toi, ils entreprennent la réforme de leurs doctrines. Traite-les avec ton humanité ordinaire. Que si, en ce moment, ton temps est pris par les affaires, charge Capiton de la commission. »

Quoique Bucer fût très occupé par les soins de l'église populeuse de Strasbourg, il jugea que le cas était de la plus haute importance et rédigea une longue consultation pour les Vaudois, qui s'explique par la qualité de théologien plus accusée chez lui que chez Œcolampade. Elle s'étend principalement sur la question du baptême des enfants, qui préoccupait beaucoup les réformateurs allemands à cause de menées pernicieuses des Anabaptistes. Bucer se donna les plus grands soins, dans son Mémoire, pour que les Vaudois, qui étaient encore dans la période de l'examen, se gardassent des erreurs de ces derniers. On trouvera à la fin du présent *Mémoire* ce document considérable que, pour ne pas faire languir notre narration, nous n'insérons pas ici.

---

(1) Une copie en vieux provençal de ce mémoire modifié se trouve à la bibliothèque de Dublin, *Man. vaudois,* vol. II, clas. C, tab. 5, n° 18.

(2) Dans Scultet, livre cité, p. 316, et *Œcolampadii et Zwinglii epistolæ* rappelées plus haut, t. IV.

Morel, pour faciliter sa tâche auprès de ses coreligionnaires, fit de son Mémoire et des consultations d'Œcolampade et de Bucer une sorte de traité ou dialogue en vieux
provençal, où il inséra la réponse de ces derniers en regard des questions qu'il leur avait adressées (1).

Leur commission remplie auprès des réformateurs,
Morel et Masson revinrent en France, mais ce dernier fut
arrêté à Dijon et condamné à mort comme luthérien.
Quant à Morel, il fut assez heureux pour se sauver avec
tous ses papiers et rentra sain et sauf à Mérindol en Provence (2). « Il exposa devant tous ses frères, dit Crespin,
les points de sa commission et déclara publiquement qu'en
plusieurs sortes et façons ils erraient, et que leurs anciens
ministres... ne les enseignaient en telle pureté qu'il appartenait » (3). Ces paroles produisirent un grand émoi parmi
les Vaudois provençaux et eurent du retentissement, non
seulement dans le Dauphiné qui touchait à la Provence,
mais encore en Piémont, si bien que, d'un commun accord, les barbes de ces diverses contrées se réunirent pour
aviser. L'assemblée se tint en Piémont. N'ayant pu s'entendre, les barbes envoyèrent de nouveaux députés en Allemagne et en Suisse, savoir Martin Gonin, qui y était déjà

(1) Ce traité se trouve dans la bibliothèque de Dublin, *Man. vaudois,*
vol. II, clas. C, tab. 5, n° 18.

(2) Crespin, *Histoire,* édition de 1619, fol. 144; Perrin, *Histoire,* p. 216.

(3) Crespin, dans les premières éditions de son *Histoire,* met dans la
bouche de Morel des expressions plus fortes encore. Il y est dit que ce barbe
« fit connaître publiquement dans quelles grandes erreurs ils étaient tombés
par la faute de leurs anciens ministres, jusque-là que ceux-ci les avaient
détournés du droit sentier de la piété ». — Ces changements, tout comme
les corrections dont les manuscrits vaudois (vol. II) de la bibliothèque de
Dublin ont été l'objet, ont été faits « avec l'intention déshonnête de cacher
la différence primitive qui existait, quant à la doctrine et à la discipline,
entre les Vaudois et les Réformés, et dans le but de représenter cette doctrine comme identique à celle que les Réformateurs d'Allemagne étaient
désireux de faire régner dans l'Église » (J.-H. Todd, *The Waldesian ma-
nuscripts preserved in the library of Trinity college, Dublin, London et
Cambridge,* 1865, p. 20).

allé en 1526, comme on l'a vu plus haut, et Guy (ou Guido),
son premier compagnon. Ils décidèrent aussi que pour entendre ces derniers à leur retour, une assemblée générale
des barbes vaudois des vallées piémontaises et des pays
environnants aurait lieu le 12 septembre 1532, dans le
hameau des Chamforans au milieu du val d'Angrogne, en
Piémont. Les laïques marquants des communautés vaudoises devaient y être également convoqués.

Gonin et Guy se rencontrèrent, dans un colloque qui fut
tenu en août 1532 à Grandson, pays de Vaud, avec plusieurs pasteurs de la contrée, convoqués pour conférer
avec eux. Après les avoir ouïs, le colloque chargea, sur
leur demande, Guillaume Farel et Antoine Saunier d'assister au synode des Chamforans. Le premier est bien
connu. Quant au second, il avait gagné la ville de Payerne
à la Réforme et en était le pasteur. Tous les deux étaient
originaires du Dauphiné. Robert Olivétan, de Noyon en
Picardie, cousin de Calvin (1) et futur traducteur de la
Bible, se joignit à eux. Jeanet Peiret, d'Angrogne, arrêté
en 1535, par le gentilhomme Pantaléon Bersour, un des
plus cruels persécuteurs des Vaudois piémontais, fait la
description suivante de Farel, Saunier et Olivétan dans
sa déposition du 22 septembre de la même année : « Il y
en avait un qui s'appelait M. Farel (2), qui avait la barbe

(1) Léger (*Histoire*, 2ᵉ partie, p. 167), se fondant sur ce que les mots
Picards et *Vaudois* désignaient une seule et même secte, et sur ce que le
nom de *Calvin* se rencontrait de son temps dans la vallée de Saint-Martin,
conjecture que les ancêtres du célèbre réformateur, lequel est né à Noyon en
Picardie, se sont réfugiés des vallées du Piémont dans cette dernière province. Cette supposition est pour le moins fort hasardée.

(2) Rorengo (*Memorie storiche dell'Introduzione dell'Eresia nelli valli
di Luserne*; Turin, 1649, p. 258), Belvedere (*Relazione all'Eminent. Congregat. de propag. fide*; Turin, 1636, p. 258) et autres (voyez *Bulletin de
la Société d'études des Hautes-Alpes*, 6ᵉ année, p. 259-278), affirment que
Farel, pour accomplir sa mission sans courir aucun risque, se joignit aux
lansquenets de François Iᵉʳ, commandés par le comte de Furstemberg ; mais
il est prouvé par l'histoire que ce dernier était encore dans son camp retranché
d'Avignon en août 1536 (voyez Genin, *Lettres de Marguerite d'Angoulême*,

rouge et un beau cheval blanc, et deux autres en sa compagnie, desquels l'un avait un cheval quasi noir, et l'autre était de grande stature et un peu boiteux » (1).

Le synode put se réunir au jour marqué en présence de tous les barbes, du peuple et des seigneurs de Miradol, de Rivenoble et de Solaro (2). Les consultations d'Œcolampade et de Bucer furent lues et « chacun ayant eu le temps et liberté, dit Gilles (3), de proposer et répondre ce qu'il jugeait à propos..., finalement fut conformément conclu aux trois susdites propositions, de rejeter toutes les dissimulations qui s'étaient peu à peu glissées entre eux, sans participer plus en aucune sorte, sous quelque prétexte que ce fût, aux cérémonies superstiticuses de l'Église romaine. Et quant aux points auxquels il y avait eu quelque diversité d'avis, on en fit la conclusion comme s'ensuit : »

« (4) ARTICLE I. Que le service divin ne peut être fait

t. I, p. 326), et que les troupes françaises entrèrent en Piémont en 1535 et 1536 et non en 1532. Farel et ses deux compagnons furent, du reste, si peu protégés qu'ils durent faire monter la garde autour du synode des Chamforans par des Vaudois pour éviter toute surprise. — D'après Monastier (*Histoire de l'église vaudoise*, t. I, p. 201), le hameau des Chamforans se réduit aujourd'hui à une maison isolée, située près des Odins, vers le Serre.

(1) Gilles, *Histoire*, t. I, p. 65.

(2) Muston, *L'Israël des Alpes*, t. I, p. 181.

(3) *Idem*, t. I, p. 49.

(4) Nous suivons le texte de Perrin (*Histoire*, p. 158-160) préférablement à celui de Gilles et de Léger (*Histoire*, 1re partie, p. 95, 96), parce qu'il a un cachet plus archaïque. Il existe à la bibliothèque de Dublin un quatrième texte manuscrit en langue vaudoise du XVIe siècle (mélange de provençal et de piémontais), qui renferme en sus un article sur l'oraison, laquelle, d'après le texte, doit être dépouillée de toute superfluité extérieure; un autre sur l'imposition des mains, dont la nécessité n'est pas absolue; deux autres enfin sur le prêt à intérêt, qui ne doit pas dégénérer en usure. — Ce texte, qui contient vingt-trois articles et a été imprimé dans la *Rivista cristiana* (4e année, p. 266 à 269), ne saurait inspirer une entière confiance. C'est une copie défectueuse. Nos articles 3 et 4 ont été omis. A l'article 9 commence une autre écriture; le 6e, la dernière partie du 9e, les 15e et 17e ont été effacés postérieurement. Enfin, la teneur générale du document montre que ce sont plutôt des notes de séance prises par un assistant qu'un texte officiel.

sinon en esprit et en vérité, et quiconque veut parler à lui, il faut qu'il lui parle en esprit ;

« ii. Tous ceux qui ont été et seront sauvés ont été élus de Dieu devant la constitution du monde ;

« iii. Ceux qui sont sauvés ne peuvent être non sauvés ;

« iv. Quiconque établit le franc-arbitre dénie entièrement la prédestination et la grâce de Dieu ;

« v. Nulle œuvre n'est appelée bonne, sinon celle laquelle est commandée de Dieu, et nulle autre n'est mauvaise que celle laquelle il défend. L'homme peut faire les indifférentes que Dieu n'a point défendues selon les occasions et les laisser aussi (1) ;

« vi. Le chrétien peut jurer par le nom de Dieu, sans pourtant qu'il contrevienne à ce qui est écrit en saint Matthieu, chapitre cinquième, pourvu que celui qui jure ne prenne point le nom de Dieu en vain. Or, ne jure-t-on point en vain quand le sermon redonde à la gloire de Dieu et au salut du prochain. *Item*, on peut jurer en jugement, parce que celui qui exerce magistrature, soit qu'il soit fidèle ou infidèle, a le pouvoir de Dieu ;

« vii. La confession auriculaire n'est point commandée de Dieu, et il a été conclu, selon les saintes Écritures, que la vraie confession du chrétien gît à se confesser à un seul Dieu, auquel appartient honneur et gloire. Il y a une autre sorte de confession, laquelle se fait en se réconciliant à son prochain, de laquelle il est fait mention en saint Matthieu, chapitre cinquième. La troisième manière de confession est, quand tout ainsi qu'on a péché publiquement et au su de chacun, qu'aussi on confesse et reconnaisse sa faute publiquement ;

« viii. Nous devons cesser le jour du dimanche de nos œuvres comme zélateur de l'honneur et de la gloire de Dieu, pour la charité envers nos serviteurs et pour vaquer à l'ouïe de la Parole de Dieu ;

---

(1) Cette dernière phrase n'est pas dans Perrin.

« ix. Il n'est point permis au chrétien de se venger de son ennemi en façon quelconque;

« x. Le chrétien peut exercer office de magistrat sur les chrétiens;

« xi. Il n'y a point un certain temps déterminé pour le jeûne du chrétien, et ne se trouve point en la Parole de Dieu que le Seigneur en ait commandé et marqué quelques jours;

« xii. Le mariage n'est point défendu à aucune personne de quelque qualité et condition qu'il soit;

« xiii. Quiconque défend le mariage enseigne une doctrine diabolique;

« xiv. Celui qui n'a point le don de continence est obligé de se marier;

« xv. Les ministres de la Parole de Dieu ne doivent point être changés de lieu en lieu, sinon que ce soit pour le plus grand profit de l'Église;

« xvi. Ce n'est point chose qui répugne à la communion apostolique que les ministres possèdent quelque chose en particulier pour pouvoir nourrir leurs familles;

« xvii. Touchant la matière des sacrements, il a été conclu par l'Écriture-Sainte que nous n'avons que deux signes sacramentaux, lesquels Jésus-Christ nous a laissés : l'un est le baptême, l'autre est l'Eucharistie, laquelle nous recevons pour montrer quelle est notre persévérance en la foi, ainsi que nous l'avons promis lorsque nous avons été baptisés étant petits enfants; *item*, en mémoire de ce grand bénéfice que Jésus-Christ nous a fait lorsqu'il est mort pour notre rédemption et nous lavant de son précieux sang. »

Dans le manuscrit de Dublin sus-mentionné, les actes du synode se terminent comme suit : « Frères, depuis que le bon plaisir de Dieu a été de nous réunir ensemble par sa très sainte Écriture et que, moyennant son secours, nous sommes arrivés à faire la déclaration de la présente conclusion, en toutes ces choses nous avons été unis en un même esprit, et elles ont été publiquement exposées, n'ayant pas été arrangées par les hommes, mais commandées par l'Esprit saint, comme elles le sont véritablement. Nous vous conjurons, par les entrailles de la miséricorde, que, lorsque nous vous aurons quittés, il n'y ait aucune discordance dans l'enseignement de tout ce qui a été susvisé dans ces conclusions, comme dans l'interprétation de l'Écriture; et ainsi, comme elles ont été composées par un seul Esprit, faisons qu'elles soient interprétées par ce même Esprit. »

Perrin raconte (1) que ces articles de foi « étonnèrent les prêtres, qui étaient parmi eux pour percevoir les revenus des cures, perdant espérance de voir à jamais ce peuple rangé à l'église romaine par aucune sorte, moins aussi de leur bon gré et, apercevant la porte fermée à leur gain, ils se retirèrent sans donner mot. Ainsi, en leur retraite, la messe se bannit d'elle-même. »

Le Synode des Chamforans prit encore une décision de la plus haute importance. Farel et Saunier, voyant que les exemplaires du Viel et Nouveau Testament en langue vulgaire (2), qui étaient entre les mains des Vaudois depuis si longtemps qu'on n'avait point de souvenance de leur origine, ne pouvaient servir qu'à peu de gens, et faisant remarquer que l'ignorance de la Bible était la source des hérésies et des sectes de toutes sortes qui surgissaient à cette heure dans le monde, dirent « qu'il serait grandement expédient et nécessaire de repurger la Bible selon la langue hébraïque et grecque en langage français », et exhortèrent les Barbes vaudois à entreprendre ce travail (3). Ces derniers y consentirent « joyeusement et de bon cœur » (4),

---

(1) *Histoire*, p. 160.

(2) Il s'agit ici de manuscrits évidemment.

(3) Ceci prouve que la Bible de Lefèvre d'Étaples, sortie de presse le 10 décembre 1530, n'était pas parvenue jusqu'aux vallées vaudoises, non plus que les fragments de la Bible parus précédemment.

(4) Détails tirés de la préface de la Bible d'Olivétan.

et recueillirent promptement 500 écus d'or, qu'ils confièrent au barbe Martin Gonin, qui les remit lui-même à l'imprimeur Pierre de Wingle dans un nouveau voyage qu'il fit en Suisse en compagnie de Farel, Saunier et Olivétan, comme on va le dire.

Pierre de Wingle, surnommé Pirot Picard, avait fait imprimer en 1529 quelques Nouveaux Testaments en français à Lyon, où un typographe de la même famille était déjà établi à la fin du XV° siècle. Expulsé de France pour ce motif, il se rendit à Genève et demanda au Conseil de la ville l'autorisation de se fixer dans ses murs à l'effet d'y « imprimer Testaments et autres livres français démontrant la vraie voie de salvation ». Cette autorisation lui ayant été refusée, il se rendit à Berne, où il était le 17 octobre 1532, priant le Conseil de la ville de le recommander à celui de Genève pour qu'il pût obtenir l'autorisation qu'il désirait. Pierre de Wingle présenta sa recommandation en février 1533, mais cette nouvelle démarche ne paraissant pas avoir eu plus de succès que la première, il s'établit à Neuchâtel, selon d'autres à Serrières, où il imprima, en 1535, la Bible française dont les Vaudois avaient décidé la publication. C'est la première Bible protestante (1).

Le soin de reviser le texte avait tout d'abord été confié à Farel par les Vaudois, mais l'infatigable réformateur avait un ministère trop rempli et trop mouvementé pour pouvoir entreprendre une œuvre de si longue haleine, et se déchargea du soin de la mener à bonne fin sur Olivétan, qui avait étudié les langues mortes à Orléans, puis à Strasbourg,

---

(1) En voici le titre exact : *La Bible. Qui est toute la Saincte Escripture. En laquelle sont contenus, le Viel Testament et le Nouveau, translatez en Françoys. Le Viel de Lebrieu : et le Nouveau, du Grec. A la fin du volume : Achevé dimprimer en la Ville et Comté de Neufchastel, par Pierre de Wingle, dict Pirot Picard. Lan Mil D.XXXV, le iiij° jour de Juing.* — 852 pages chiffrées diversement, in-folio, caractères gothiques neufs, texte très net, disposé sur deux colonnes. — La date de la préface est du 12 février 1535.

sous Bucer et Capiton, et dont on conservait le meilleur souvenir dans cette dernière ville. Viret, le réformateur de Lausanne, et Saunier joignirent leurs instances à celle de Farel pour triompher de la modestie d'Olivétan, qui finit par céder.

Après le synode, qui avait duré six jours, d'après Muston (1), Farel, Saunier et Olivétan reprirent le chemin de la Suisse, en compagnie de Martin Gonin, de Guy et de deux jeunes barbes vaudois, Thomas et Louis, qui allaient se fortifier dans leur vocation de ministres auprès des réformateurs de ce pays.

Dès la mi-octobre de la même année 1532, Martin Gonin et Guy revinrent dans les vallées du Piémont, ramenant avec eux Saunier et Olivétan qui, sur leurs instances et avec l'agrément de Farel, avaient consenti à les suivre. Ils partirent tous les quatre d'Yvonand, passèrent à Vevay, Aigle, Baix, puis revinrent à Ollon à cause de la maladie de Martin. N'y ayant pas été bien reçus, ils se remirent en route, bien qu'Olivétan fût affaibli par la dysenterie, Martin à demi-mort et Guy harassé de fatigue. Saunier lui-même faillit succomber à une attaque de choléra aux pieds des Alpes. Un peu remis de leurs indispositions et soutenus visiblement de Dieu, nos quatre voyageurs passèrent au hameau de Ferret, dans le val de même nom, puis à l'hospice du mont Saint-Bernard, d'où Saunier put faire tenir de leurs nouvelles à Farel, et de là dans la vallée d'Angrogne.

Olivétan demeura dans le pays comme instituteur évangéliste jusqu'en février 1535, et mit la dernière main à sa version de la Bible, qui est considérée comme une œuvre originale et un chef-d'œuvre par les connaisseurs (2). Il est probable qu'il partit alors, avec son précieux manuscrit, pour Neuchâtel et en dirigea l'impression jusqu'à la fin.

(1) *Idem*, t. I, p. 182.
(2) Reuss, *Revue de théologie de Strasbourg*, année 1865.

Quant à Saunier, il était encore dans les vallées le 5 novembre 1532, date à laquelle il écrivit à Farel les diverses péripéties de son voyage, et lui envoya l'expression de la reconnaissance des Vaudois pour le prêt qu'il leur avait fait de la personne d'Olivétan et de la sienne. Ces derniers donnèrent un grand nombre de prédications dans les vallées vaudoises, mais non sans quelque opposition. « Les principaux, dit Saunier dans la lettre précitée, sont nos ennemis et nous résistent sur quelques points; mais Dieu conduira les siens dans la vie, quand cela lui semblera bon. Nous enseignons en cachette les ministres et le peuple, et celui-ci nous écoute volontiers. Il en est quelques-uns qui, pour entendre uniquement la Parole de vérité, viennent de lieux éloignés de nous de deux jours de marche. Nous n'avons pas des écoles publiques, mais nous en aurons bientôt. Nous tenons conseil entre nous pour cela, mais nous n'avons pas encore pris de résolution » (1).

V

Cependant les décisions du synode des Chamforans n'avaient pas été approuvées par l'unanimité des barbes qui y avaient assisté. Quelques-uns estimaient que « ces règlements nouveaux, dit Gilles (2), n'étaient pas totalement nécessaires et qu'en les établissant on déshonorait la mémoire de ceux qui avaient tant heureusement conduit ces églises jusqu'alors, et, en outre, en se découvrant plus que de coutume, il est vraisemblable que les adversaires s'en irriteraient et en pourraient prendre occasion de persécuter l'Église ». Ces objections avaient été examinées

(1) Pour ces derniers faits, voyez Herminjard, *Correspondance des Réformateurs*, t. II, p. 445-446, n° 391 et notes; p. 448-455, n° 393 et notes; p. 462-463, n° 396 et notes; t. III, p. 44, note 20.

(2) *Histoire*, t. I, p. 52.

avec soin, mais sans déterminer le synode à changer de résolution. Deux des principaux opposants, les barbes Daniel et Jean, le premier originaire de Valence sur le Rhône et le second de Molines en Queyras, contrées du Dauphiné, quittèrent sans congé l'assemblée et se rendirent en Bohême pour se plaindre aux Vaudois de ce pays des innovations qui avaient été introduites dans leurs églises « à l'instigation, disent-ils, de quelques ministres venus d'Allemagne, auxquels on avait trop facilement donné entrée et audience en leur assemblée, avec autres choses semblables qu'ils leur proposèrent ». Les Vaudois de Bohême, auxquels se joignirent ceux de Moravie, émus de ce récit et « jaloux, dit M. Comba (1), de leurs vieilles coutumes hussites, taborites et vaudoises... dédaignaient de se laisser traîner à la remorque par une Réforme qui venait de naître et qui leur paraissait d'ailleurs trop émancipée », rédigèrent, le 25 juin 1533, pour leurs frères des Alpes, une lettre latine, qu'ils chargèrent Daniel et Jean de leur porter. En voici la traduction aussi littérale que possible (2) :

« La grâce de Dieu en Jésus-Christ, demeure avec vous et vous dirige, vous conserve et vous conduise à la Vie éternelle au travers de toutes sortes d'épreuves!

« Vos frères Daniel et Jean, envoyés par vous, sont venus jusqu'à nous. Dès qu'ils nous ont eu donné des preuves de leur identité, nous les avons reçus comme de très chers frères, avec une grande joie, à bras ouverts, comme on dit; ayant été extrêmement réjouis de leur arrivée, surtout quand, au nom de vous tous, ils nous ont salués, nous et notre Église, avec tant de chaleur et d'affection. Nous

---

(1) Article cité plus haut, p. 16.

(2) Herminjard l'a donnée en latin, *Idem*, t. III, p. 64-69. Gilles (*Histoire*, t. 1, p. 53-54) s'est borné à l'analyser. Quant à la traduction de M. Comba (article précité), elle est si libre qu'à notre grand regret nous n'avons pu nous en servir.

avions pu croire, en effet, jusqu'à leur arrivée que, depuis longtemps, vous étiez tous anéantis et exterminés. Mais ils nous ont instruits de vos affaires et nous ont rapporté ce qui se passait parmi vous et de quelle manière la bonté divine vous conservait et gardait.

« Ils nous ont dit, en outre, comment certaines gens envoyées par les Suisses (les appellerons-nous des falsificateurs ou des corrupteurs des saintes Écritures et de la doctrine chrétienne, nous ne savons), se sont mêlées à vous, vous ont agités de diverses questions relatives au salut; bien plus ont provoqué parmi vous, qui avez été unis pendant tant de siècles, un schisme regrettable, qui vous a extraordinairement troublés. Ils ont raconté la persécution qui, à cause de la nouvelle doctrine de ces gens, vous est aussitôt survenue (1). Nous n'avons pu, à ce propos, ne pas nous affliger beaucoup et plaindre votre sort. Ils nous ont proposé ensuite certaines questions et articles, nous demandant, en votre nom, de faire connaître notre sentiment et de vous notifier par écrit ce que nous pensons sur ces points.

« Nous n'avons pas été peu alarmés en nos esprits de tout ce que vous poursuiviez ou de tout ce qui serait fait chez vous, suivant ce qu'ont compris vos dits frères; devinant facilement l'état et la condition de vos affaires, non seulement pour le présent, mais encore pour l'avenir, à moins que vous n'y pourvoyiez à temps. Or, quoique vos écrits ou vos lettres nous eussent été très agréables, néanmoins nous avons accordé une entière confiance à vos députés, après qu'ils nous ont rapporté, nommément et de bonne foi, le voyage que nos frères firent auprès de vous, il y a plusieurs années, et celui que les vôtres firent de leur

---

(1) Allusion aux poursuites dirigées par Jean de Roma dans le Comtat Venaissin et en Provence contre les Vaudois luthériens et commencées en 1528 (voyez notre *Histoire des premières persécutions des Vaudois luthériens du Comtat venaissin*, etc., p. 3-18).

côté auprès de nous, et s'être étendus sur le si long intervalle qui s'est écoulé depuis ce voyage et sur ses diverses
constances (1). Nous vous tenons également vous-mêmes
comme disculpés et justifiés de tout soupçon. Enfin, nous
répondons, selon nos forces, aux vœux qui nous ont été
exprimés par les mêmes députés. Vous serez vous-mêmes
instruits de tout, soit de vive voix, soit par notre écrit (2),
qui vous sera présenté. En attendant, nous faisons appel à
votre charité, pour que vous examiniez ce que renferme de
bon et de juste ce qui vous sera communiqué en notre
nom par vos députés, soit de vive voix soit par écrit; et
nous vous prions de le recevoir avec la candeur d'âme et
la bonté dont vous avez usé envers nous. Quoi que nous
soyons ou puissions être à l'avenir, nous ne ferons jamais
défaut dans les choses qui regardent votre salut.

« Nous ne sommes pas peu étonnés, en vérité, que vous
vous soyez laissé influencer si promptement par des
hommes, dont vous n'aviez pas examiné auparavant la
très faible foi, vous qui étiez restés sans varier avec nos
pères pendant tant de siècles et qui avez tant souffert! Et
voici, vous vous êtes si rapidement divisés par quelques
opinions vaines d'hommes que vous n'avez pas éprouvés
et dont vous n'avez pas pleinement examiné les esprits!
Vous auriez dû, en vous gardant du schisme, examiner
vous-mêmes vos affaires entre vous sous toutes leurs faces
et d'un cœur unanime, comme les matelots en face de
Scylla et de Carybde. Ensuite, si vous aviez défailli sur un
point, ou que celui-ci dût être modifié ou fixé de quelque
manière, c'était de votre devoir de l'arrêter d'un commun
accord entre vous seuls; d'examiner longuement et mûre-

(1) Ce voyage se rapporte à l'année 1497, date à laquelle des députés des
Vaudois de Bohême se rendirent en Italie et en France pour s'enquérir des
communautés religieuses qui pouvaient avoir les mêmes croyances qu'eux
(voyez Comba, *Histoire des Vaudois d'Italie*, p. 192 et suiv.).

(2) Ce mémoire n'est pas parvenu jusqu'à nous.

ment s'il était meilleur que tout autre; enfin de choisir celui qui était suffisamment certain et reconnu pour bon par l'expérience. Quand il eut paru tel, il aurait dû être reçu à bras ouverts, puisque le temps et les soins donnent du poids aux choses, et que le premier pas est de comprendre ce que l'on doit ou non savoir, ensuite de prendre soin de ce que l'on conserve, après avoir justement examiné le tout. En outre, ce n'est pas agir selon Dieu que d'abandonner si aisément, pour certaines choses, dites avec une apparence spécieuse et qu'on n'a pas éprouvées, celles qui ont pour elles une longue expérience et une vitalité persistante. Au siècle des apôtres, il y eut des prophètes de cette sorte qui corrompirent les églises comme s'ils avaient été de vrais apôtres. Les hommes pieux n'étaient pas autrement prémunis contre eux que contre de faux prophètes qui se transformaient en anges de lumière. Qu'à ce propos les Galates vous viennent à l'esprit. Quoi! n'est-ce pas l'œuvre de Satan et y a-t-il rien de plus effrayant que vous vous tourmentiez, ou plutôt que vous vous détruisiez les uns les autres par des dissensions intérieures, quand vous êtes plus qu'absorbés par la tyrannie du monde, par ses injures de toutes sortes et par ses persécutions?

« C'est pourquoi, comprenant bien les machinations de Satan, nous vous conjurons par Christ, au nom de votre charité, de ne pas être un fardeau pour vous-mêmes, de vous supporter bien plutôt dans la charité, de réformer par une œuvre et une décision communes tout ce que vous connaîtrez vous faire défaut ou vous être nuisible, ayant égard à chacun et à tous. Ainsi Dieu ne fera pas défaut à des efforts si salutaires. Suivez seulement et saisissez son Fils et, autant qu'il est en vous, n'abandonnez pas son peuple.

« Nous ne voulons non plus que vous ignoriez que, dans nos contrées, nous avons beaucoup à faire avec des hommes de cette espèce qui répandent de nouveaux dogmes; qui, parcourant le pays et tordant les Écritures, veulent faire accepter de force leurs rêveries et en imposent par là à ceux qui sont moins avisés (1). Et quoique nous combattions avec eux de vive voix et par écrit, nous sommes pourtant supérieurs à tous ces fourbes spirituels, nous appuyant des pieds et des mains sur les textes sacrés pour toutes les matières de foi et écartant, autant que possible, les gloses les plus plausibles des hommes. C'est pourquoi (et en cela nous prenons la liberté de vous donner un avertissement et un conseil), appliquez-vous avec soin aux textes sacrés et exhortez aussi votre peuple à s'y appliquer, afin qu'il s'appuie sur eux des deux pieds et s'y attache, car plus il s'y appliquera avec ferveur, plus il sera au-dessus des sornettes et des gloses des sycophantes, quelque vraisemblables qu'elles soient. Dieu demande maintenant que tous reviennent aux textes sacrés comme à la source même de leur salut. On s'est assez et trop joué de ces textes pendant plusieurs siècles et, comme vous voudrez, on a assez et trop dit de sornettes à leur sujet. Ils les ont ainsi obscurcis par leurs commentaires, de sorte que rien n'était supérieur à ces derniers. On les regardait comme des bulles, et les gloses humaines ont régné seules. Les sycophantes actuels ne trament pas autre chose que de s'y attacher quand l'Écriture les favorise. Lorsqu'elle fait entendre faiblement sa voix, il la tordent d'une façon surprenante, la forcent bruyamment de servir leurs intérêts et répandent à sa place leurs ténèbres. Dans toutes les persécutions, les tribulations et les épreuves, qui sont suscitées par le démon, par les faux prophètes, et par la tyrannie du monde, il ne peut y avoir de consolation nulle part ailleurs qu'en Jésus-Christ seul et dans ses fidèles

---

(1) Si les Vaudois de Bohême visent les luthériens, comme cela paraît vraisemblable par ce qu'ils ont dit plus haut des réformateurs suisses, leur jugement est pour le moins fort étrange. — Les doctrines luthériennes s'introduisirent en Bohême dès l'an 1519, et le 15 juin 1522 Luther lui-même écrivit aux États du royaume pour les engager à embrasser la Réforme.

promesses; lui qui non seulement a prédit tout cela, mais encore a promis de grandes choses à ceux qui persévèrent dans la foi en lui, car ils recevront le centuple et auront la vie éternelle.

« Vous ensuite, dans tous les maux qui vous pressent, confiez-vous en lui, attachez votre ancre à ses promesses très véritables, car il est assez puissant pour vous délivrer tout de suite, lorsqu'il le voudra, surtout quand tous les secours humains auront fait défaut. La foi évangélique, en effet, pour laquelle vous combattez et que toutes les puissances adverses assaillent, est rendue par les épreuves, plus pure et plus précieuse que l'or. Là où la Parole de Dieu n'aura pu venir à bout de la tyrannie de vos adversaires, vous devez recommander à Dieu votre cause et posséder vos âmes par la patience. Que Dieu, qui est l'auteur et la source de tout bien, vous augmente cette sagesse et cette connaissance, jusque-là que vous parveniez à une connaissance de l'Évangile de jour en jour plus claire par notre Seigneur Jésus-Christ. Donné en Bohême le lendemain du jour du divin Jean-Baptiste, année 1533 » (1).

Cette lettre prouve que les barbes Daniel, de Valence, et Jean, de Molines, n'avaient pas rapporté aux Vaudois de Bohême et de Moravie les diverses démarches que leurs frères de Piémont et de France avaient faites auprès des Réformateurs de Suisse et d'Allemagne pour s'enquérir de la vraie foi. Ils n'avaient pas mieux exposé ce qui s'était passé dans le synode des Chamforans, non plus qu'ils n'avaient compris que les doctrines prêchées par les réformateurs (lesquels ils considéraient très injustement et même injurieusement comme des corrupteurs de la Parole de Dieu), étaient autrement plus conformes aux Écritures que les leurs, et que, s'ils avaient eu une intelligence spirituelle plus grande, leur devoir était de bénir le mouve-

---

(1) C'était le 25 juin. En écrivant le 27, Gilles s'est trompé de deux jours.

ment religieux, aussi extraordinaire qu'admirable, qui entraînait une grande partie de l'Europe vers une conception plus biblique, plus chrétienne et, partant, plus pure de la doctrine du salut. Ils le comprirent plus tard et embrassèrent eux aussi la Réforme.

Quoi qu'il en soit, la lettre des frères de Bohême et de Moravie aurait pu froisser les Vaudois des Alpes par la vivacité de certaines de ses expressions et le jugement sévère qu'elle portait sur les décisions qu'ils avaient prises. Elle aurait pu également les indisposer gravement contre les barbes Daniel et Jean, qui avaient été si peu véridiques dans leurs discours et s'étaient donnés comme leurs députés, alors qu'ils n'avaient reçu d'eux aucune mission, ni orale, ni écrite. Il n'en fut pas ainsi. Ces hommes de Dieu accueillirent les deux barbes avec condescendance à leur retour et consentirent, sur leur demande, à les entendre et à examiner la lettre et le mémoire dont ils étaient porteurs. Un nouveau synode fut convoqué dans ce but au val Saint-Martin pour le 15 août 1533, « où, dit Gilles (1), fut ouï, lu et examiné tout ce que lesdits deux barbes avaient rapporté des pasteurs vaudois de Bohême et reconnu que lesdits de Bohême, pour n'avoir été bien informés de tout les exhortaient de faire ce qu'ils avaient déjà fait de point en point. La vérité étant qu'ils avaient longtemps concerté entre eux des matières susdites avant la venue des docteurs et pasteurs de Suisse; qu'ils ne les avaient pas admis ni écoutés en leurs assemblées sans les avoir premièrement bien reconnus et expérimentés, ni n'avaient pas écouté aucune glose des hommes, sinon conformes à la Parole de Dieu; et n'était pas vrai aussi que cette réformation eut causé la désunion, sinon au regard de peu de personnes, tellement que l'assemblée ayant derechef bien pesé le tout, la conclusion, faite l'année précédente en Angrogne, fut confirmée, et fut répondu à la

(1) *Histoire*, t. 1, p. 56, 57.

lettre des pasteurs de Bohême selon la vérité du fait (1).
Alors les deux susdits Daniel, de Valence, et Jean, de Molines, au lieu d'acquiescer à des conclusions tant examinées et approuvées, de dépit se retirèrent pour vivre en leur particulier, non sans des effets, témoins de leur mécontentement et indignation au préjudice des églises, non de Bohême, mais des vallées et circonvoisines, spécialement en ce qu'ils égarèrent ce qu'ils purent des manuscrits et mémoires anciens des Vaudois, qui nous eussent pu servir et à la postérité. Mais cependant les autres pasteurs et peuples, bien unis et résolus, se disposèrent à l'exécution des conclusions faites. »

La conversion des Vaudois à la Réforme devint un fait accompli à dater de ce moment. Leur Église fit partie de ces nombreuses communautés protestantes du Piémont et de France, que leur attachement au pur Évangile exposa pendant trois siècles à toutes les rigueurs de la persécution catholique. Sans se laisser amollir par la tolérance et la liberté dont elle jouit à cette heure, l'église vaudoise continue à tenir bien haut le drapeau de la vraie foi. Ses adversaires ont écrit que les Vaudois perdirent leur originalité en embrassant le protestantisme, mais ce n'est pas perdre et cesser d'être soi, bien s'en faut, que de renoncer à l'erreur, non plus que d'échanger une partie de la vérité pour la vérité tout entière.

(1) Cette réponse n'a pas été retrouvée.

ERRATUM

Page 8, ligne 4, au lieu de : *aux saints jours*, lisez : *à certains jours*.

PIÈCE JUSTIFICATIVE

*Réponses de Martin Bucer aux questions touchant la Religion et
les Affaires ecclésiastiques proposées par George Morel et
Pierre Masson, députés des Vaudois de Provence (1530)* [1].

Bucer aux frères vaudois.

Très chers frères, la grâce du Seigneur vous soit augmentée.
Béni soit Dieu, notre Père, qui vous a conservés jusqu'ici dans
une si grande connaissance de la vérité et vous a poussés maintenant à regarder comme digne de vous de vous enquérir de notre
foi. Le caractère de cette véritable et légitime foi est que, partout
où quelque rayon de la lumière divine commence à briller, elle
accourt aussitôt et communique avec un grand zèle ce qu'elle a
divinement reçu et cherche à recevoir ce qu'elle reconnaît avoir
été départi aux autres; par où nous sommes édifiés par une foi
mutuelle et réciproque. Toutes les épîtres du divin Paul témoignent combien cela lui tenait à cœur. Et certes, si nous disons
sincèrement : « Ton nom soit sanctifié, ton règne vienne », nous
n'aurons rien plus à cœur que d'acquérir sans cesse ce qui nous
manque et de faire des progrès dans ce que nous possédons déjà.
Une seule et unique chose nous fait de la peine, c'est d'être trop

(1) Publiées pour la première fois en latin par Herzog dans *Zeitschrift
für historische Theologie*, année 1866. — Morel les traduisit en vieux provençal, qui était la langue de ses compatriotes, et son travail est à la bibliothèque de Dublin, *Man. vaudois*, vol. II, clas. C, tab. 5, n° 18. — Perrin
(*Histoire*, p. 47) et Léger (*Histoire*, liv. I, p. 105) en ont donné le commencement en français.

occupé en ce moment pour qu'il nous soit permis de vous répondre aussi amplement que nous le voudrions. Pourtant nous avons parlé très longuement de chaque chose avec nos frères George Morel et Pierre Masson.

DU CHOIX ET DE L'OFFICE DES MINISTRES

1. Ce que vous avez décidé de vous-mêmes touchant ceux qui sont mis à l'épreuve en vue du ministère est conforme à l'institution de Paul (1 Tim. iii et Tite i). Mais qu'ils demandent eux-mêmes d'être reçus dans cet ordre quand ils n'ont encore aucune aptitude, c'est ce qui est contraire à la coutume de l'ancienne Église. Autrement, si quelqu'un d'apte à cette charge l'ambitionne réellement, et dans le désir de gagner à Christ tous les hommes, « il ambitionne une chose excellente », comme dit saint Paul. C'est pourquoi nous pensons qu'il importe que les évêques, c'est-à-dire les ministres les plus élevés, choisissent, sans discours et d'après le témoignage des frères, ceux qu'ils croiront devoir être aptes au ministère. Nous souhaiterions également qu'on leur donnât amplement le temps d'enseigner, quoique nous approuvions beaucoup que, dans l'intervalle, ils aient aussi à exercer un art manuel. Ils peuvent, en effet, à l'exemple de Paul, édifier l'Église avec d'autant plus de facilité et moins d'inconvénient pour les frères. Mais comme Paul ordonne à Timothée, qui pourtant avait été instruit dans les Saintes Lettres dès son enfance, de s'adonner avec soin à la lecture des Écritures, il faut accorder à ces novices plus de temps que les simples mois d'hiver, et cela pendant quatre années seulement. Ici pourtant il faut éviter de fournir à quelqu'un d'eux l'occasion de demeurer oisif, car les hommes ne sont que trop portés à cela, même ceux qui ne sont pas très mauvais.

D'autre part, il nous semble qu'il faut tout à fait éviter que ces novices passent un certain temps auprès de vos vierges, car il n'est personne de saint qui ne s'amollisse au contact des femmes, quelque chastes qu'elles soient, et il est très rare celui à qui il a été vraiment donné de mener une vie de célibat. Dieu est celui qui a déclaré qu' « il n'est pas bon que l'homme soit seul »; et Paul a dit : « Pour éviter la fornication, que chaque homme ait sa femme et que chaque femme ait son mari. » Il demande également pour ce motif que « l'évêque soit mari d'une seule femme », parce que personne ne doit être plus saint. Il est grand de se mutiler pour le royaume des cieux, et la liberté qui en résulte est préférable; mais plus la chose est glorieuse, plus elle offre de dangers. L'admiration hors de propos qu'elle fait naître en a beaucoup imposé aux anciens, de sorte qu'il leur arrivait bien des choses indignes qui ne leur seraient nullement arrivées, s'ils n'avaient pas méprisé à ce point l'institution ordinaire du Seigneur, attendu que Dieu ne les avait pas exemptés de la loi commune des hommes. Quel est celui qui, plus que Paul, a gardé une chasteté qui permet à l'homme de s'attacher à Dieu avec plus de fermeté et de persévérance; mais, tandis qu'il louait cette institution, il ajoutait : « Je ne dis pas cela pour tendre un piège à quelqu'un. » Il faut examiner avec soin si quelqu'un se mutile pour le royaume des cieux. Les prêtres de Cybèle se mutilèrent, ainsi que les Vestales, quand Dieu n'avait rien ordonné de semblable à son peuple. Les apôtres n'ont ordonné à personne l'état virginal. Paul permet seulement à celui qui le peut de garder sa virginité, et il ordonne aux veuves, qui professent le célibat, de se marier, parce qu'il ne voyait pas qu'elles embrassassent le célibat dans un véritable esprit (I Tim. v) : « La veuve, dit-il, est morte dans ses péchés, c'est pourquoi qu'elle ne vive pas vierge. »

Qu'il soit donc permis à chacun d'embrasser librement soit le mariage, soit le célibat, selon que Dieu l'y pousse, et que ceux qui choisissent le célibat vivent au milieu des leurs pour les servir, et qu'ils ne pratiquent point le célibat oisif, qui est celui des papistes, afin que, si la raison le demande, ils puissent y renoncer à la moindre pierre d'achoppement. L'erreur du genre humain vient précisément de ce qu'on admire les choses extraordinaires qui sont sans utilité. Cette erreur a engendré dans le monde un nombre incalculable de maux.

Si quelqu'un dédaigne un mariage honorable, s'il ne mange point des aliments que Dieu a créés pour qu'on en use, s'il fait quelque autre chose en dehors de la condition humaine et que ce ne soit pas pour Dieu : Satan et ses disciples peuvent toutes ces choses, plus qu'il n'est croyable qu'elles procurent une sainteté évangélique. Il n'y a pas de mobile plus étendu que la charité, sans laquelle toutes choses ne sont rien. Elle seule accomplit toute la loi. De là vient que les vertus et les bonnes œuvres n'ont de prix que par elle. Si elle fait défaut, tout ce qu'un homme peut être, tout ce qui brille en lui n'est que déguisement et hypocrisie. Bien plus, si quelque vertu ne tend pas et ne se rapporte pas à cela, savoir à servir le prochain, ne doute point qu'elle ne soit une imposture de Satan. C'est pourquoi si la condition de vos vierges, affranchies du joug du mariage, ne tend pas à être utile par ce moyen à un plus grand nombre de personnes, sans aucun doute elle n'est pas selon Dieu. Et, à l'exemple des apôtres, vous ne supporterez pas ces femmelettes. Ceux-ci menaient avec eux des sœurs, des femmes, parce qu'elles étaient leurs épouses ou parce qu'elles partageaient d'ailleurs leur foi, et ils ne les menaient que parce qu'ils étaient surtout l'objet de leurs soins. S'ils les avaient menées avec eux sans nécessité, leur exemple aurait été d'autant moins à imiter. Quoi qu'il en soit, Paul ne voulut pas faire cela, comme il aurait pu, pour ne pas surcharger les églises. Imitons donc ce qui est plus parfait, savoir la pratique de Paul et de Barnabas, qui ne menaient avec eux aucune femme; mais, ainsi que je l'ai dit, lorsque ces dernières ne tiennent à nous par aucun soin particulier, elles pourraient mieux vivre dans leur maison, parce qu'elles auraient l'occasion de servir les frères, en même temps qu'elles seraient mieux formées par l'usage quotidien de la Parole. Imitez donc ce qui a été fait par les apôtres, car, en les nourrissant au milieu des étrangers, vous exposez au danger les frères que vous liez avec elles.

2. Pour ce qui est de l'ordre que vous observez entre les ministres, savoir que les plus âgés soient respectés par les plus jeunes, nous approuvons que toute chose se fasse avec ordre. Nous ne voulons point pourtant que cette règle soit suivie avec un soin pénible et d'une façon superstitieuse, de peur qu'il n'en résulte de la domination. Ils doivent s'accorder par notre charité, qui aime toujours mieux servir que commander. Que les jeunes respectent donc ceux qui sont plus âgés, mais que, de leur côté, les plus âgés honorent aussi Christ dans ceux qui sont moindres et n'affaiblissent pour personne les largesses de l'Esprit. Voyez comment Paul, dans ses salutations, met sur le même rang que lui, par le nom de frère, Timothée, son disciple et son fils. Que l'ordre soit maintenu, mais celui qui est le fruit d'une affection volontaire et non d'une triste nécessité, car nous sommes les disciples de Christ et non de Moïse.

Nous ne pouvons approuver que tous les ministres célibataires vivent pêle-mêle. Nous craignons, en effet, qu'il ne nous arrive par cette coutume ce qui arrive d'ordinaire aux hommes. « Tous ne reçoivent pas cette parole », dit Christ lui-même. A celui à qui il n'a pas été donné de se mutiler pour le royaume de Dieu, savoir pour mieux servir l'Évangile, sa mutilation qu'est-elle qu'une hypocrisie, qui est odieuse à Dieu plus que quoi que ce soit? Je tais ce qu'ils arrivent à faire insensiblement, d'où il suit qu'ils offensent grièvement les autres et eux-mêmes. Leur conscience étant malade, ils délaissent les joies de l'Esprit. Ne désirez pas en savoir sur ce point plus que vous voyez que Paul a su, lui qui a voulu que ceux qui sont investis des fonctions d'évêque et de diacre soient mariés. Il n'eût pas ordonné cela, car il aurait mieux aimé que tous fussent comme lui-même; mais le prudent apôtre, qui savait qu'il a été donné à peu de personnes d'être continentes et que c'est un outrage envers Dieu que de mépriser un mariage saint, a donné ce commandement à celui qui était capable de le suivre, parce qu'il savait que la chose allait de soi. Il ne doutait point que les hommes exceptionnels et privilégiés, poussés par l'Esprit de Christ, ne reçussent ce à quoi ils étaient appelés. Après l'époque des apôtres, le célibat fut pratiqué par plusieurs comme auparavant, mais quelle calamité ce fut pour l'Église! Les écrits de Cyprien, de Jérôme et d'autres Pères s'en plaignent. Nous devons être frappés de ce que Christ lui-même et ses apôtres, d'une manière générale, n'ont ordonné le célibat à aucune classe d'hommes et de ce que la Loi l'ignore entièrement. Il est permis de vivre dans le célibat à celui à qui cela a été donné et qui le pratique dans le seul but de mieux s'attacher à Dieu et de servir plus de personnes. Nul n'y est contraint. La pudeur même n'en fait une loi à personne. Qui n'aime mieux un saint Hilaire marié que d'innombrables célibataires, même parmi ceux qui passent aujourd'hui pour les plus saints?

Que vos maîtres travaillent de leurs mains à l'exemple des apôtres. Mais, comme je l'ai dit, qu'on ne leur refuse pas le temps de la lecture et de la méditation des Écritures.

Il est permis d'user des aumônes du peuple, puisque vous lui donnez les choses spirituelles, mais il importe d'accepter peu de chose des mourants. Leurs biens, en effet, reviennent, non aux ministres, mais aux héritiers. On a toujours regardé comme un droit naturel, on l'a même oué chez les saints, que les saints disposent de leurs biens en faveur de leurs héritiers légitimes, à moins que ce ne soient des biens réclamés par l'équité. C'est pourquoi il sera permis aux ministres et aux pauvres de recevoir quelque chose, mais modérément. En effet, la crainte du jugement divin et le fait que nous ne pouvons plus nous-mêmes nous servir de nos biens nous rendent larges lorsque nous allons mourir. L'aumône modérée des mourants et ce qu'on tient de la bienveillance des héritiers ne doivent pas être rejetés, de peur que nous ne paraissions refuser aux mourants l'usage de la charité. Quand elle est excessive, il faut la rejeter, de peur qu'elle ne paraisse être une erreur des mourants au préjudice des héritiers.

Nous approuvons que les ministres aient tout en commun entre eux. Nous voulons pourtant que vous trouviez bon d'imiter les apôtres, non pour ce motif, mais à cause de l'affection qui seule rend bonne la communauté de toutes choses. Nous désirons aussi qu'on bannisse la superstition, car les apôtres, quand l'usage était établi, usaient de la communauté des biens quand chacun les possédait en propre, mais sans les considérer comme siens. Quand votre pratique contribuera à la charité, elle devra être approuvée, pourvu que la liberté chrétienne n'ait pas à en souffrir. Des murmures s'élevèrent à Jérusalem dans l'église des apôtres à l'occasion de cette pratique. Il n'est donc pas étonnant si pareille chose nous arrive dans l'usage. Nous ne lisons nulle part que Paul ait institué une telle chose. Personne pourtant ne fut plus avide de perfection et ne posséda plus de véritable sagesse. Mais il convient de pourvoir à l'entretien des ministres pour que la cause de l'Évangile ne les détourne pas du soin de leur nourriture. Ils peuvent avoir des biens, puisque Christ ne les a jamais défendus et que la plupart en eurent dans les anciens temps. Néanmoins, pour qu'ils s'acquittent plus aisément de leur charge, il vaudra mieux pourvoir à l'entretien de leurs enfants. Que personne ne condamne celui qui possède, afin que les préceptes de l'apôtre... (1).

Il convient que les ministres soient déplacés pour l'utilité de l'Église; mais, lorsque le contraire arrive, qu'on ne pêche pas contre la liberté chrétienne, qui veut que nous usions librement de toutes choses pour l'édification et que nous ne nous assujettis-

(1) Lacune dans le manuscrit.

sions pas à certaines règles qui ne sont pas toujours utiles. C'est le cas des papistes, qui veulent s'asservir de nouveau aux rudiments du monde en négligeant Christ. Dans tout ce que nous faisons, nous devons surtout nous demander si cela contribue à l'avancement du règne de Dieu.

Nous approuvons beaucoup que, chaque année, vous ayez une assemblée générale, parce que de cette manière vous visitez le peuple. Quoi qu'il en soit, vous vous conformerez à l'exemple de Paul qui, de temps en temps, allait voir les ministres des églises ou les appelait auprès de lui, et, toutes les fois que c'était en son pouvoir, visitait chacun de ceux qu'il avait amenés à l'Évangile.

Nous approuverions qu'on déposât les ministres qui se sont laissés aller à la fornication, si personne ne niait la nécessité de ce remède. Il peut se faire, en effet, que vous supportiez dans le ministère des épreuves plus intolérables et pires, car il n'est pas rare que quelqu'un de ceux qui s'abstiennent résolument du commerce des femmes soient capables d'envie, d'orgueil et d'autres maux plus grands encore, et qu'au contraire ceux qui s'en abstiennent difficilement soient excellents dans tout le reste de leur vie. Nous voyons souvent violée, en dehors du mariage, même par les plus saints, une chasteté constante. Permettez donc à tous le mariage et alors châtiez les chutes aussi sévèrement que vous le voudrez.

Nous approuvons que vous écoutiez les confessions particulières, car ainsi vous pouvez employer le meilleur remède pour chaque malade. Seulement n'exigez pas que chaque péché particulier soit avoué. Dieu ne l'a point prescrit.

Il est digne des chrétiens de s'abstenir des femmes *a menstruo laborantibus et non diù a puerpuerio purgatis*. Il convient aussi d'épargner *gravidis;* mais qu'ici on ne tende de piège à personne et qu'on ne condamne personne, parce que c'est un remède contre l'infirmité humaine. Invitez tout le monde à la bienséance.

C'est un devoir véritablement chrétien que vous visitiez les faibles, même sans y être appelés; que vous vous attachiez, entre autres choses, à accorder ceux qui ont des différends, pour qu'ils ne recourent point aux juges profanes. Les saints évêques s'appliquaient autrefois à cela.

En recevant les sacrements de la main des papistes, vous confirmez par là leur impiété et vous ne confessez pas ouvertement celui qui vous a rachetés et formés. C'est une grande faiblesse que nous demandons à Dieu de ne pas vous imputer. Naaman, le Syrien, étant contraint de se rendre avec le roi dans le temple de Remmom et d'y adorer, quoiqu'il adorât le Seigneur et offrît à lui seul des holocaustes, demandait pourtant à Élisée de prier pour lui. Vous êtes dans Babylone, que le Seigneur vous délivre. Vous savez que les papistes ont persuadé au peuple que, par leurs messes et leurs sacrements, ils procurent le salut, qui est acquis par la mort de Christ, tandis que c'est Christ lui-même qui le procure par son Esprit quand il communique la foi et l'amour. Garder le silence en présence de cet outrage fait à Christ, bien plus, faire semblant de croire à ces choses et adorer comme les autres ces Antechrists, c'est violer certainement le devoir de la foi chrétienne. Mais le Seigneur vous donnera un jour de confesser librement et ouvertement que vous condamnez ces choses. Seulement ne veuillez pas excuser votre faiblesse, mais priez humblement avec Élisée les uns pour les autres, et ne négligez aucune occasion d'annoncer l'Évangile à ceux qui sont encore retenus dans les erreurs des papistes. Nous ne voulons pas que celui qui n'y aurait pas été poussé par l'Esprit de Christ se produise bruyamment en public. Nous ne voulons pas « donner les choses saintes aux chiens et jeter les perles devant les pourceaux »; mais, en même temps, lorsqu'il y aura lieu, celui qui croit véritablement que Christ lui appartient et qu'il est le sauveur de tous les élus ne pourra taire son Christ. Par suite, confiez-vous en son Esprit et priez-le avec soin, afin que vous disiez et fassiez toutes choses pour sa gloire. Il vous fortifiera en même temps qu'il vous donnera la prudence quand vous dispenserez la vérité.

Vous agissez chrétiennement en détournant le peuple des jurements et autres vices de ce siècle. Pourtant que personne ne condamne le devoir du serment quand il y a lieu de le prononcer. Christ, en effet, défend, non ce devoir (Matth. v), mais les jurements ordinaires et légers qu'on prononce dans les discours quotidiens. Le Seigneur a voulu qu'on se contente d'une simple affirmation ou négation.

DES DOGMES

1. Vous avez des idées justes sur l'unité de Dieu, le médiateur,

et les sacrements. Touchant ces derniers, nous remarquons pourtant ceci : que l'Écriture parle d'eux de façon à viser l'efficacité du sacrement et non le sacrement lui-même. Ainsi, elle dit que nous mangeons dans la cène le corps du Seigneur, quoique le ministre par lui-même ne puisse présenter que du pain pendant que Christ donne son corps à l'âme. De même, elle appelle le baptême le lavage de la régénération, non point que l'eau que répand le ministre régénère, mais c'est l'Esprit que donne Christ. Nous disons avec raison que le corps du Seigneur est donné et mangé dans la cène, et pourtant le pain, symbole du corps de Christ, ne demeure en lui-même que du pain (1). Quand nous parlons à la manière de l'Écriture, il y a moins de disputes, et les sacrements inspirent le respect qui leur est dû.

2. Relativement au baptême, il s'est d'abord élevé dans nos églises une discussion sur le point du baptême des enfants. Satan bientôt aidant, plusieurs se sont séparés et livrent nos églises à Satan, parce que nous baptisons les enfants. Ils méprisent les dons de Dieu, tant ceux des langues que celui des Écritures, et, comme ils ne connaissent tous que la langue allemande et sont assujettis à des travaux extérieurs au moyen desquels ils se procurent leur nourriture, ils prétendent que personne ne peut apprendre la vérité des docteurs. Plusieurs séduisent les bons par l'austérité de leur vie et le support des persécutions. Quoi qu'il en soit, les misérables ignorent que l'ange de Satan se transforme en ange de lumière et fait paraître extérieurement une religion évangélique, pour que, pendant ce temps, la grâce de Christ soit obscurcie. Mais ils ne voient point qu'il n'y a pas devant Dieu de plus grand péché que de se complaire en soi-même et de condamner si témérairement les autres. Ils se soustraient à quelques vices grossiers et tombent dans des subtilités et des spiritualités, qui sont d'autant plus pernicieuses qu'elles passent pour des vertus. Ils appellent fidélité de conscience l'orgueil avec lequel ils se vantent d'être les seuls chrétiens et quelques-uns d'eux d'être sans péché. Ils prennent les disputes et les rivalités pour le désir fervent de

---

(1) C'est ce que les luthériens appellent la *consubstantiation*, contrairement à la *transsubstantiation* catholique, qui prétend que non seulement le corps de Christ est donné avec le pain, mais encore que ce pain même est changé en la substance du corps de Christ.

purifier la vérité et pour du courage; le schisme, par lequel ils se séparent des saints et éloignent les simples de la vérité par une nouvelle faction, pour la soif de la sincérité et de la pureté : ce qui explique en grande partie comment ils en sont venus à ce point de folie, et se persuadent qu'ils doivent nous exécrer tout à fait. C'est que, ô douleur! nous, pas plus que notre peuple, nous ne montrons pas, dans l'œuvre de Dieu, autant de ferveur qu'il le faudrait. Ces imposteurs objectent aux simples notre paresse, et, tandis qu'ils font paraître une grande austérité sur plusieurs points et vantent toujours leurs exils et leurs dangers, ils persuadent aux malheureux que l'Évangile n'est aucunement chez nous, pendant qu'il est tout chez eux. Et ce qui donne beaucoup de poids à leur parole, c'est qu'un grand nombre de gens de ce parti ont supporté courageusement, depuis quelques années, la mort et divers tourments; mais, pour se substituer en tout au pape, il nous ont presque livrés aux tyrans, nous qui [retenons] tout le contenu du Christianisme. Il est, en effet, certain que ces hommes, martyrs de Christ, car ils sont morts, non pour leurs erreurs, mais pour la gloire même de Christ, ont été des hommes innocents et saints, qui, s'ils avaient été instruits comme il faut dans la vérité, n'auraient point acquiescé au mal de l'hérésie, savoir de cette faction qui se sépare de ceux qui invoquent véritablement le Seigneur. Mais, comme ils n'ont rien appris de Christ que ce que leur en ont dit les Anabaptistes, ils ont reçu, en même temps que la vérité, quelques erreurs, que le sang qu'ils ont versé efface facilement. Or, il y en a aussi plusieurs çà et là parmi les nôtres qui ont été immolés au Seigneur par le feu et par le fer, et qui n'ont jamais reçu de dogmes altérés.

Mais ces sortes de gens ne sont jamais plus intolérables que dans les villes où l'Évangile est accepté, car on n'y sévit pas contre eux; c'est pourquoi les plus méchants y accourent. Sous le gouvernement des tyrans, ils sont éprouvés par la souffrance pour qu'ils comprennent mieux Christ. S'il vous arrivait d'être troublés par eux, veuillez reconnaître, à leur promptitude à détruire et à condamner, que leur esprit n'est pas celui du Christ, puisque Christ est venu pour sauver ce qui était perdu. Observez avec soin la manière de vivre que Christ nous a montré dans sa personne et dans celle de ses apôtres. Vous verrez, par cet exemple, toute sorte de mansuétude et de douceur déployées à l'égard même des pécheurs, dans lesquels brillaient seulement quelque espoir de repentance. Avec quelle obligeance Christ accueillit Nicodème qui, bien que convaincu que Christ était un maître céleste, n'osait pourtant venir à lui que de nuit. De plus, il fut instruit de la vérité par le Seigneur avec bienveillance et simplicité, et, quoiqu'il retournât à ses affaires ordinaires et qu'il ne désertât pas le rang qu'il occupait parmi les chefs, les plus grands ennemis de Christ, Christ, dis-je, ne le rejeta point, mais le conserva jusqu'à l'heure marquée par le Père. Pourtant il lui communiqua son Esprit, afin que, lorsqu'il serait mort, il s'occupât ouvertement et au grand jour de la sépulture de celui qu'il n'avait osé aborder que de nuit quand il était vivant et qu'il ressuscitait les morts. Et qu'il ait supporté de grandes imperfections chez ses apôtres, c'est ce que témoignent Paul dans ses églises et les écrits du même apôtre, et ceux des Évangélistes. Or, nous vous rendons attentifs à ces choses, parce que nous voulons, non que vous soyez de connivence avec les péchés des frères, mais que, selon l'enseignement de Paul, « ceux qui sont spirituels redressent dans un esprit de douceur ceux qui sont tombés dans quelque péché »; que, suivant celui de Christ, nous reconnaissions que « ce sont les malades et non ceux qui se portent bien qui ont besoin de médecins », et que nous « ne brisions point le roseau froissé et que nous n'éteignions pas le lumignon qui fume encore », de peur que quelqu'un qui serait chargé de graves péchés, que le monde même condamne, ne pensât qu'il est indemne à l'égard de tout le reste, et ne fût tenté par des maux plus raffinés et plus nuisibles, que le monde tiendrait pour légers.

Autrement vous pouvez reconnaître que ces hommes n'agissent pas dans un bon esprit en ce qu'ils poursuivent ardemment les choses qui, par elles-mêmes, ne regardent pas la piété. Lorsque Paul condamnait les questions inutiles de la Loi, il nous assignait un but vers lequel il est nécessaire que soient dirigées et tendent toutes les choses qui sont respectées et pratiquées comme il faut selon la Loi. « Le but du commandement, dit-il, c'est l'amour qui procède d'un cœur pur, d'une bonne conscience et d'une foi sans hypocrisie. Quelques-uns, s'en étant écartés, se sont égarés en de vains discours, voulant être docteurs de la Loi quand ils ne comprennent ni ce qu'ils disent ni ce qu'ils assurent. » Ces hommes laissent de côté l'amour, qui se fait tout à tout et se dépense d'autant plus pour sauver le prochain qu'il court plus de danger de périr.

Ils sont préoccupés du baptême des enfants, du serment, du non-usage du glaive, du salut des démons et de plusieurs questions tout à fait frivoles et même dangereuses. Ils décrient l'Église, ils se disent meilleurs. Il est certain que nous sommes justifiés par la grâce et par l'Esprit de Dieu, qui nous enflamme pour le zèle du bien, dont tout le commencement vient de la foi. Quelle raison a-t-on de faire tant de bruit au sujet du baptême, de l'époque et des personnes auxquelles il doit être conféré? En tant que nous l'administrons à des hommes, il est extérieur et ne peut rien conférer par lui-même pour le salut, c'est-à-dire pour le changement de l'âme. Il peut instruire, mais c'est en vain, tant que l'Esprit de Christ ne touche pas le cœur. Voici, pour que vous le sachiez, en vertu de quelle foi nous baptisons les enfants :

[Nous savons que Dieu ne change pas et que les choses qui lui ont plu en elles-mêmes une fois ne lui déplaisent jamais. Il lui a plu que les enfants de ses fidèles fussent incorporés dans son église par le sacrement de la nouvelle vie, laquelle il confère lui-même au symbole par son Esprit. Donc ce symbole lui plaît aussi. Nous savons que les sacrements et les cérémonies quelconques que Dieu a instituées une fois pour son peuple ont été institués afin que, par leur moyen, sa bonté envers les siens fût publiée dans l'Église et que cette bonté poussât à l'amour de la piété] (1).

Nous savons, quoique nous soyons d'ailleurs peu nombreux et un peuple ancien, que nous n'avons reçu les sacrements pour aucun autre usage que pour celui qui leur est propre, c'est-à-dire pour que la société de l'Église se conserve mieux par leur moyen, et que nous soyons enflammés d'amour pour la piété. En conséquence, c'est à bon droit, lorsqu'on dispute de l'usage des sacrements, qu'on consulte la loi de Dieu dans laquelle il a exprimé sa volonté à leur égard. Or, nous voyons que Dieu institua deux sacrements ou cérémonies par lesquels le peuple fut tout d'abord invité, puis excité à faire des progrès dans la vie de Dieu. De ce nombre furent la circoncision et la présentation des enfants dans le tabernacle de Dieu, qui étaient des sacrifices, même des sacrifices initiaux, pour les enfants, quoiqu'ils représentassent la foi et

___

(1) Ce paragraphe placé entre crochets est raturé dans le manuscrit.

le désir de changer de vie : choses dont les enfants ne sont pas capables à cause de leur âge. Dieu voulut qu'ils fussent pratiqués. Il reconnut donc qu'ils étaient utiles pour faire avancer la piété et avantageux, soit pour l'Église, soit pour les enfants.

L'Église offrait ces sacrements et ils étaient offerts aux enfants. A la place de toutes ces cérémonies initiales, il institua seulement pour nous le baptême, à moins qu'on ne veuille ajouter l'imposition des mains et la bénédiction solennelle telle que Christ la donna lorsqu'on lui apporta les enfants que les disciples voulaient éloigner. Donc, comme Christ ne nous a pas dit si nous devions ou non baptiser les enfants, mais pourtant a institué le baptême et n'a pas indiqué l'âge des récipiendaires, il est nécessaire que nous décidions ce point au moyen du précepte de l'amour.

Dans les choses extérieures, il convient de décider ce qui fait progresser intérieurement le mieux la foi et l'amour, c'est-à-dire que dans les choses très douteuses nous devons faire ce que Christ lui-même, ce que Paul, ce que tous les saints ont fait. Consultons la Loi, car elle a institué [les choses] en vue de toute bonne œuvre, et, comme elle ne renferme rien d'exprès sur le baptême, interprétons la volonté de Dieu d'après l'analogie.

Christ voulait disculper par la nécessité ses disciples lorsqu'ils arrachaient et mangeaient des épis pendant le sabbat, et il cita l'exemple de David qui mangea par nécessité ce qu'il ne lui était pas autrement permis de manger. Il voulait prouver qu'il est permis, en vue du salut des hommes, de faire quelque chose pendant le sabbat, et il cita l'exemple des victimes qui sont mises à mort pendant le sabbat et celui de la circoncision. Paul prouva de même qu'il est permis à ceux qui servent l'Église selon l'Évangile d'accepter de ceux auxquels il est prêché les choses qui leur sont nécessaires, parce que les prêtres vivaient de l'autel. Puis donc que Christ ne s'explique pas sur la question de savoir si les enfants doivent être baptisés ou non, pourquoi ne cherchons-nous pas dans l'analogie ce que le Seigneur approuve sur ce point. Qu'on considère donc que Dieu, par ses sacrements, n'a pas voulu autre chose pour les anciens que ce qu'il veut toujours pour nous, savoir la piété seule, son culte et... (1) qu'il réclame. Considérons, en outre, que la circoncision primitive fut un sacrement, comme

____

(1) Un mot ou deux paraissent manquer ici.

chez nous le baptême, et signifie tout à fait la même chose, savoir la régénération du cœur, sans laquelle la circoncision n'était qu'une abomination devant Dieu. Lors donc que nous voyons qu'il lui a plu que ce sacrement soit administré maintenant aux enfants, quoiqu'il ait la signification susdite, nous ne pouvons admettre, bien qu'il soit le symbole de l'alliance, qu'il puisse subsister sans la communication du Saint-Esprit. Néanmoins, nous ne pouvons douter qu'il ne soit offert aux enfants, bien plus, qu'il ne plaise à Dieu encore aujourd'hui.

Je ne dis pas que Dieu ait déclaré, ni même qu'il ait fait connaître, dans quelque passage, que ce sacrement ne lui plaît pas, mais il a témoigné qu'il lui plaît, lorsqu'il a dit : « Le royaume des cieux est pour ceux qui sont tels », car l'initiation au baptême ne se fait pas ailleurs que dans le royaume des cieux, c'est-à-dire dans l'Église.

Les adversaires de cette doctrine objectent qu'il ne faut pas chercher dans Moïse la raison de nos cérémonies. Mais la loi de Moïse est la loi de Dieu. Elle enseigne tout bien et blâme tout mal (II Tim. III). Donc il faut lui demander la raison de tout ce qu'on veut faire saintement. Or, la circoncision présentée aux enfants est la figure du renouvellement des enfants de Dieu par l'Esprit. Mais ça été en même temps un sacrement primitif offert par l'ordre de Dieu aux enfants de tous les fidèles. Par conséquent, nous suivons l'ordre de Dieu lorsque nous offrons un pareil sacrement à nos enfants pour qu'ils en jouissent, car ce n'est pas ici qu'il est montré que le sacrement doive être changé. Or, « le royaume des cieux est pour ceux qui sont tels », et non pour ceux qui ne sont pas tels. Mais qui douterait que par ces « tels » ne soient désignés les enfants eux-mêmes qui sont présentés ? Il a voulu donner par cette parole la raison pour laquelle les disciples devaient souffrir qu'on lui apportât les enfants. Par conséquent, il se serait joué des auditeurs s'il n'avait pas entendu cela des enfants qu'on lui présentait.

Christ a dit encore : « Allez et instruisez toutes les nations, les baptisant », et également : « Celui qui aura cru et qui aura été baptisé. » Ici le baptême est mentionné après l'enseignement, donc ce sont ceux qui ont été instruits qui doivent être baptisés. — Ce que tu prétends être l'ordre de Dieu doit être certain. Or, dans ces paroles du Seigneur, tu n'as rien autre de certain que ceci, savoir qu'il a voulu que toutes les nations soient instruites et reçues par le baptême dans l'Église, et que tous ceux qui acquiescent à la prédication de l'Évangile soient sauvés et donnent leur nom à l'Église. C'est à juste titre que l'enseignement est nommé d'abord et le baptême ensuite, parce que l'enseignement est préférable au baptême et a dû être offert en premier lieu aux payens. Mais que Christ ait voulu que personne ne fût baptisé qu'auparavant il n'eût été instruit, cela ne peut pas plus se conclure des paroles où il mentionne le baptême après l'enseignement que de celles-ci de Marc : « Jean baptisait et prêchait. » On ne peut davantage conclure de ces paroles de Christ : « Si quelqu'un ne naît d'eau et d'esprit », que le baptême d'eau précède l'enseignement de l'Esprit, quoique la mention du baptême précède celle de l'enseignement de l'Esprit.

Ceux qui s'imaginent voir dans les Écritures plus que le commun peuple se servent des arguments suivants : Toutes choses doivent être faites avec vérité dans l'Église. Le baptême est le symbole du renouvellement de l'homme tout entier, donc il doit être administré seulement à ceux qui nous offrent les marques de ce renouvellement, pour que nous ne doutions point. — Mais Dieu a toujours été la vérité et il a eu constamment en abomination toute hypocrisie ; c'est pourquoi il a voulu que les prêtres de la Loi, non moins que les ministres de l'Évangile, fissent toutes choses avec vérité. Cependant il n'a jamais exigé qu'ils ne conférassent le sacrement de la régénération qu'à ceux en qui ils en reconnaissent les marques. La confession n'en est pas une marque certaine, non plus qu'un amendement quelconque de la vie extérieure, qui seule nous est connue. Christ a voulu que même les poissons gâtés fussent attirés dans le filet de l'Évangile et que l'ivraie fût tolérée dans son champ. Nous ne devons admettre aux sacrements aucun adulte ouvertement criminel ; cependant Christ n'a ordonné nulle part d'exiger des marques certaines de sainteté.

Puisque nous ne percevons que les choses extérieures, nous sommes suffisamment dans le vrai quand nous établissons toutes choses pour la gloire de Dieu et que nous ne favorisons pas les enfants. Christ a dit d'eux : « Le royaume des cieux est pour ceux qui sont tels. » Il a ordonné expressément dans sa loi qu'ils fussent marqués du symbole de son Alliance, et l'Église d'abord n'a pu connaître, plus que nous aujourd'hui, s'ils étaient participants de cette Alliance, et pourtant rien de faux n'est approuvé ici. Tous les arguments invoqués contre le signe du baptême, qui est le vrai baptême de Christ, contre la purification des péchés, contre l'ensevelissement dans la mort de Christ et contre toute doctrine de ce genre tirée de toute l'Écriture ne sont pas moins valables, si l'on veut conclure, contre le précepte de Dieu relatif à la circoncision que contre notre pseudo-baptisme. Quelque grande, en effet, que soit la signification du baptême, elle n'est pas plus grande que celle de la circoncision. La circoncision dans la chair sans l'Esprit n'était rien, comme aujourd'hui le baptême. Dieu a voulu encore que ses prêtres, qui étaient certainement des ministres de la vérité, purifiassent les enfants, les sanctifiassent, les régénérassent, les entassent sur Christ et fissent tout ce qui est renfermé dans le baptême, autant que cela était en eux, simples ministres.

Si l'on en demande la raison, elle est évidente. Les sacrements ne marquent pas tant ce qu'il convient que nous fassions que ce que Dieu nous donne et nous fait. Dans l'Eucharistie on nous enseigne que nous sommes vrai corps et vrai sang dans le Seigneur, et non seulement cela, mais surtout que Christ s'est donné à nous en nourriture de vie. Comme les anciens dans la circoncision, nous proclamons de même dans le baptême la destruction du vieil Adam et la préparation d'une nouvelle vie ; mais les sacrements nous présentent beaucoup plutôt le don de Christ qui, par son Esprit, nous régénère et nous renouvelle. Par eux, Dieu a destiné ce don [aux fidèles], les a choisis avant la fondation du monde, et, avec Paul, il les met à part dès le sein de leur mère. Tous ceux qui naissent des fidèles, quoiqu'ils ne soient pas cela, sont cependant tels que Dieu a dit d'une manière générale à Abraham et, en Abraham, à chaque enfant d'Abraham, c'est-à-dire au fidèle : « Je serai le Dieu de ta postérité. » De là vient que, quoiqu'il y ait eu souvent chez les Juifs un grand nombre d'impies, pourtant il y eut plus de personnes chez eux qui adorèrent véritablement Dieu que dans aucune nation. Le même fait se reproduit chez les chrétiens. Vous l'avez expérimenté, car les vôtres accueillent plus avidement la vérité et la gardent avec plus de persévérance que les autres, quels qu'ils soient. Par un effet du jugement caché de Dieu, la nation juive a failli, après la révélation de l'Évangile au monde ; ensuite les chrétiens ont failli. Pourtant les promesses de Dieu ne sont pas abrogées, de sorte que, comme dit Paul : « Il y a toujours un peuple, dont le Seigneur est le Dieu », à ce point qu'il est aussi celui de sa semence et qu'il embrasse la masse des élus de préférence à tous les autres peuples. Et c'est seulement au sein de ce peuple qu'il convient que cette bonté de Dieu, savoir cette alliance, soit prêchée et confirmée par l'initiation des enfants. C'est ici que l'Église, pour un si grand bienfait, rend des actions de grâce et s'applique avec d'autant plus de soins à amener au Seigneur « les saints enfants du Seigneur », comme Paul les appelle, et « les participants du royaume des cieux », selon la parole de Christ. En s'y appliquant, elle agit véritablement d'une manière digne du règne de vérité, quoi qu'il advienne de ces enfants eux-mêmes, tout comme elle ne peut être accusée de faux quand, imprudemment, elle reçoit un adulte qui est un hypocrite. C'est ici que les hommes se trompent en ce qu'ils ne voient pas que, lorsque Paul a dit que « ceux qui ont été baptisés et ensevelis en la mort de Christ ont revêtu Christ », il rappelle par là d'une manière auguste la signification du baptême pour inciter les fidèles à étudier ce qu'il est en lui-même et non pour le définir. La raison en est que la profession du Christianisme que les adultes font dans le baptême n'est pas la définition de ce dernier. De même dans l'Eucharistie (1 Cor. x) les fidèles sont exhortés d'une manière semblable et par des raisons identiques à poursuivre une vie plus sainte. Il est certes évident d'ailleurs que, dans le baptême, ce qu'il signifie n'est pas immédiatement donné. Tu persuaderas de la nécessité d'enseigner en même temps cela, puisque c'est ce qui est nécessaire qui passe le premier. Néanmoins, Ananias disait à Paul : « Lève-toi, sois lavé de tes péchés », quoiqu'il eût été déjà lavé, puisqu'il avait déjà cru. Chez les enfants l'œuvre suit, quoique l'élection et l'Esprit soient antérieurs. Nous parlons des élus, car ils sont l'Église aux yeux de Dieu, et les sacrements n'ont été institués que pour eux.

Quelques-uns sont frappés de ce que le baptême des adultes est seul mentionné dans les Actes et les écrits de Paul. — Nous croyons pourtant que, lorsqu'il est dit que des maisons entières ont été baptisées, le baptême des enfants est également impliqué. Qu'il n'en soit fait de mention expresse nulle part, la cause en est que l'Esprit a voulu montrer dans ces écrits le fruit de la prédication de l'Évangile, d'où il est naturel qu'ils aient mentionné seulement le baptême des adultes. Origène écrit dans le vi^e aux

Romains qu'il a reçu des apôtres la coutume de baigner les enfants. Augustin croit la même chose. Cyprien montre qu'il est indubitable que le baptême a été administré aux enfants. Et que le baptême des adultes ait toujours existé conjointement dans l'Église, cela vient de ce que chaque jour des payens venaient à Christ et de ce que des chrétiens timides différaient de faire baptiser les leurs. Et ceux qui concluent de ce que les Césars avaient ordonné que le baptême fût administré au temps de Pâque et de Pentecôte, que les enfants ne doivent pas être baptisés, ne sont pas dans le vrai, car on a pu baptiser des enfants à cette époque.

J'avoue que c'est le zèle pour la pureté de l'Église qui pousse la plupart, parce qu'ils croient qu'il y aurait moins d'hypocrites dans une église si on baptisait seulement les adultes qui entreraient dans la communion de Christ après un mûr examen. Mais ils me paraissent préoccupés ici d'un soin hors de saison. Christ a suffisamment montré dans la parabole du grand souper et des noces que le roi a préparés pour son fils qu'il nous appartient d'amener à l'Église le plus de personnes que nous pouvons, mais qu'il lui appartient, lorsque les noces sont au complet, de chasser celui qui manque de l'habit de noce. Il est vrai que les crimes avérés doivent être écartés de notre communion, mais en quoi cela concerne-t-il les enfants qui ne sont pas encore criminels et qu'on tient comme dignes de Dieu, eux que Dieu a voulu rattacher à son église, d'abord par Abraham, ensuite par son Christ? Sous ce zèle pour la vérité se cache un esprit qui se flatte trop et qui n'est pas suffisamment disposé à rechercher ainsi ce qui est perdu, pour qu'il puisse être l'Esprit de Christ. Ceux qui soutiennent la doctrine de vérité, quoiqu'ils ne croient pas encore pleinement [en elle], ne déplaisent pas à ceux qui sont véritablement saints. Est-ce que cela peut nuire aux bons que les méchants soient repris de leurs péchés dans l'Église et appelés à la repentance? Paul dit bien, à la vérité, qu' « un peu de levain fait lever toute la pâte », mais celui dont il parlait vivait ouvertement dans l'impureté, et, s'il n'avait pas été châtié, les faibles auraient été poussés au mal. Que tous ceux qui sont tels soient écartés; seulement, toi, Église, n'exclue pas pour cela ceux chez qui tu ne peux encore soupçonner aucun mal.

Si nous avons voulu, frères, vous écrire si amplement sur ces choses, c'est pour que vous soyez prémunis contre ceux qui font des sectes, auxquelles le Seigneur a toujours permis de se produire pour éprouver les siens, tandis qu'il donne aux petits de trouver sa vérité. Voyez combien Paul a eu à faire avec de telles gens! Il n'y a pas, en effet, une seule épître où il ne se plaigne de ceux qui recherchent les questions curieuses qui troublent l'Église.

3. Pour ce qui est du serment et de l'emploi du glaive, comme Dieu les a ordonnés dans sa loi, son Fils n'a pu les défendre, et celui qui considère avec un regard simple ce que Christ a prescrit sur les serments (Matth. v) verra clairement qu'il a défendu les serments téméraires qui reviennent journellement dans le discours, et nullement le serment. C'était, en effet, une interprétation erronée des Pharisiens [de croire] que, lorsque Dieu a défendu de jurer faussement, il a seulement défendu de fausser un serment. De là cette parole : « Il a été dit aux anciens : Tu ne te parjureras point, mais tu acquitteras tes serments envers le Seigneur; moi, je vous dis de ne pas jurer du tout », c'est-à-dire « vous n'aurez point satisfait au précepte de Dieu défendant le parjure quand vous aurez gardé les choses que vous avez confirmées par serment et en invoquant le nom de Dieu; mais vous devez avoir un tel amour pour la vérité que, non seulement vous prêtiez tous les autres serments, mais encore que vous n'en omettiez point ». Les Pharisiens n'enseignaient-ils pas dans leurs fausses gloses que, s'ils juraient faussement par le ciel, la terre, Jérusalem, etc., etc., ce n'était pas un parjure que Dieu eût défendu dans sa loi? On ne peut soupçonner que Christ se soit opposé au Père comme quelqu'un qui aurait voulu corriger la Loi; mais il se pose en interprète véritable de cette loi contre les faux interprètes juifs, qui disaient entre autres choses : « Tu haïras ton ennemi », parce que la loi de Dieu ne le défend nulle part. Il existe encore aujourd'hui des gloses de ce genre dans les livres du Talmud. Les Rabbins disent en effet : « Si Dieu ordonne quelque chose pour que tu fasses le contraire, il est permis de ne pas le faire. » Ainsi, quand Dieu a ordonné d'aimer le prochain, ils disent qu'il est permis de tenir quelqu'un pour ennemi, car ils ne veulent pas que ce quelqu'un soit contenu dans le nom de prochain. En résumé, Dieu a prescrit dans sa loi de déférer et de prêter le serment; donc il n'est point un péché en soi, donc Christ n'a pu le défendre. Les prophètes prédirent eux-mêmes que les chrétiens jureraient au nom du Seigneur, et l'Esprit dit : « Tous ceux qui jurent par toi

te loueront. » Donc le serment est une chose sainte par elle-même. Les apôtres en ont usé, comme cela se voit dans Romains ix et I Corinthiens ii. Quel mal, en effet, y a-t-il à invoquer le nom de Dieu en témoignage de la vérité? L'amour du prochain complète la Loi. Donc il n'y a de contraire à la Loi et à la volonté de Dieu que ce qui nuit au prochain. Or, il est utile que la connaissance de la vérité soit certifiée. Les choses humaines se comportent, en effet, de telle façon qu'on doute souvent d'une simple affirmation et que, lorsqu'elle est confirmée par un serment, on n'en doute point. Mais qu'est-il besoin de discours? Si le Seigneur avait entendu son commandement d'un serment quelconque, il aurait péché lui-même, ainsi que ses apôtres, tandis que tout simplement ils n'ont point ajouté d'autres affirmations et d'autres serments. Le Seigneur a ajouté : « Amen, amen »; et les apôtres firent des serments. C'est ainsi que ce que Christ a défendu touchant le repoussement de l'injure, il l'a entendu de ce que quelqu'un ferait pour se venger. Les choses qui se font par le moyen des magistrats sont des jugements de Dieu et non des hommes. Puisque le Père a ordonné ces choses comme bonnes et nécessaires, le Fils n'a pu les défendre comme mauvaises, car ils sont un.

4. Vous rejetez à bon droit le purgatoire du pape, car c'est le principal fonds d'où il tire l'aliment de sa tyrannie et de son faste. [Qu'est-ce que Dieu fait des âmes après cette vie si elles émigrent d'ici-bas dans la foi, mais entourées pourtant de beaucoup d'infirmités? Il les amène incontinent à la perfection et les rend heureuses, c'est-à-dire leur donne tout de suite la perfection dans l'autre monde, ayant arrêté un temps où elles atteignent la perfection...] (1). Il est certain que ceux qui meurent dans la foi sont participants de la vie éternelle et ceux qui ne le font pas de la mort éternelle. L'Écriture enseigne ces choses et nous les recevons ainsi simplement, exhortant les nôtres à vivre bien ici-bas pour qu'il arrive que, dans le siècle futur, ils ne puissent pas ne pas vivre heureusement.

5. Touchant la confession auriculaire, nous pensons tout à fait comme vous. Matthieu renferme plusieurs choses sur ce point.

6. Nous n'admettons pas l'ordre que, suivant les Scolastiques, vous établissez dans la charité. « La charité, dit Paul, recherche,

---

(1) Ce qui est entre crochets est raturé dans le manuscrit.

non les choses qui sont à elles, mais celles qui sont à autrui. »
Voilà l'ordre par excellence. Puisque, dans les bienfaits qui sont à
départir, l'un doit être préféré à l'autre, il faut considérer ceux
que Dieu a établis les plus proches de toi. Les premiers sont la
femme, les enfants, les parents, les alliés de la foi; les seconds
sont les voisins, les connaissances, les amis et tous ceux dont le
soulagement s'impose comme une nécessité. Ainsi, celui qui était
tombé entre les voleurs devint un prochain pour le sacrificateur,
les lévites et le samaritain qui passèrent, quoique le samaritain
seul l'eût reconnu pour son prochain. Ceux qui sont enfants de
Dieu agissent par son Esprit. Si nous l'invoquons, il nous ensei-
gnera véritablement à conserver l'ordre dans la bienfaisance. La
nécessité de tes proches varie beaucoup, aussi l'ordre dans la
bienfaisance doit varier.

7. Il y a différents ordres dans l'Église, mais il faut que ce soit
la diversité des dons qui les établisse, comme tu lis Romains xii,
I Corinthiens xii et Éphésiens iv. L'épître à Timothée et à Tite
mentionne l'ordre des évêques et des anciens (car ceux-ci sont
identiques), et l'ordre des diacres. Les diacres s'occupaient des
aumônes, les évêques de la doctrine et de la vie de toute l'Église,
par où ils étaient au-dessus des diacres. — L'Église ignore l'ordre
des dignitaires, mais elle a des ministres, dont les uns sont aptes
à une chose et les autres à une autre. Il faut déférer à juste titre à
l'avis de celui à qui il a été plus révélé. La vraie charité et le
désir d'édifier instruiront facilement les frères. Vous savez, du
reste, que celui qui est le plus grand, c'est-à-dire le plus riche par
l'Esprit, doit servir le plus de monde avec une assiduité plus
grande, car les dons de Dieu sont départis pour l'utilité commune
de l'Église. — Comme juger n'est pas autre chose que faire à
chacun son droit et qu'il convient que les ministres de la Parole
de Dieu témoignent à tous quelle est la volonté de Dieu, de
laquelle tout droit dépend, il appartient certainement au ministre
de juger, mais proprement des choses qui appartiennent à la
piété. Il est plus avantageux que les choses profanes soient jugées
par les autres. Et comme une autorité est nécessaire pour le jugement et qu'il n'y en a pas parmi nous de plus grande que celle de
ministre, c'est à eux que la fonction de juger convient le mieux.
C'est la raison pour laquelle Augustin jugeait les affaires profanes,
comme Possidonius l'écrit de lui, parce qu'il ne voulait pas que,

suivant Paul, les chrétiens recourussent aux juges profanes. Ainsi, comme il primait tous les autres par l'autorité, il s'occupait tous les jours à accommoder les différends.

8. Le pouvoir des clés est un pouvoir nominal. Il n'y a pas, en effet, d'autre clé par laquelle l'homme ouvre ou ferme le ciel que la Parole de Dieu, puisque c'est elle qui ouvre le ciel aux croyants et qui le ferme aux incrédules. Or, la foi engendre des œuvres dignes d'elle. Là donc où elles font défaut, les ministres refusent la bourgeoisie du ciel; là où elles existent, ils la concèdent. Il faut que ce qui est ratifié dans le ciel soit jugé selon l'Esprit et la Parole de Dieu. Matthieu renferme plusieurs choses sur ce point.

9. « Le magistrat ne porte pas le glaive en vain », dit Paul. Il doit en conséquence user du glaive pour que les méchants soient retranchés du milieu des bons. Dieu a ordonné cela quand il enseigne par le prophète qu' « il ne veut pas la mort du pécheur ». Il ne la veut pas en elle-même; mais, comme le pécheur ne cesse de nuire aux bons, il préfère qu'il soit retranché plutôt que les bons soient continuellement lésés par lui. Il est certain que, si quelqu'un porte en lui la semence de Dieu, celle-ci ne peut pas ne pas être stimulée quand elle est avertie. C'est pourquoi celui qui, voyant qu'un supplice le menace, n'est pas porté à la repentance, n'y serait pas porté de toute sa vie et n'est pas né de Dieu. — Personne ne doit porter le glaive soi-même. « Tous les magistrats, dit Paul, ont été ordonnés de Dieu », et Dieu leur a confié le glaive. Les autres doivent supporter toutes choses plutôt que de prendre le glaive. Autrement les apôtres et les chrétiens ont souffert très souvent des trahisons des faux frères et de très fréquentes persécutions de la part des autres, et l'histoire ecclésiastique témoigne qu'aucun d'eux ne songea jamais à se venger de ces traîtres. Ce n'est pas, en effet, un mal d'être brûlé pour Christ et de souffrir la persécution, « car si nous souffrons avec lui nous règnerons aussi avec lui ». Moïse vengeait l'injure de son peuple, mais il était déjà destiné de Dieu à être le prince de son peuple. Quant à ces cas, ils ne doivent pas tirer à conséquence. Dieu agit souvent extraordinairement avec quelques-uns. Quand cela arrive, il rend évidente son œuvre. Il n'y a personne qui, poussé par l'Esprit de Dieu, puisse ne pas suivre.

10. Quant à l'intérêt, nous trouvons plusieurs choses dans le cinquième de Matthieu. Tout intérêt qui opprime le prochain est

défendu. Quand quelqu'un se sert du profit provenant du travail d'autrui, c'est-à-dire perçoit un intérêt, il doit certainement donner à son prochain une part du profit qu'il a réalisé par le travail d'autrui. On agira ainsi pour que l'on ne tire pas de l'argent de l'argent, l'usure étant toujours défendue. Christ n'a prohibé que ce qui est opposé à l'amour du prochain et commandé que ce que cet amour réclame. Mais lorsque l'argent prêté, que le prochain convertit tout de suite en aliment, est donné pour soutenir la vie, il ne rapporte pas de profit et doit être donné, quoiqu'on n'ait aucun espoir de rentrer dans le capital ou de recevoir une compensation. Tout ce que le Seigneur a ordonné sur cela (Matth. v; comp. Luc vi) a été stipulé pour apprendre au prochain à faire le bien gratuitement dans l'attente d'une récompense de la part du Seigneur lui-même. — Les marchands qui transportent des choses utiles doivent être loués s'ils se contentent du prix de leur travail. L'œuvre imparfaite dans Matthieu n'est pas de Chrysostome, mais de l'hérétique arien.

11. Voici la distinction que l'Écriture fait entre les péchés : le péché originel, qui est le penchant natif au péché; le péché qui va à la mort, pour lequel il ne faut pas prier, parce qu'il est commis contre le Saint-Esprit. C'est quand on blasphème et qu'on combat la vérité que l'on connaît, quand on éprouve la puissance de l'Esprit et qu'on ose pourtant... (1). Ceux-ci disaient que Jésus chassait les démons au nom de Belzébuth, quand ils voyaient que l'action du Saint-Esprit était nécessaire. « Tous les autres péchés, comme dit Christ, sont pardonnés »; donc ils sont véniels, mais c'est pour les croyants et ceux qui se repentent. Pour les incrédules, ils sont tous mortels. En effet, tout ce qui offense Dieu prive de Dieu, c'est-à-dire de la vie éternelle, quoique ce soit de peu d'importance. Pour « ceux qui sont en Christ, il n'y a point de condamnation » (Rom. viii). L'Écriture admet la distinction établie par les Scolastiques entre ce qui est véniel et ce qui est mortel. Il est certain pourtant que c'est plus grave de tomber dans le mal de plein gré que par surprise; mais, quoique ce soit moins grave, comme c'est pourtant un péché, c'est véniel, non pas en soi, mais par la foi en Christ. Il est certain également que l'ignorance est autrement inévitable quand tu ignores sans qu'il y ait de ta faute;

(1) Lacune dans le manuscrit.

mais quand tu peux savoir et que tu négliges, elle est toujours intentionnelle.

12. Paul défend entièrement les procès, car ils sont contraires à l'amour et à l'abnégation de soi ; mais il ne défend pas de recourir au pouvoir institué de Dieu, sans fâcherie et avec le simple désir de faire l'expérience si, dans le but de mieux pourvoir aux besoins des siens, Dieu veut restituer, au moyen de ce pouvoir, ce qui a été pris injustement. Par conséquent, on ne doit jamais recourir à ce pouvoir contre un frère, surtout si les injustes le détiennent ; mais l'Église doit établir des personnes qui apaisent le différend. « Si quelqu'un n'écoute point l'Église, qu'il soit tenu pour un païen. » Si, sans être mu par la vengeance et seulement pour défendre les tiens que Dieu t'a confiés, tu implores l'office du juge, tu implores l'office de Dieu, qui t'a établi dans le but d'empêcher les injustices et pour que le droit de chacun soit respecté. Le juge ne peut qu'une chose, c'est qu'on apporte devant lui les injustices qui se commettent. Aucun jugement ne peut être rendu sans nécessité. Lors donc que Dieu a institué lui-même le juge, il a voulu que ce fût par nécessité, et celui qui préfère toujours l'utilité publique à la sienne accuse sans perdre l'affection.

13. Christ n'a pas voulu partager un héritage quoiqu'il en eût été prié. C'est pourquoi si, poussé par une charité bien entendue, vous laissez de côté les lois reçues, vous ne faites rien d'injuste. Pour ce qui est de la loi de Moïse, portant que l'héritage soit attribué aux frères lorsqu'il n'y a pas d'enfant, il n'en revenait aucun préjudice aux veuves, lesquelles, durant ce temps, possédaient leur dot. Aujourd'hui la chose n'a plus de raison d'être. Il serait certainement plus équitable de régler ces choses suivant la loi de Dieu, mais il ne faut pas vouloir la suivre sur un point et non sur un autre. La loi de Moïse était ainsi faite qu'on s'occupait particulièrement des veuves, car Dieu est le vengeur de celles-ci ; mais le pouvoir établi vous fait défaut. C'est pourquoi ne soyez pas en souci de ces choses. Si quelque injustice paraît résulter des lois admises par les peuples, de telle sorte qu'aucune d'elles ne puisse aplanir toutes les difficultés, exhortez les vôtres à arranger volontairement et par amour ce qui pèche par suite du défaut de la loi. Du reste, comme les lois des peuples ne s'écartent pas du vrai et qu'elles sont presque toutes des Césars, elles sont de Dieu, de qui tout est vrai. Il vaudrait mieux entendre cette parole de

Jérémie : « Les lois des peuples sont vaines », des traditions et des idolâtries. Quoique les fils n'aient pas l'habitude de recueillir leurs parents, pourtant ils doivent les nourrir.

14. Pour ce qui est des petits enfants des payens, nous confions tout au Seigneur. Quant aux nôtres, nous avons la promesse : « Je serai ton Dieu et celui de ta postérité. » Confions-les donc au Seigneur en le priant de leur communiquer son Esprit, car les élus seuls sont la semence des saints. Il est dit des adultes : « Sans la foi en Dieu aucun homme ne peut plaire à Dieu. » Néanmoins, les petits enfants ne peuvent plaire à Dieu si son Esprit ne leur est pas départi, afin qu'un jour ils adorent par cet Esprit. Or, Dieu le donne à qui il lui plaît, comme on le voit dans Matthieu xix.

15. Quant au célibat, il en a été parlé plus haut. Celui qui peut supporter cette parole ne doit pas être arrêté ; mais Paul ordonne de se marier aux jeunes veuves qui, poussées par un mouvement religieux subit et non encore ferme, voulaient embrasser le célibat, auquel elles n'étaient pas appelées.

16. Les degrés que la loi de Dieu a établis, les lois des Césars les admettent aussi. L'Antechrist en a établi plusieurs. Lorsque ces degrés peuvent être observés sans offenser Dieu, comme de « faire deux milliers de pas avec celui qui contraint d'en faire un », il faut prendre garde que nous ne tendions pas ici sans raison quelque pierre d'achoppement aux autres.

17. Pour ce qui est du libre arbitre, nous considérons comme très juste l'opinion qu'Augustin a exposée longuement sur le premier Psaume. Voyez ce passage et également sur le vi^e de Jean.

18. Œcolampade vous a exposé notre sentiment sur les livres canoniques.

19. Le mode d'enseignement du peuple suivi par l'apôtre est excellent. Nos péchés sont établis par la loi de Dieu, puis la rédemption par Christ est prêchée avec soin. Qu'on fasse alors de pressantes exhortations au sujet du bienfait de Christ. Nous pensons qu'il n'y a rien de plus utile que d'exposer les paroles et les œuvres de Christ, suivant la méthode que j'ai suivie dans Matthieu et Jean.

20. L'excommunication, étant le dernier des remèdes et un remède dangereux, doit être employée avec une grande prudence, c'est-à-dire dans le but de produire ce à quoi elle est destinée, qui est de faire honte à un frère pour qu'il se repente plus vite. Ce

point est traité dans Matthieu. Toute la question sera de montrer de l'affection dans la remontrance.

21. La différence entre l'ancienne et la nouvelle loi et entre l'Ancien Testament et le Nouveau Testament a été traitée avec soin par moi dans Matthieu, Jean et Éphésiens. En substance, c'est le même Dieu qui a fait la même Alliance, afin que les hommes se respectent et qu'ils servent Dieu, et cela en esprit et en vérité, car Dieu n'a jamais supporté les hypocrites. L'Ancienne Alliance ou Ancien Testament diffère de la Nouvelle en ce qu'elle fut traitée seulement avec les Juifs, tandis que la Nouvelle a été traitée avec toute créature qui croit à l'Évangile ; puis en ce qu'elle renfermait beaucoup de cérémonies selon que le requérait l'enfance du peuple, tandis que la Nouvelle n'en renferme qu'un petit nombre ; enfin, en ce que la connaissance de Christ était plus obscure chez les anciens, tandis qu'elle est plus claire maintenant. Mais ce point est traité dans Jean et Matthieu.

22. Nous avons dit plus haut que les ministres peuvent posséder. Ces préceptes, au moment de la première prédication de l'Évangile, furent temporaires. Ce point est traité dans Matthieu.

23. Pour ce qui est du jour du Seigneur, il en est de même parlé dans Matthieu et les Psaumes.

24. Nos bonnes œuvres ne sont rien, si elles ne sont pas le fruit de la foi. Si cette dernière existe, nous sommes sauvés (Éph. II). Mais nous parvenons par les bonnes œuvres à une pleine jouissance du salut. De là vient que Dieu, parlant avec nous et avec des enfants, prononce le mot de *récompense,* parce que les œuvres sont une conséquence, quoique ce soit par grâce et non à cause de notre mérite. Il est de même parlé de ce point dans Matthieu.

25. Nous ne connaissons pas d'autres sacrements que le Baptême et l'Eucharistie, auxquels il faut joindre peut-être l'imposition et l'onction. Les apôtres paraissent tenir en honneur l'une et l'autre, mais pas autant que les deux premiers. Qu'on use, par suite, des sacrements, bien qu'il ne soit pas certain que, dans tout ce qu'ils ont d'extérieur, ils soient seulement le symbole de choses intérieures.

26. J'ai écrit avec soin sur les allégories dans Jean, chapitre III.

27. Aujourd'hui nous jugeons que les ministres sont dignes d'un honneur et d'une promesse doubles, c'est-à-dire étendus.

28. J'approuve entièrement votre concile.

29. Nous avons parlé dans Marc de l'huile des malades.

30. Ceux qui tombent fréquemment dans le péché et se repentent ne doivent pas être rejetés, parce qu'on doit pardonner septante fois sept fois.

Voilà, très chers frères, ce que nous répondons brièvement à vos questions. Vous trouverez toutes choses plus amplement traitées dans Matthieu. Lisez-les avec soin et jugez-en après avoir invoqué l'Esprit de Christ. Cette onction vous instruira de la vérité. Embrassez-la, car il faut croire et vivre pour Dieu et non pour les hommes. Le juste vivra par sa foi et non par celle des autres. C'est pourquoi priez le maître céleste de vous instruire, vous et nous, de sa volonté et de nous donner de l'accomplir.

M. BUCER.

www.ingramcontent.com/pod-product-compliance
Ingram Content Group UK Ltd.
Pitfield, Milton Keynes, MK11 3LW, UK
UKHW022329090726
13658UKWH00001B/161